财政部规划教材

全国高等院校会计系列教材

会计学原理

杨　明　邓书杰　王　虹　主　编

王　斌　李　萍　孙文琪　副主编

中国财经出版传媒集团

中国财政经济出版社

图书在版编目（CIP）数据

会计学原理／杨明，邓书杰，王虹主编．—北京：中国财政经济出版社，2019.5
财政部规划教材　全国高等院校会计系列教材
ISBN 978－7－5095－8958－8

Ⅰ.①会…　Ⅱ.①杨…　②邓…　③王…　Ⅲ.①会计学－高等学校－教材
Ⅳ.①F230

中国版本图书馆 CIP 数据核字（2019）第 069848 号

责任编辑：张　军　　　　责任校对：胡永立
封面设计：华乐功　　　　版式设计：兰　波

中国财政经济出版社 出版
URL：http：//www.cfeph.cn
E－mail：cfeph@cfeph.cn

社址：北京市海淀区阜成路甲 28 号　邮政编码：100142
营销中心电话：010－88191537
三河市宏图印务有限公司印刷　各地新华书店经销
787×1092 毫米　16 开　14 印张　334 000 字
2019 年 5 月第 1 版　2022 年 1 月河北第 2 次印刷
定价：39.00 元
ISBN 978－7－5095－8958－8
（图书出现印装问题，本社负责调换）
本社质量投诉电话：010－88190744
打击盗版举报热线：010－88191661　QQ：2242791300

前言

会计是一种国际通用的商业语言。会计学原理主要就是阐述会计的基本原理，介绍会计核算的基本方法和基本技能。如何从会计的基本“字、词”——会计科目开始，到会计的“短语”——账户，再到会计的“句子”——会计分录，最后到会计的“文章”——会计报告，同时还有会计的“语法”——会计核算方法，来了解这门语言，会计学原理是会计初学者需要学会使用的工具。

会计学原理不仅是会计学、财务管理、审计学等专业的专业基础课，还是所有经济类、工商管理类、公共管理类、工程管理类、农林经济管理类、统计类、贸易类、财政税收类等专业通开的公共基础课，其重要性可见一斑。本教材力求既保证会计专业学生的专业课学习，同时又兼顾非会计专业学生的基础课学习，编者主要从以下几方面进行大胆的探索式尝试：

首先，以人为本，切实为学生和读者着想。教材主要是学生使用，所以编写时力求言简意赅，重点突出，省去一些“形式上的附加”内容，真正发挥教材本身经济适用的作用。这样既为学生和读者节省时间成本和资金成本，也为选用和讲授教材的老师预留出发挥的空间。

其次，重点突出会计学原理理论范围，以最新版增值税和制造业企业为主，突出行业经营业务特点和核算特点，同时将商品流通企业、政府行政事业单位等都给予适当介绍，使会计的理论介绍全面，并且与实务达到完美的结合。

第三，调整篇章布局。改变以往的编写惯例，将教材中贴近学生生活的会计实务安排在先，将相对枯燥的会计理论安排在后，这样由易到难，便于提升学生的学习兴趣。

最后，本教材同步的会计学原理实训教材也已出版，供会计学原理手工实验课程和模拟实训课程的师生参考使用。为方便读者课后巩固学习效果，本书用书学校老师配备了电子版习题集及答案，如有需要，可通过邮箱 caijingjiaocai@163.com 索取，请注明学校、书名及版次。

本教材由杨明、邓书杰、王虹担任主编，王斌、李萍、孙文琪担任副主编，孙景翠、史元、张笑涓、曲娜、付静雯参编。具体分工：杨明编写第一章和第二章，邓书杰编写第三章，王虹编写第四章，邓书杰和王虹编写第五章，王斌编写第六章，李萍编写第七章，孙文琪编写第八章，孙景翠和史元编写第九章，曲娜、张笑涓和付静雯编写第十章和模拟练习题；由主编负责大纲拟定、书稿的修改和课后习题的编写。在教材编写过程中借鉴和参考了国内外有关教材和资料，并得到参编院校领导和教师们的帮助，以及财政经济出版社编辑们的大力支持，在此一并献上感谢。

由于时间和编者能力有限，本书难免有不当之处，恳请读者批评指正。

编者

2019 年元月

目录

第一章
总　论

第一节
会计的意义

一、会计的产生和发展

会计是经济管理的重要组成部分，是适应社会生产的发展和经济管理的需要而产生和发展的。物质资料的生产是人类社会生存和发展的基础。进行生产活动，一方面要创造物质财富，取得劳动成果；另一方面又要发生劳动消耗，耗费人力和物力。在社会生产实践活动中，人们总是力求以尽可能少的劳动消耗，取得尽可能多的劳动成果。也就是要求少投入、多产出，提高经济效益。因此，为了合理地安排生产，了解生产过程的所耗与所得，就需要对劳动耗费和劳动成果进行记录和计算，并将发生的劳动耗费和取得的劳动成果加以比较和分析，据以总结过去、了解现状、预测未来。会计就是适应社会生产的这种需要而产生的。

会计的发展经历了以下三个发展阶段：

（一）古代会计

会计产生初期只是“生产职能的附带部分”，即由生产者凭头脑记忆或简单记录，在生产时间之外附带地把收支情况、支付日期等记载下来。只有当社会生产力发展到一定水平，出现了剩余产品，出现了社会分工和私有制，会计才逐渐“从生产职能中分离出来，成为特殊的专门委托当事人的独立职能”。在国外，埃及《泽兰莎草纸稿》（以下简称《纸稿》）记载了埃及托勒密二世的财政大臣阿波罗尼斯私人庄园的财产和收支。《纸稿》证明，远在 2000 多年前，埃及的大奴隶主就利用会计对钱粮财物进行管理和监督。

在我国，《史记·夏本纪》记载："禹会诸侯江南，计功而崩，因葬焉，命曰会稽。会稽者，会计也。"大禹晚年在茅山大会诸侯，汇总稽核他们的功德业绩，奠定了古代财计、审查与考核的基旨。

根据《周礼》记述，我国西周王朝时期，经济已经相当繁荣，计量和记录也发展到了很高的水平，建立起了一套比较完整的会计工作系统，设有"司书""司会"等官职，专门从事会计工作。当然，早期的会计是比较简单的，只是对财物收支进行实物数量的记录和计算。在我国奴隶社会和封建社会时期，各级官府为了管理他们通过贡赋租税等方式获取、占有的钱粮财物，逐步建立和完善了官厅政府的收付会计。官厅会计（即政府会计的前身）便成为我国古代会计的中心，主要计量、记录、计算和考核朝廷的财物赋税收支，这是古代会计的显著特征。

随着社会生产力的发展和生产规模的社会化，会计经历了一个由简单到复杂、由低级到高级的发展过程。它从早期对实物数量的简单记录和计算，逐渐发展成为用货币作为计量单位来进行综合核算和管理监督。在我国，从秦汉到唐宋，在生产力发展的基础上，逐步形成了一套记算账的古代会计的基本模式，即"四柱清册"方法。所谓"四柱"是指"旧管""新收""开除""实在"，分别相当于"上期结存""本期收入""本期支出""本期结存"。"四柱清册"方法，把一定时期财物收支记录，通过"旧管+新收=开除+实在"这一关系式进行总结验证，既可检查日常财物收支记录的正确性，又可系统、全面、综合地反映财物收支的全貌。"四柱清册"方法是我国古代会计的一大杰出成就。

（二）近代会计

近代会计是商品经济发达的产物。在 14、15 世纪，地中海沿岸的一些城市如意大利的热那亚、威尼斯、佛罗伦萨等商业、手工业、金融业有了很快的发展，海上贸易繁荣，出现了广泛的信用交易，产生了合伙经营形式和委托代理关系。这时，人们需要详细记录债权债务关系，合理分配合伙经营的利润，反映受托商人的收支业务。为了满足这种要求，就需要建立科学的簿记系统，以便完整、系统地记录经济业务。因此，产生了借贷复式记账法。

1494 年，意大利数学家卢卡·帕乔利（Luca Pacioli）所著《算术、几何与比例概要》一书在威尼斯出版，书中专设"簿记论"篇，第一次系统地介绍了借贷复式记账法，并从理论上作了阐述。"簿记论"的问世，标志着近代会计的开始，卢卡·帕乔利被称为"近代会计之父"（见图 1-1）。

在我国，明末清初，随着手工业、商业、金融业的发展，民间会计逐步形成并达到一定水平。先后出现了"龙门账""三脚账""四脚账"等比较科学的会计方法，但在 19 世纪中叶以前，会计方法与理论仍较为落后。19 世纪中叶以后，以借贷复式记账法为主要内容的"英式会计""美式会计"传入我国，此时我国会计学者也致力于"西式会计"的传播。这对改革中式簿记，推行近代会计，促进我国会计的发展起到一定的作用。

图 1－1 卢卡·帕乔利的画像

（三）现代会计

第二次世界大战以后，跨国公司大量涌现，企业规模愈来愈大，生产经营日趋复杂，企业间的竞争越来越激烈。为适应这种竞争的需要，企业迫切地需要降低成本，标准成本法的产生，管理会计的迅速发展，丰富了会计的内涵和外延，形成了财务会计和管理会计两大分支；丰富的社会经济实践为会计理论的逐渐形成提供了肥沃的土壤，会计成为一门应用性学科；会计标准和会计规范逐渐形成及完善，会计标准的国际化问题不断引起人们的重视；股份制公司的出现，使得社会资本不断集中，随之而来的是上市公司的出现，资本市场的产生和不断完善，使得会计信息的重要性为世人瞩目，在社会中客观上形成了注册会计师对会计报表的真实性、公允性发表审计意见的制度。一般认为，管理会计的形成与财务会计相分离而成为独立的学科，是现代会计的开端。进入 20 世纪 70 年代以后，会计进入了以电子技术和网络技术为主导的全新发展时期。

新中国成立伊始，我国实行高度集中的计划经济体制，引进了与此相适应的前苏联计划经济会计模式，对旧中国会计制度与方法进行改造与革新。改革开放以后，为了适应社会主义市场经济发展的需要，会计理论与会计工作以前所未有的速度和质量迅速发展。

1993 年 7 月 1 日，我国对会计模式进行了重大的变革，出台了与国际会计惯例相适应的《企业会计准则》和《企业财务通则》，我国财政部从 1997 年开始陆续颁布了《关联方关系及其交易的披露》等具体会计准则。之后，为适应我国市场经济发展和经济全球化的需要，按照立足国情、国际趋同、涵盖广泛、独立实施的原则，财政部对上述准则作了系统地修改，并制定了一系列新的准则，于 2006 年 2 月 15 日开始，陆续发布和修订了企业会计准则——基本准则、企业会计具体准则和企业会计准则应用指南在内的企业会计准则体系。2013 年又对政府行政、事业单位会计进行改革，陆续出台了政府会计基本准则、政府会计具体准则、政府会计制度——行政事业单位和政府会计准则应用指南等一系列政府会计准则体系。从而实现了我国会计准则与国际财务报告准则的实质性趋同，也揭开了我国会计发展的崭新篇章。

综上所述，会计是适应社会生产力的发展和经济管理的需要而产生和发展的，“经济越发展，会计越重要”。经济的发展，促进了会计理论、方法和技术的进步；会计方法、技术的发展又推动了社会文明的进程。

二、会计的含义

“会计”一词由来已久，随着时代的发展和社会的进步，人们对它的认识和理解也在不断的深化。我国会计概念最早出现于西周。周朝的“月计岁会”是历史上记载“会计”二字的开始。《孟子·万章》篇记载：“孔子尝为委吏矣，曰：‘会计当而已矣’。”（见图1－2）清代学者焦循在《孟子正义》中认为“零星算之为计，总和算之为会”。这是我国对会计的早期认识。

图1－2 孔子像

由于会计本身是随着社会经济环境的不断演变和发展而产生和发展的，因此，社会经济环境的发展变化推动了会计方法的逐步更新和会计理论的不断丰富。尽管会计从产生到现在已有几千年的历史，但是，对于这一基本概念，古今中外却一直没有一个明确、统一的说法。究其原因，关键在于人们对会计的本质有着不同的认识，从而出现了不同的会计定义。下面通过回顾国内外会计学界针对会计本质问题所形成的两种主流学派观点，并在此基础上给出会计的含义。

（一）会计管理活动论

会计管理活动论认为会计的本质是一种经济管理活动。将会计作为一种管理活动并使用“会计管理”这一概念在西方管理理论学派中早已存在。“古典管理理论”的学派代表人物法约尔把会计活动列为经营的六种职能活动之一；美国人卢瑟·古利克把会计管理列为管理化功能之一；20世纪60年代以后出现的“管理经济会计学派”则认为进行经济分析和建立管理会计制度就是管理。

我国最早提倡会计管理活动的是杨纪琬、阎达五教授。他们认为：无论从理论上还是从实践上看，会计不仅仅是管理经济的工具，它本身就具有管理的职能，是人们从事管理的一种活动。杨纪琬、阎达五教授对会计的本质进行了深入的探讨，逐渐形成了较为系统的“会计管理活动论”。杨纪琬教授认为，“会计管理”的概念是建立在“会计是一种管理活动，是一项经济管理工作”这一认识基础上的，通常讲的“会计”就是“会计工作”。他还认为，“会计”和“会计管理”是同一概念，“会计管理”是“会计”这一概念的深化，反映了会计工作的本质属性。阎达五教授指出，会计作为经济管理活动的组成部分，它的核算和监督内容以及应达到的目的受不同社会制度的制约。

（二）会计信息系统论

会计信息系统论，就是把会计理解为提供信息以供决策的一个系统。会计信息系统理论的思想最早起源于美国的会计学家 A. C. 利特尔顿。他在 1953 年编写的《会计理论结构》一书中指出："会计是一门特殊门类的信息服务"，"会计的显著目的在于对一个企业经济活动提供某种有意义的信息"。20 世纪 60 年代后期，随着信息论、系统论和控制论的发展，美国的会计学界和会计职业界倾向于将会计的本质定义为会计信息系统。如 1966 年美国会计学会在其发表的《会计基本理论说明书》中明确指出："会计是一个信息系统。"从此，这个概念便开始广为流传。20 世纪 70 年代以来，将会计定义为"一个信息系统"的观点，在许多会计名著中流行。

在我国，较早接受会计是一个信息系统的会计学家是余绪缨教授。他于 1980 年开始在《要从发展的观点看会计学的科学属性》一文中首先提出了这一观点。目前在我国具有代表性的观点是由葛家澍、唐予华教授于 1983 年提出的。他们认为："会计是为提高企业和各单位的经济效益，加强经济管理而建立的一个以提供财务信息为主的经济信息系统。"

关于会计含义的解释除了上面的两种主流学派观点外，还有两种观点：一是管理工具论，即把会计理解为一种管理工具或方法；二是艺术论，即把会计理解为科学、技巧和经验相结合的艺术。通过关于主流学派对会计含义理解的分析，我们可以看到，由于对会计本质认识存在的差异，所以就形成了不同的会计含义。

"管理论"可以理解为与"受托责任观"的会计目标相一致；而"信息论"又与"决策有用观"的理念相吻合。所以在本书中，我们将"管理论"和"信息论"加以综合，对会计做出如下定义：会计是经济管理的重要组成部分，是以货币为主要计量单位，并利用专门的方法和程序，对企业和行政、事业单位的经济活动进行连续、系统、全面的核算和监督，提供以财务信息为主的经济信息，为外部有关各方的投资、信贷决策服务，为强化内部经济管理和提高经济效益服务的一项具有反映和控制职能的管理活动。

第二节

会计的职能和任务

一、会计的职能

会计作为经济管理的组成部分，是通过会计的职能来实现的。会计的职能是指会计在经济管理中所具有的功能。马克思曾经指出，会计是对生产"过程的控制和观念总结"。这是对会计职能的科学概括。所谓"观念总结"，一般理解就是核算；所谓"控制"，一般理解主要是指监督。会计的基本职能包括会计核算和会计监督。

（一）会计核算职能

会计核算职能，是会计最基本的职能。会计核算贯穿会计工作的全过程，是指以货币为主要计量单位，运用会计的专门方法，对各会计主体所发生的经济业务进行确认、计量、记录和报告，以便提供全面、系统、可靠和相关的会计信息。会计核算职能具有如下特点：

第一，会计是以货币为主要计量单位，从价值量上反映各单位的经济活动情况。人们不可能单凭观察和记忆掌握经济活动的全面情况，也不可能简单地将不同类别的经济业务加以计量、汇总，只有通过一定程序进行加工处理后生成，并以价值量表现的会计数据，才能掌握经济活动的全过程及其结果。会计上可以采用的计量单位有三种量度，即货币量度、实物量度和劳动量度，但是在商品经济条件下，人们主要利用货币计量，通过价值量的核算来综合反映经济活动的过程和结果。所以，会计核算是以货币为主要量度，以实物量度和劳动量度作为辅助量度。

第二，会计核算主要是对已经发生的经济活动进行事后的记录、核算、分析，通过加工处理大量的信息资料，反映经济活动的现实状况及历史状况，这是会计核算的基础工作。只有在每项经济业务发生或完成以后，才能取得该项经济业务完成的书面证明，这种凭证具有客观性和可验证性，据以登记账簿，才能保证会计所提供的信息真实可靠。

第三，会计核算具有完整性、连续性和系统性。所谓完整性，是指凡属会计反映的内容都必须加以记录，不能遗漏；所谓连续性是指会计对每笔经济业务所做的反映，必须按照发生的时间顺序，自始至终不可间断；所谓系统性是指进行会计核算时，必须采用一整套科学的核算方法，对会计信息进行系统的加工、整理和汇总，以便提供系统化的数据和资料，从而可以揭示客观经济活动的规律性。

（二）会计监督职能

会计监督是会计的另一个基本职能。会计监督是指会计按照一定的目的和要求，利用会计核算所提供的信息资料，对会计主体经济活动的合法性、合理性和有效性进行控制和指导，使之达到预期的管理目标。其特点是：

第一，会计监督主要是利用核算职能提供的各种价值指标进行的货币监督。为了便于监督，有时还需要制定一些可供检查、分析利用的价值指标，用来监督和控制有关经济活动，以免出现大的偏差。由于各单位进行的经济活动，同时伴随着价值运动，表现为各种资产、负债、所有者权益等价值量的增减和价值形态的转化，因此，会计监督与其他各种监督相比，是一种更为有效的监督。会计监督通过价值指标可以全面、及时和有效地控制各会计主体的经济活动。

第二，会计监督是对经济活动全过程进行的监督。会计实行对经济活动过程进行事前监督、事中监督和事后监督相结合的全面的会计监督。会计的事前监督是在经济活动开始前进行的监督，即审查未来经济活动的合理性和合法性，以及在经济上的可行性；事中监督是对正在发生的经济活动进行的审查，审查各项经济活动是否符合国家有关政策、法规和制度的规定，以及有关计划和预算的要求，揭示存在的问题，及时纠正存在的偏差及失误，提出改进意见，使其按照预定的目标及规定的要求进行，发挥控制经济活动进程的作用；事后监督是在经济活动之后，利用系统的会计核算资料，进行反馈控制，加强事后的考核、分析和评价，监督经济活动的有效性。

第三，会计监督必须以国家的财经法规和财经纪律为依据。财经法规和财经纪律是保证财经工作顺利进行的重要保证。为此，应做到会计监督依据的合法性和合理性。合法性的依据是国家颁布的财经法律、法规、规章和制度；合理性的依据是客观经济规律及经营管理方法的要求。会计监督的目的就是保证企业经济活动的合理、合法，即保证企业的会计核算按照国家的有关法律、法规及相关的会计准则、会计惯例来进行，尽可能保证经济活动的真实性。

（三）会计核算职能和监督职能的关系评价

核算和监督是会计的两大基本职能。核算职能是监督职能的基础，没有核算职能提供的信息，就不可能进行会计监督。因为如果没有核算提供完整、可靠的会计信息资料，会计监督就失去了基础。同时，会计监督又是会计核算的保证，没有会计监督就不能为会计信息的使用者提供可靠的会计信息，也就不能保证会计信息的质量。离开了会计监督，会计核算就毫无意义。因此，会计的这两个基本职能是密切结合、相辅相成的。

（四）会计基本职能的发展

随着社会的进步、经济的发展，市场竞争日趋激烈，企业规模不断扩大，经济活动日益复杂化，要求经营管理加强预见性。为此，会计的职能得到进一步的发展和完善，出现了一些新的职能。会计核算由事后的核算发展到事前核算、分析和预测未来经济前景，为经营决策和管理控制提供更多的经济信息，从而更好地发挥会计的管理功能。进而出现了会计预测和会计决策等职能。在目前会计界比较流行的是会计的“六职能”论。即会计核算职能、会计监督职能、会计控制职能、会计分析职能、会计预测职能和会计决策的职能。

二、会计的任务

会计的任务是将会计职能具体化，确定为实现会计职能应当从事的会计管理工作。会计的任务是进行会计核算，实行会计监督，这也是会计机构、会计人员的基本职责。

（一）认真进行会计核算，及时提供合法、真实、准确、完整的会计信息

进行会计核算是会计最基本的任务。会计核算，是指以货币为主要的计量单位，采用专门的方法，通过确认、计量、计算、记录、分类、汇总等程序，对单位的经济活动进行连续、系统、完整的反映，提供会计资料的全过程。各单位应按照我国会计法和统一会计制度的规定，遵守会计准则要求对经济业务认真进行会计核算，提供规范的会计信息，以满足相关各方经济决策的需要。

（二）严格实行会计监督，规范交易、事项及会计信息，确保经济活动符合各方面利益

实行会计监督是会计的基本任务。会计监督，是指会计机构、会计人员对本单位经济业务事项的合法性、合理性以及效益性进行监控的行为，以保证本单位经济活动全过程合法、合理、有效。会计监督是依据国家有关财经和会计方面的法律、法规、制度、

单位内部会计管理制度、预算计划等实行的监督。通过严格的会计监督，规范各单位的交易、事项等会计内容，保证会计信息质量，监督单位财产物资、货币资金安全完整，维护国家、投资者、债权人及企业单位等有关各方的经济利益。

（三）积极开展会计管理，进行会计分析和控制，加强资金管理，提高经济利益

会计管理是企业管理的重要内容。会计管理不仅包括会计核算、会计监督，还包括会计分析、会计控制等会计管理内容。积极开展会计管理，应当在会计核算的基础上，充分利用会计信息及其他相关信息，进行经济活动分析，评价企业的营运能力、偿债能力、获利能力和现金流量情况，加强资金管理，增加营业收入，降低成本费用，提高经济效益，实现会计主体的目标。

第三节

会计的目标和对象

一、会计的目标

会计的目标是指会计工作所要达到的终极目的。它直接反映着社会经济的变化。制约和影响会计目标的外部环境的因素多种多样（包括经济、法律、政治、社会环境），所有因素的变化都会影响到会计目标的变化，也就是说有什么样的环境，就会有什么样的会计目标，而会计目标又必须与不断变化的外部环境相适应。

在关于会计目标的问题上，中外会计学界先后出现了“受托责任观”和“决策有用观”等两种对会计目标的不同认识。前者主要形成于公司制度的盛行时期，强调会计目标在于通过真实、可靠的财务报告，解释受托人的受托责任；后者则形成于资本市场发达的时期，强调会计目标在于为决策者提供与决策相关的会计信息。这两种观点适用的经济环境不同，受托责任观要求两权分离是直接进行的，所有者与经营者都十分明确，二者直接建立委托受托关系，没有缺位和模糊的现象；而决策有用观要求两权分离必须通过资本市场进行，二者不能直接交流，委托者在资本市场上以一个整体出现，从而二者的委托关系变得模糊不清。

在现代企业制度中，这两种观点都是委托与受托代理关系中必不可少的。报告受托责任是外部利益关系人进行投资决策与信贷决策等决策行为的基础；而提供与决策相关的信息则是为了更好地完成受托责任，它们是互相影响、互为前提并不断循环下去的。事实上，由于现代企业错综复杂，促使会计不能满足于单纯地提供某一类信息，而产生了会计具体目标呈多样化的要求。正因为如此，为适应现代企业制度外部委托者与内部管理者的不同信息的需求，会计信息系统产生了“同源分流”，形成了财务会计与管理会计两个独立的分支。因此，现代会计的目标将“受托责任观”与“决策有用观”有机地结合起来。

我国2006年颁布的《企业会计准则——基本准则》规定：“财务会计报告的目标

是向财务会计报告使用者提供与企业财务状况、经营成果和现金流量等有关的会计信息，反映企业管理层受托责任履行情况，有助于财务会计报告使用者做出经济决策。”据此，将企业会计的目标归纳为以下几个方面：

（一）会计要为满足国家宏观经济管理和调控提供会计信息

我国要建立社会主义市场经济体制，就是要使市场在国家宏观调控下，对资源的配置起基础性作用，使经济活动遵循价值规律的要求，适应供求关系变化。通过价格杠杆和竞争机制的功能，把资源配置到合理的环节中去，并给企业以压力和动力，实质是优胜劣汰，促进生产和需求的及时协调。因此，会计的首要目标必须为衡量、预测评价企业的资源分布及企业分配方案的制定与执行过程等提供信息，为国家制定税收政策、信贷政策及其他经济政策、加强宏观经济调控提供必要的会计信息。为了满足国家宏观经济调控的需要，会计核算行为必须符合国家和各种法律、法规与制度等规定，特别是应依照国家统一规范的会计确认、计量、记录与报告的标准与方法等，以统一的财务报告等形式反映企业的财务状况、经营成果及现金流量变动情况。

（二）会计要为企业外部利益相关者了解企业财务状况和经营成果提供会计信息

企业外部利益主体是多种多样的，主要包括投资者、债权人、社会公众等不同的利益主体。他们对财务报告信息的要求是不同的，在市场经济条件下，企业会计信息的使用者越来越关注企业的财务状况和经营成果。根据投资者决策有用目标，投资者要及时地了解其所投入资源的变化情况；如实了解企业的各项收入、费用、利得和损失的金额及其变化情况；如实了解企业各项经营活动、投资活动和筹资活动所形成的现金流入和流出情况等，从而有助于现时或潜在的投资者正确、合理地评价企业的资产质量、偿债能力、盈利能力和营运效率等；有助于投资者根据相关的信息做出理性的投资决策；有助于投资者评估与投资有关的未来现金流量金额、时间和风险等。

企业贷款人、供应商等债权人主要关心企业的偿债能力和财务风险，他们需要相应的会计信息来评估企业能否如期支付贷款的本金和利息，能否如期归还所欠的货款等。社会公众同样关心企业的生产经营活动，包括对本地区经济做出的贡献，如增加就业、刺激消费、提供社区服务、环境保护等。一般情况下，为实现会计目标所提供的会计信息能够满足这一群体的会计信息的需求，也可以满足其他使用者的大部分信息需求。

（三）会计要为满足企业内部管理提供会计信息

企业管理当局必须重视企业当前的财务状况，以保持一定的偿债能力，也必须重视未来的盈利能力，注意调整经营和投资决策，以保证获得最佳的经济效益。会计是企业内部重要的信息系统，会计提供准确可靠的信息，有助于决策者进行合理的决策，有助于强化内部管理。在激烈的市场竞争环境下，强化企业内部管理，强化企业在市场中的竞争能力，是会计服务于企业内部经济管理的一个重要内容，也是建立社会主义市场经济的必然要求。

（四）会计信息要反映管理层受托责任的履行情况

现代企业制度强调企业所有权与经营权的分离，企业管理层是受委托人之托经营管理企业及其各项资产，负有受托责任。企业管理层有责任妥善保管，合理、有效地运用这些资产。企业的投资人和债权人等需要及时或经常地了解企业管理层保管、使用资产情况，以便于评价企业管理层责任的履行情况和业绩情况，并决定是否需要调整投资者的投资决策或债权人的信贷决策，是否需要加强企业内部控制和其他制度建设，是否需要更换管理层等。

二、会计对象

（一）会计的一般对象

会计对象是指会计所要核算和监督的内容。会计对象就是会计的客体，是会计以其专门方法作用的特定内容。马克思指出簿记是对“过程的控制和观念总结”。这里说的过程是社会再生产过程中的价值形成过程。在商品经济条件下，价值形成过程表现为资金运动。因此，会计的一般对象是社会扩大再生产过程中的资金运动。

（二）会计的具体对象

1. 制造企业的会计对象

企业为进行生产经营活动，必须拥有一定数量的资金。随着生产经营活动的持续进行，就形成了资金运动。资金运动有动态和静态两方面的表现。资金运动的动态表现包括资金投入企业的运动、资金在企业内部的循环与周转运动和资金退出企业的运动。资金运动的静态表现为资产同负债和所有者权益的相对平衡关系。

资金运动可分为：资金进入企业；资金在企业内部的循环和周转；资金退出企业。

（1）资金进入企业。企业的资金运动是由资金投入开始的。企业成立时，要扩大规模而自身积累不足或为解决临时的资金需要，就需要通过筹资活动从企业外部取得一定的资金。投入或取得的这些资金来源主要有两个：一是企业所有者投资，这在会计要素中表现为所有者权益增加；二是从银行以及非银行的金融机构借入，表现为企业的负债。

（2）资金在企业内部的循环和周转。资金投入企业后，伴随着企业生产经营过程的进行开始其持续不断的运动过程。制造企业的生产经营过程可以分为供应、生产和销售三个主要过程。在供应过程，企业购买原材料等劳动对象，发生原材料费用，与供货单位发生资金结算关系，在此过程中资金的形态由货币资金转化为储备资金。同时为了形成劳动手段，也会发生购置厂房和机器设备的活动，会使一部分货币资金转化为固定资金。在生产过程，将购进的各种原材料投入生产，劳动者借助于劳动手段对劳动对象进行加工生产出产品，其中发生材料的消耗、固定资产的折旧、支付生产工人的劳动报酬等，要发生与职工之间的工资结算关系、与提供劳务单位之间的劳务结算关系等，在此过程中资金的形态由储备资金和一部分的货币资金以及固定资金转化为生产资金，然后再转化为成品资金。在销售过程，企业将生产出来的产品销售出去，实现商品的价值，这其中要发生销售费用，要收回销货价款，要支付各项税费，要与购货单位发生货款结算关系，与税务部门发生税款结算关系，在此过程中资金的形态由成品资金转化为货币资金。经过上述三个过程，资金从货币资金开始，依次顺序转化为储备资金和固定资金、生产资金和成品资金，又回到货币资金，称为资金的循环。周而复始的资金循环，称为资金的周转。在资金循环和周转运动中必然发生各种费用（成本），取得各种收入，收入与费用相抵后，即产生利润或亏损。

(3) 资金退出企业。投入企业的资金，在生产经营过程中，或者一个经营过程结束时，会有一部分资金退出企业的资金循环和周转，游离于企业的资金循环周转之外。例如，上缴税金、归还贷款，偿还其他债务、分配给投资者利润及支付职工薪酬等。

制造企业资金运动如图 1－3 所示。

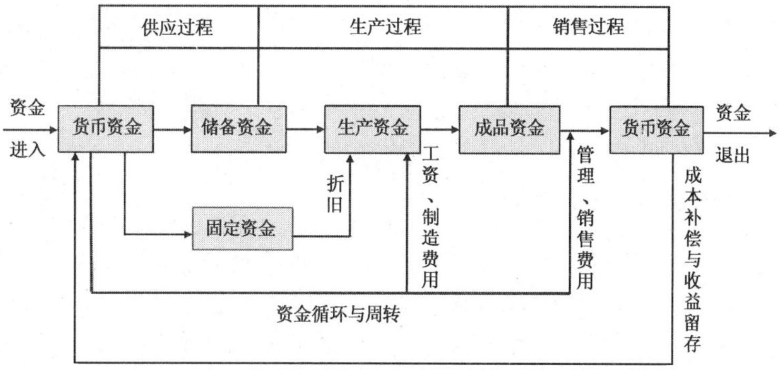

图 1－3 制造业企业的资金运动

综上所述，企业资金运动在数量方面的结果不外乎是涉及资产、负债、所有者权益、收入、费用和利润的增减变动。上述六项内容在会计上称为“会计要素”。有关会计要素的具体内容将在第二章中讲解。

2. 商品流通企业的会计对象

商品流通企业是专门从事组织商品流通的经济实体，担负着社会商品交换的任务，也是再生产过程的重要环节，商业企业的经营资金运动与制造企业相比有所不同，一般只有供应和销售两个阶段。在供应阶段，经营资金运动表现为从货币资金形态转化为商品资金形态，主要的经济业务有商品的采购、货款的结算和采购费用的支付等。在销售过程中，经营资金运动表现为由商品资金形态转化货币资金形态，主要的经济业务有商品销售款的结算、销售费用及工资的支付等。如此不断地循环和周转就构成了商品流通企业的经营资金运动。此外，商品流通企业的资金运动也包括资金的投入、退出、耗费和收回等增减变化。所以，商品流通企业的会计对象就是商品流通企业资金运动的过程。

3. 行政事业单位的会计对象

行政事业单位是我国政府的主要构成，为了履行自身的职能，也需要拥有一定数量的资金。这些资金主要是列入财政预算，由国家拨给并按批准的预算来使用，一般称为预算资金，进行政府预算会计核算。与此同时，很大一部分的财政预算资金形成了众多的公共基础设施、政府储备物资、保障性住房等固定资产，以及一些地方政府的债务和风险，需要进行政府财务会计核算。行政事业单位的会计对象主要包括两部分：一部分是核算预算资金的收支活动及其结存活动，即形成了政府预算会计体系；另一部分是核算政府资产、负债、净资产和成本费用等经济活动，即形成了政府财务会计体系。两者共同构成政府会计的核算过程体系。

综上所述，无论是制造企业、商品流通企业，还是行政、事业单位，它们都是国民经济的基层单位，各自执行着不同的职能，各有自己资金运动的特点，但会计对其核算和监督的内容都是资金运动。

第四节

会计核算的基本前提和一般原则

一、会计核算的基本前提

会计核算基本前提又称会计假设，是为了正确地进行会计确认、计量和报告而设定的基础和基本条件，是对会计核算所处的时间、空间环境以及表达方式所作的合理设定。会计准则中所规定的各种程序和方法只能在满足会计核算基本前提的基础上进行选择使用。因此，会计人员在进行会计核算之前，必须对所处的经济环境是否符合会计核算的基本前提做出正确的判断。会计核算基本前提是会计人员在长期的会计实践中逐步认识、总结而形成的，绝不是毫无根据的猜想和简单武断的规定。离开了会计核算基本前提，会计活动就失去了确认、计量、记录、报告的基础，会计工作就会陷入混乱甚至难以进行。按照我国 2006 年颁布的《企业会计准则——基本准则》的规定，我国企业会计核算基本前提包括：会计主体、持续经营、会计分期和货币计量四个方面。

（一）会计主体

会计主体，又称会计实体或会计个体，是指会计所服务的特定单位或组织。会计主体明确了会计工作的空间范围。《企业会计准则——基本准则》第五条规定：企业应当对其本身发生的交易或者事项进行会计确认、计量和报告。会计主体假设要求会计人员只能核算和监督所在主体的经济活动。其意义在于：一是将特定主体的交易或事项与会计主体的所有者的交易或事项区别开来；二是将该主体的交易或事项与其他会计主体的交易或事项区别开来。

值得注意的是，会计主体与法律主体不是同一概念，它可以是一个有法人资格的企业，也可以是若干家企业通过控股关系组织起来的集团公司，也可以是企业、单位下属的二级核算单位。一般来说，法律主体一定是一个会计主体，但会计主体不一定是法律主体。比如，母公司和子公司是会计主体，同时也都是法律主体；而总公司和分公司不同，前者是会计主体和法律主体，后者只是会计主体，却不是法律主体。而且一个法律主体可以包括多个会计主体（如分公司、车间），一个会计主体也可以有多个法律主体（如编制合并会计报表的集团公司）。此外，由企业管理的证券投资基金、企业年金基金等，尽管不属于法律主体，但属于会计主体，应当对每项基金进行会计确认、计量和报告。

（二）持续经营

所谓持续经营，是指在可以预见的将来，会计主体将会按当前的规模和状态继续经营下去，不会停业，也不会大规模削减业务，不会破产清算。它明确了会计工作的时间范围。《企业会计准则——基本准则》第六条规定：企业会计确认、计量和报告应当以持续经营为前提。会计主体确定后，只有假定这个作为会计主体的企业或行政事业单位是持续、正常经营的，会计原则和会计方法的选择才有可能建立在非清算的基础之上。

明确了这一基本前提，就意味着会计主体将按照既定的用途去使用资产，负债将按照既定的合约条件到期予以偿还；债权到期也将及时收回；收入与费用按期正常地计量和记录等。同时，在此基础上，企业所采用的会计原则、会计方法才能保持稳定，才能正常反映企业的财务状况、经营成果和现金流量，从而保持了会计信息处理的一致性和稳定性。例如，只有在持续经营的前提下，企业的固定资产才可以根据历史成本进行记录，并采用折旧的方法，将历史成本分摊到各个不同的会计期间或相关产品成本中。当然，如果有理由可以判断企业不能持续经营，就应当改变会计核算的原则和会计处理方法，并在企业财务会计报告中作相应披露。例如，企业一旦破产的法律条件已经成立且即将进入清算状态，就破坏了持续经营基本前提，就需要借助于一些特殊的方法来处理清算过程中的会计业务，即要改用破产会计的方法对其进行核算。

（三）会计分期

会计分期是指把企业持续不断的生产经营过程，划分为首尾相接、间距相等的会计期间。它是对会计工作时间范围的具体划分。《企业会计准则——基本准则》第七条规定：企业应当划分会计期间，分期结算账目和编制财务会计报告。会计分期的目的，在于通过会计分期的划分，将持续经营的生产经营活动划分为连续、相等的期间，分期结算账目，以便分阶段考核、报告其经营成果，按期编制会计报表。

会计分期是指在会计工作中，为核算生产经营活动所规定的起讫日期。会计分期通常分为年度和中期。中外各国所采用的会计年度一般都有不同的规定。我国是以日历年度作为会计年度，即从公历 1 月 1 日起至 12 月 31 日止为一个会计年度。会计中期是指短于一个完整会计年度的报告期间，包括半年度、季度和月份。

有了会计分期这个基本前提，才产生了本期与非本期的区别，才使不同类型的会计主体有了记账的基准，进而产生了折旧、摊销等会计处理方法，才能准确地提供财务状况、经营成果和现金流量的信息，才能进行会计信息的对比。

（四）货币计量

货币计量是指企业在会计核算中要以货币为统一的计量单位，记录和反映企业生产经营活动和财务状况等会计信息。在会计核算中，日常用来登记账簿和编制会计报表的货币，就是单位主要会计核算业务所使用的货币，称为记账本位币。《企业会计准则——基本准则》第八条规定：企业会计应当以货币计量。

我国《企业会计准则——外币折算》规定：企业通常应选择人民币作为记账本位币。业务收支以人民币以外的货币为主的企业，也可以选定某种外币作为记账本位币，但编制的财务报表应当折算为人民币反映。企业记账本位币一经确定，不得随意变更，除非企业经营所处的主要经济环境发生重大变化。同时，企业选择哪种货币作为记账本位币时，还应考虑币值稳定的前提，即一种价值变动频繁的货币不宜作为记账本位币。

在以货币作为主要计量单位时，包含着币值稳定不变的假设。当货币本身价值变动不大或前后波动可以抵消时，会计核算时可以不考虑这种波动，仍按照稳定的币值进行会计处理。当然，货币本身的价值不可能不变，但在该假设条件下，会计核算也不进行币值的调整。事实上，币值每发生一次变动就对会计记录进行调整，是不现实的，也是做不到的。所以，货币计量的基本前提，为在会计核算时对不同时期的经济事项做出一致记录并进行比较会计提供了理论依据，也有利于组织会计的工作。当然，有时货币可能会发生急剧变动，出现恶性通货膨胀，此时可采用通货膨胀会计。

会计的四个基本前提是相互依存、相互补充的关系。会计主体确定了会计核算的空间范围，持续经营确定了会计核算的时间范围，而会计分期又是经营期间的具体化，货币计量则为会计核算提供了必要的计量手段。没有会计主体，就不会有持续经营；没有持续经营，就不会有会计分期；没有货币计量，就不会有现代会计。它们共同构成了企业单位开展会计工作、组织会计核算工作的前提条件和理论基础。

二、会计核算的一般原则

会计核算一般原则，即会计信息质量要求，是对企业财务报告中所提供会计信息质量的基本要求和一般规范，是使财务会计报告中所提供会计信息对投资者等信息使用者决策有用应具备的基本特征，它主要包括可靠性、相关性、可理解性、可比性、实质重于形式、重要性、谨慎性和及时性等。

（一）可靠性原则

可靠性又称客观性，要求企业应当以实际发生的交易或者事项为依据进行会计确认、计量和报告，如实反映符合确认和计量要求的各项会计要素及其他相关信息，保证会计信息真实可靠、内容完整。因此，企业不得虚构、歪曲和隐瞒经济业务事项，这是杜绝会计信息失真的基本前提。

做到这一原则，要求：第一，会计记录必须以实际发生的经济业务为依据，并且有证明这些经济业务发生的原始凭证，如购回原材料时应有发票、运单和验收单据作为凭证，从而如实反映财务状况和经营成果，做到记录清楚、内容真实、数字准确、资料可靠；第二，在符合成本效益的原则的前提下，保证会计信息的完整性，包括所编报的报表及其附注内容等应当保持完整，不得随意遗漏或者减少应予披露的信息，与会计信息使用者相关的有用信息都应充分披露。

（二）相关性原则

相关性原则要求企业提供的会计信息应当与财务会计报告使用者的经济决策需要相关，有助于财务会计报告使用者对企业过去、现在或者未来的情况做出评价或者预测。即要求相关的会计信息应当能够有助于评价企业过去的决策，因而具有反馈价值。相关的会计信息还应该具有预测价值，有助于会计信息使用者根据财务报告所提供的会计信息预测企业未来的财务状况、经营成果和现金流量。

会计信息使用者包括投资者、债权人、政府、职工、其他利益主体乃至社会公众，不同的使用者使用会计信息的目的不同，因为他们各自进行的是不同的经济决策，企业的会计信息正是为这些与企业相关的各种经济决策提供信息支持，因而要求与这些经济决策相对应。

（三）可理解性原则

可理解性又称明晰性，要求企业提供的会计信息应当清晰明了，便于财务会计报告使用者理解和使用。

提供会计信息的目的在于使用，要使用会计信息首先必须了解会计信息的内涵，弄懂会计信息的内容，这就要求会计核算和财务报告必须清晰明了，易于理解。只有这样才能提高会计信息的有用性，实现财务报告的目标，满足向投资者等会计信息使用者提供决策有用信息的要求。否则，就谈不上会计信息的使用。要做到可理解性原则，会计记录应当准确、清晰，填制会计凭证、登记会计账簿必须做到依据合法、账户对应关系清楚、摘要完整；在编制会计报表时，项目勾稽关系清楚、项目完整、数字准确。

随着我国经济体制改革的不断深入，会计信息的使用者也越来越广泛，这在客观上对会计信息的简明和通俗易懂提出了越来越高的要求。

（四）可比性原则

可比性要求企业提供的会计信息应当具有可比性。其包括两层含义：（1）同一企业不同时期可比。要求同一企业不同时期发生的相同或者相似的交易或者事项，应当采用一致的会计政策，不得随意变更。但该原则并非表明企业不得变更会计政策，如果按照规定或者在变更会计政策后能够提供更可靠、更相关的会计信息，可以变更会计政策，有关会计政策的变更情况，应当在附注中予以说明。（2）不同企业相同期间可比。要求不同企业同一期间发生的相同或者相似的交易或者事项，应当采用规定的会计政策，确保会计信息口径一致、相互可比，以使不同企业按一致的确认、计量和报告要求提供相关的信息。

（五）实质重于形式原则

实质重于形式原则要求企业应当按照交易或者事项的经济实质进行会计确认、计量和报告，不应仅以交易或者事项的法律形式为依据。

企业发生的交易或事项在大多数情况下，其经济实质和法律形式是一致的。但在有些情况下，可能会碰到一些不吻合的业务或事项。例如，融资租入的固定资产，在租期未满以前，从法律形式上讲，所有权并没有转移给承租人，但实际上承租人也能行使对该项固定资产的控制权，并能为企业带来经济利益的流入，因此承租人应该将其视同自有的固定资产，列入资产负债表，一并计提折旧。遵循实质重于形式原则，体现了对经济实质的尊重，并能够保证会计核算信息与客观经济事实相符。

（六）重要性原则

重要性原则要求企业提供的会计信息应当反映与企业财务状况、经营成果和现金流量等有关的所有重要交易或者事项。

所谓重要性，是指如果某项会计信息的错报和漏报，会引起使用者的误解或导致决策的失误，则称该事项或信息是重要的。重要性的应用需要依赖于会计人员的职业判断，企业应当根据其所处环境和实际情况，从项目的性质和金额大小两方面加以判断。

准确地反映企业经济活动的过程和结果，虽说是会计核算的基本要求，但从会计信息的使用要求来看，重要的是了解那些对经营决策有重要影响的经济事项。如果会计信息不分主次，反而会影响会计信息的使用价值。从核算效益来看，对一切会计事项的处理，一律不分轻重主次和繁简详略，必将耗费过多的人力、物力和财力，增加许多不必要的工作量。重要性原则也是会计核算本身进行成本效益权衡的体现。

（七）谨慎性原则

企业对交易或者事项进行会计确认、计量和报告应当保持应有的谨慎，不应高估资产或者收益、低估负债或者费用。

谨慎性原则要求，企业在面临不确定性因素的情况下做出职业判断时，应当保持应有的谨慎。充分、合理地估计到各种风险和损失，即不高估资产和收益，也不低估负债或费用。谨慎性原则的目的在于避免虚夸资产和收益、抑制由此给企业生产经营带来的风险。固定资产计提折旧采用加速折旧法、对各项资产可能发生的减值损失计提资产减值准备等都是谨慎性原则的具体体现。但是谨慎性原则并不能与蓄意隐瞒利润、逃避纳税画上等号，因而会计准则中明令禁止提取各项不符合规定的秘密准备。

（八）及时性原则

及时性原则要求企业对于已经发生的交易或者事项，应当及时进行会计确认、计量和报告，不得提前或者延后。

会计信息的价值在于帮助投资者或其他会计信息使用者做出经济决策，在会计核算过程中坚持及时性原则应做到：一是要求及时收集会计信息，即在经济业务发生后，及时收集整理各种原始单据；二是及时处理会计信息，即按照会计准则的规定，对会计事项及时进行确认、计量，并编制会计报告；三是及时传递会计信息，即在国家规定的时限内，及时将编制的会计报告传递给会计报告使用者。如果企业的会计核算不能及时进行，会计信息不能及时提供，就无助于经济决策，就不符合及时性原则的要求。

在会计实务中，为了及时提供会计信息，可能需要在有关交易或者事项的信息全部获得之前即进行会计处理，这样就满足了会计信息的及时性要求，但可能会影响会计信息的可靠性；反之，如果企业等到与交易或者事项有关的全部信息获得之后再进行处理，虽然能适当提高会计信息的可靠性，但这样的信息披露可能会影响会计信息的时效性，可能会使财务报告使用者决策的有用性大大降低。因此，需要很好地权衡会计信息的可靠性和及时性，以最好地满足信息使用者做出正确的经济决策判断。

第五节

会 计 方 法

一、会计方法

会计方法是用来核算和监督会计对象、完成会计任务的手段，是从事会计工作所使用的各种技术和方法。各单位为了对经济业务进行核算和监督，为有利于向各方提供有用的会计信息，必须对会计方法加以研究。会计方法是从会计实践中总结出来的。随着会计核算和监督的内容日趋复杂，会计方法也在不断地丰富和发展，经历了由简单到复杂、由不完善到逐步完善的漫长发展过程。

从传统的观点来看，会计方法体系包括会计核算方法、会计分析方法和会计检查方法三种。但伴随着会计的进一步发展和会计职能的拓展，有些学者又提出来，会计方法体系还应该包括会计监督的方法、会计预测方法和会计决策等方法。这种会计方法体系的扩充，说明了现代会计的发展趋势。但这些方法之间存在着内容上的相互交叉和融合。比如，会计监督和会计控制的含义就很难明确地界定；会计检查和会计分析从监督目的和过程来看，都有监督和控制的意味。

因此，综合以上所述，会计方法体系主要包括四个部分的内容：会计核算方法、会计分析方法、会计检查与监督方法、会计预测方法与会计决策方法。其中，会计核算方法是信息的基础和核心，会计分析方法是会计核算的延续和深化，会计检查与监督方法是会计核算和会计分析的质量保证，会计预测方法与决策方法是会计职能的扩充。这几种方法既密切联系，又有一定区别，都是为了从事会计活动、履行会计职能、实现会计目标所运用的技术手段。本门课程主要学习会计核算的方法，而其他的会计方法将在以后的专业课中陆续学习。

（一）会计核算方法

会计核算是会计的基本环节，其他会计方法都是在会计核算的基础上进行的。会计核算方法是指对单位发生的经济业务和事项进行会计确认、计量、记录、报告，并反映财务状况、经营成果和现金流量所采用的专门方法。其目的是收集、整理、加工、汇总和提供会计信息。

（二）会计分析方法

会计分析方法是指以会计核算资料为主要依据，结合相关资料，对企业、单位一定时期的经济活动的过程及其结果进行剖析与评价，剖析有关因素对经济活动本身的影响程度，及时发现经营管理中存在的问题及缺陷，总结经验教训，以便在以后的经营活动中进一步加强管理、提高经济效益所采用的专门方法。会计分析的具体方法有很多，主要有比率分析法、因素分析法、平衡分析法等。这些方法将在以后的成本会计学、财务管理学和管理会计学中讲述。会计分析的主要目的在于发现问题、总结经验、评价业绩、改进提高。

（三）会计检查与监督方法

会计检查方法是以会计核算资料为基础，依据会计法律、法规、准则及其他相关经济法规，对会计核算资料的真实性、完整性、准确性、合法性进行检查。会计监督方法则是对会计检查结果予以确认或对检查中发现的问题予以纠正判断和处置，从而达到控制和监督的目的。会计检查是一种手段，而会计监督是目的。会计检查的具体方法包括凭证检查、账簿检查和报表检查等。会计监督方法又分为以单位会计机构和会计人员为主的内部监督、以政府职能部门为主的政府监督和以注册会计师等中介机构为主的社会公众监督。这些方法除在本书有关章节中讲述外，还将在审计学中阐述。会计检查与监督的目的主要在于查错防弊，保证会计资料的真实和完整，维护会计信息使用者的合法权益。

（四）会计预测与决策方法

会计预测方法是以会计核算和会计分析资料为依据，结合市场等其他相关的信息，对未来经营活动作出的科学判断和推测所采用的方法。会计预测是会计核算在时间上的前瞻性延伸，主要运用的是预测学、数学、统计学等相关学科的成果，结合会计数据资料所形成的方法。

会计决策方法是依据会计核算、会计分析、会计预测等所提供的资料，针对将要开展的某项经营活动确定可能存在的各种备选方案，进行可行性分析和择优判断，以供有关决策者进行决策所采用的方法。例如，企业进行固定资产购建或更新、对外投资、产品结构调整等，事先都需要围绕投资额度、投资回报等，采用如回收期法、盈亏平衡法、投资报酬率法等专门的方法进行测算、分析和决策，从而形成了会计决策的专门方法。会计预测、会计决策的方法将在管理会计学课程中讲授。会计预测与决策的目的主要是为单位预测未来发展趋势和以后的科学决策提供客观依据。

二、会计核算方法

会计核算的方法包括：设置会计科目与账户、复式记账、填制和审核凭证、登记账簿、成本计算、财产清查和编制会计报表。

（一）设置会计科目与账户

会计科目是对会计对象的具体内容分门别类进行核算所规定的项目。设置会计科目，则是根据会计对象的具体内容和经济管理的要求，事先规定分类核算的项目，并在账簿中据以开设账户，以便取得所需要的核算指标。账户是根据会计科目来开设的，用来分门别类地记录所需核算资料的户头。

（二）复式记账

复式记账是记录经济业务的一种方法。复式记账法就是对任何一笔经济业务，都必须以相等的金额在两个或两个以上的有关账户中相互联系地进行登记的一种方法。采用这种方法记账，使每项经济业务所涉及的两个或两个以上的账户发生对应关系，登记在对应账户上的金额相等。通过账户的对应关系，可以检查有关经济业务的记录是否正确。由此可见，复式记账是一种科学的记账方法，采用这种方法记录各项经济业务，可以相互联系地反映经济业务的全貌，也便于核对账簿记录的正确性。

（三）填制和审核凭证

会计凭证是记录经济业务、明确经济责任的书面证明，是登记账簿的重要依据。对于已经发生或已经完成的经济业务，都要由经办人员或有关单位填制凭证，并签名盖章。所有凭证都要经过会计部门和有关部门的审核，只有经过审核并认为正确无误的凭证才能作为记账的依据。通过填制和审核凭证，可以保证会计记录有可靠的依据，并明确经济责任；可以监督经济业务的合法性和合理性。

（四）登记账簿

账簿是用来全面、连续、系统地记录各项经济业务的簿籍，也是保存会计数据资料的重要工具。登记账簿就是将所有的经济业务按其发生的时间顺序，分门别类地记入有关账簿。登记账簿必须以会计凭证为依据，按照规定的会计科目在账簿中分设账户，将所有的经济业务分别记入有关账户，并定期进行结账，计算各项核算指标，还要定期核对账目，使账簿记录同实际情况相符。账簿所提供的各种数据资料，是编制会计报表的主要依据。

（五）成本计算

成本计算是指对生产经营过程中所发生的各种费用，按照一定对象和标准进行归集和分配，以计算确定各对象的总成本和单位成本。企业在生产经营过程中会发生各种耗费，为了核算和监督所发生的各项费用，必须正确地进行成本计算。成本计算要在有关的账簿中进行，同时会计凭证的填制和传递也要适应成本计算的要求。成本计算提供的信息是企业成本管理所需要的主要信息。正确地选择成本计算方法，准确地计算成本，可以了解企业实际成本的高低，考核成本计划的执行情况，以便采取措施，降低企业成本。

（六）财产清查

财产清查就是盘点实物、核对账目，查明各项财产物资、货币资金及债权债务实有数额的一种专门方法。通过财产清查，可以加强会计记录的正确性，保证账实相符。在清查中，如果发现某些财产物资和资金的实有数额同账面结存额不一致，则应查明账实不符的原因，并调整账簿记录，使账实保持一致，从而保证会计核算资料的真实性。通过财产清查，还可以发现财产物资保管和债权、债务管理中的问题，以便对积压、呆滞、毁损、短缺的财产物资和逾期未能收回的款项，及时采取措施进行清理和加强财产管理，从而保护财产物资的安全、完整，挖掘财产物资的潜力，有利于加速资金周转，节约费用开支。总之，财产清查对于保证会计核算资料的正确性和监督财产的安全与合理使用具有重要的作用。

（七）编制会计报表

会计报表是以一定的表格形式，对一定时期内的财务状况、经营成果和现金流量进行反映的一种综合性报告文件。编制会计报表是对日常核算的总结，就是将账簿记录的内容定期地加以分类整理和汇总，提供为经济管理所需要的核算指标。会计报表提供的信息不仅可以为企业管理者进行决策服务，也可以满足企业会计信息使用者了解该企业财务状况、经营成果和现金流量的需要。为了正确报告会计信息，应当按会计准则的有关规定来确认、计量和报告会计信息，做到数字真实、计算准确、内容完整、报送及时。

会计核算方法是通过一系列处理程序对经济业务进行加工处理，来提供经济管理所需要的会计信息而应用的方法。该处理程序包括确认、计量、记录和报告四个环节。确认是指通过一定的标准或者方法来确定所发生的经济活动是否应该或能够进行处理；计量是以货币为单位对已确认可以进行会计处理的经济活动确定其记录的金额；记录是指通过一定的会计专业方法按照上述确定的金额将发生的经济活动在会计特有的载体上进行登记的工作；报告是指以通过编制会计报表的形式向有关方面和人员提供会计信息，它是会计工作的最终环节。

因此，会计核算的各种方法之间以及会计核算方法与会计处理程序之间是相互联系、密切配合的，构成了一个完整的会计核算程序和方法体系。对于日常发生的各项经济业务都要通过填制和审核会计凭证，确认和计量经济业务发生的时间、内容、数量、金额、归属的账户和记账方向，按照规定的会计科目和账户对经济业务进行分类核算，并采用复式记账法在账簿中进行登记；应当定期根据账簿记录进行成本计算；为保证账簿记录的正确性，要通过财产清查加以核实，在保证账实相符的基础上，根据账簿记录，定期编制会计报表。

由于每个会计期末都需要按照前述的会计处理程序和方法来处理会计信息，因此，把上述处理程序和方法体系称为会计循环。

第六节

会计核算基础和会计计量属性

一、会计核算基础

我国《企业会计准则——基本准则》规定，企业应当以权责发生制为基础进行会计确认、计量和报告。

权责发生制要求企业的会计核算应当以权责发生制为基础。凡是当期已经实现的收入和已经发生或应当负担的费用，不论款项是否收付，都应当作为当期的收入和费用；凡是不属于当期的收入和费用，即使款项已在当期收付，也不应当作为当期的收入和费用。

权责发生制是与收付实现制相对应的一种会计基础，后者在确认收入和费用时一律以实际的款项收付为标志。按权责发生制确认收入和费用，比较符合经济业务事项的经济实质，有利于准确地反映企业的经营成果和财务状况。目前，在我国的企业单位以权责发生制作为核算基础。

而我国《政府会计准则——基本准则》规定，政府行政事业单位要在一套账务体系下提供两种会计报告，即政府预算会计报告和政府财务会计报告，政府预算会计报告要以收付实现制为核算基础，政府财务会计报告要以权责发生制为核算基础，所以政府行政事业单位要以收付实现制和权责发生制双基础作为其核算基础。

二、会计计量属性

会计计量是将企业符合确认条件的会计要素登记入账并列报于财务报表（会计报表及其附注）而确定其金额的过程。会计的计量属性反映的是会计要素金额的确定基础。会计计量属性主要包括历史成本、重置成本、可变现净值、现值和公允价值五种。

（一）历史成本

历史成本也称实际成本，是指企业在取得或建造某项资产时实际支付的现金或现金等价物。在历史成本计量下，资产按照购置时支付的现金或现金等价物的金额，或按照购置资产时所付出的对价的公允价值计量。负债按照因承担现时义务而实际收到的款项或资产的金额，或按照承担现时义务的合同金额，或按照日常活动中为偿还负债预期需要支付的现金或现金等价物的金额计量。

（二）重置成本

重置成本也称现行成本，是指在当前市场条件下，重新购置相同资产所付出的现金或现金等价物。在重置成本计量下，资产按照现在购买相同或相似资产所需支付的现金或现金等价物的金额计量。负债按照现在偿付该项债务所需支付的现金或现金等价物的金额计量。

（三）可变现净值

可变现净值，是指在正常生产经营活动中，以存货的估计售价减去至完工时估计将要发生的成本、估计销售费用以及相关税金后的金额。在可变现净值计量下，资产按照其正常对外销售所能收到现金或现金等价物的金额扣减该资产至完工时估计将要发生的成本、估计的销售费用以及相关税费后的金额计量。

（四）现值

现值是考虑货币时间价值因素的一种计量属性，是指采用恰当的折现率对未来现金流量折现后的价值。在现值计量下，资产按照预计从其持续使用和最终处置中所产生的未来净现金流入量的折现金额计量。负债按照预计期限内需要偿还的未来净现金流出量的折现金额计量。

（五）公允价值

公允价值，是指在公平交易中，熟悉情况的交易双方自愿进行资产交换或债务清偿的金额。在公允价值计量下，资产和负债按照在公平交易中，熟悉情况的交易双方自愿进行资产交换或者债务清偿的金额计量。

企业在对会计要素进行计量时，一般应当采用历史成本，采用重置成本、可变现净值、现值、公允价值计量的，应当保证所确定的会计要素金额能够取得并可靠计量。

第七节

会计学与会计学科体系

会计学是人们对会计实践进行科学总结而形成的知识体系。会计作为一项管理活动，已有几千年的历史，但会计作为一门学问，出现的却相对较晚，仅有几百年的历史。会计学从其学科性质来说，是属于经济管理中的一门应用性学科。是研究和阐述会计系统和会计工作发展规律的一门学科，即对会计系统的对象、功能、结构、目标及其运行条件，基本约束规范和专门方法进行研究、阐述而形成的科学。会计实践是不断发展和不断丰富的，相应地，会计学的理论也在不断地发展和完善。会计实践的发展和丰富推动了会计学的发展和完善。

会计学科体系是一个庞大的体系，其分类也是多角度、动态的、分层次的。其中按会计学科体系的研究对象分类是最重要的分类，主要包括会计基础学科、企业会计学科、政府及非营利组织会计学科、特殊领域会计学科、综合性会计学科。

会计基础学科包括会计工作基础学科、会计行为基础学科、会计方法学科、会计教育学科、会计史学科；企业会计学科包括企业财务会计、企业成本会计、企业管理会计、证券公司会计、金融企业会计、税务会计等；政府及非营利组织会计学科包括政府财政会计、政府会计、行政事业单位会计、社保基金会计、军队会计、民间非营利组织会计等；特殊领域会计学科包括无形资产会计、物价变动会计、破产会计、期货会计、司法会计、人力资源会计等；综合性会计学科包括社会会计、社会责任会计、环境会计等。

会计学科体系反映在会计教育中又具体表现为会计课程体系。目前，我国的会计课程体系一般由以下课程组成：会计学原理（又称基础会计学、初级会计学）、财务会计学（又称中级会计学）、成本会计学、财务管理学、管理会计学、政府与非营利组织会计学、审计学、会计信息系统、会计职业道德、会计制度设计等。

上述会计课程体系中，会计学原理是会计学大家族中最具基础性的学科，主要讲述会计学的基本理论、基本知识和技能。本书将以此为主线进行阐述。

思考与练习

一、名词解释

会计	会计核算前提	会计主体	持续经营
会计分期	货币计量	权责发生制	会计原则
可靠性原则	相关性原则	可理解性原则	可比性原则
重要性原则	谨慎性原则	实质重于形式原则	及时性原则
会计目标	会计对象	会计方法	重置成本
现值	可变现净值	公允价值	历史成本

二、简答题

1. 什么是会计？简述会计产生和发展的历程。

2. 会计的基本职能和任务是什么？会计目标的科学内涵是什么？

3. 简述会计的目标和对象。

4. 我国企业会计准则设定的会计核算基本前提是什么？会计前提对会计核算有哪些影响？

5. 我国企业会计准则提出的会计信息质量要求包括哪些？说明每项会计原则对会计确认、计量和报告的意义和作用。

6. 会计的计量属性有哪些？

7. 会计核算方法包括哪些内容？

8. 简述会计核算基础及其适用范围。

9. 试述会计学科体系的构成。

第二章
会计等式与会计账户

第一节
会　计　要　素

会计要素是会计对象的具体化，是对会计核算对象的基本分类，是反映会计主体财务状况和经营成果的基本单位。我国 2006 年颁布的《企业会计准则——基本准则》规定的会计要素包括资产、负债、所有者权益、收入、费用和利润等六项。其中，资产、负债、所有者权益反映企业某一特定日期的财务状况；收入、费用和利润反映一定时期的经营成果。

一、资产

（一）资产的定义和特征

资产是指企业过去的交易或事项形成的、由企业拥有或控制的、预期会给企业带来经济利益的经济资源。

资产可以具有实物形态，如房屋和建筑物、机器设备、库存现金、库存商品、原材料等，也可以不具有实物形态，如以债权形式存在的应收款项，有助于企业生产经营活动的商标权、专利权等无形资产等。资产的基本特征归纳如下：

1. 资产是由于过去的交易或事项所形成的。也就是说，资产必须是现实的资产，而不能是预期资产，是由于过去已经发生或交易的事项所产生的结果。企业过去的交易或事项包括购买、生产、建造行为或其他交易或事项。至于未来或即将发生而还未发生的交易或事项不能形成企业的资产，不得作为资产确认。

2. 资产必须由企业拥有或控制。一般来说，由企业拥有或控制，是指企业享有某项资源的所有权，或虽然不享有某项资源的所有权，但该资源能被企业所控制。例如，融资租入的固定资产，企业虽不拥有所有权，但可以在相当长的时间内使用支配该项资产，并从中获益。

3. 资产预期会给企业带来经济利益。即预期资产可望给企业带来经济资源的流入。未来经济利益是指直接或间接导致现金和现金等价物流入企业的潜力。

（二）资产的确认及列报条件

符合上述资产定义的资源，在同时满足以下条件时，可以确认为资产。

1. 与该资源有关的经济利益很可能流入企业。

2. 该资源的成本或价值能够可靠地计量。

符合资产定义和资产确认条件的项目，应当列入资产负债表；符合资产定义，但不符合资产确认条件的项目，不应当列入资产负债表。

（三）资产的分类和内容

资产按其持有目的和变现能力的强弱不同，可分为流动资产和非流动资产。根据《企业会计准则第 30 号——财务报表列报》规定，满足下列条件之一的资产，应当归类为流动资产：①预计在一个正常营业周期中变现、出售或耗用；②主要为交易目的而持有；③预计在资产负债表日起 1 年内（含 1 年，下同）变现；④自资产负债表日起 1 年内，交换其他资产或清偿负债的能力不受限制的现金或现金等价物。

流动资产以外的资产应当归类为非流动资产。

1. 流动资产通常包括货币资金、应收及预付款项、交易性金融资产和存货等。

货币资金是指处于货币形态的那部分资金，包括库存现金、银行存款和其他货币资金等。

应收及预付款项包括应收票据、应收账款、其他应收款、预付账款和应收利息、应收股利等。

交易性金融资产是指企业为交易目的持有的债券投资、股票投资、基金投资等金融资产。

存货是指企业在日常活动中持有以备出售的产成品或商品、处在生产过程中的在产品、在生产过程或提供劳务过程中耗用的材料和物料等，主要包括原材料、周转材料、发出商品、库存商品和委托加工物资等。

2. 非流动资产通常包括持有至到期投资、可供出售金融资产、长期股权投资、固定资产、在建工程、投资性房地产、递延所得税资产、无形资产、长期待摊费用和其他资产等。

长期投资是指不准备在 1 年内变现的投资，包括持有至到期投资、长期股权投资等。

固定资产是指使用期限较长、单位价值较高，并且在使用过程中保持原有实物形态的资产。现行《企业会计准则》规定，固定资产是指同时具有以下特征的有形资产：一是为生产商品、提供劳务、出租或经营管理而持有的；二是使用寿命超过一个会计年度的。

投资性房地产是指为赚取租金或资本增值，或两者兼有而持有的房地产。包括已出租的土地使用权、持有准备增值后转让的土地使用权以及已出租的建筑物。

无形资产是指企业拥有或控制的没有实物形态的可辨认非货币性资产，包括专利权、非专利技术、商标权和著作权等。

递延所得税资产是指企业根据所得税准则确认的可抵扣暂时性差异产生的所得税资产。

其他资产是指除了流动资产、长期投资、固定资产、投资性房地产、无形资产以外的其他资产。

资产要素的主要内容如图 2－1 所示。

- 资产
  - 流动资产
    - 库存现金
    - 银行存款
    - 其他货币资金
    - 应收账款
    - 应收票据
    - 交易性金融资产
    - 应收及预付款
    - 存货
  - 非流动资产
    - 可供出售金融资产
    - 持有至到期投资
    - 长期股权投资
    - 投资性房地产
    - 固定资产
    - 在建工程
    - 无形资产
    - 长期待摊费用
    - 递延所得税资产
    - 其他资产

图 2－1

二、负债

（一）负债的定义和特征

负债是指过去的交易或事项形成的、预期会导致经济利益流出企业的现时义务。负债的基本特征归纳如下：

1. 负债是由企业过去的交易或事项形成的当前债务。也就是说，企业预期在将来要发生的交易或事项可能产生的义务，由于不属于现时义务，在会计上不能确认为负债。

2. 义务的履行会导致经济利益流出企业。即负债需要将来通过转移资产或提供劳务予以清偿。一般情况下，要用现金进行清偿；有时也可以采用非货币性资产或劳务来清偿；或通过举借新的债务来抵偿。

（二）负债的确认及列报条件

符合上述负债定义的现时义务，在同时满足以下条件时，确认为负债。

1. 与该义务有关的经济利益很可能流出企业。

2. 未来流出的经济利益的金额能够可靠地计量。

符合负债定义和负债确认条件的项目，应当列入资产负债表；符合负债定义，但不符合负债确认条件的项目，不应当列入资产负债表。

（三）负债的分类和内容

负债按其持有目的和流动性的不同，可以划分为流动负债和非流动负债。根据《企业会计准则第 30 号——财务报表列报》规定，满足下列条件之一的负债，应当归类为流动负债：①预计在一个正常营业周期中清偿；②主要为交易目的而持有；③自资产负债表日起 1 年内到期应予以清偿；④企业无权自主地将清偿推迟至资产负债表日后 1 年以上。

流动负债以外的负债应当归类为非流动负债。

1. 流动负债通常包括短期借款、交易性金融负债、应付票据、应付账款、应付职工薪酬、预收账款、应交税费、应付利息、应付股利等。

短期借款是指企业为维持正常生产经营周转需要向银行或其他金融机构借入的偿还期在 1 年以下（含 1 年）的各种借款。

应付票据是指企业由于购买材料、商品和接受劳务等开出、承兑的商业汇票，包括商业承兑汇票和银行承兑汇票。

应付账款是指企业因购买材料、商品或接受劳务供应等活动而发生的债务。

应付职工薪酬是指企业根据有关规定应付给职工的各种薪酬，包括职工工资、奖金、津贴和补贴，职工福利费、医疗、养老、失业、工伤、生育等社会保险费，住房公积金，工会经费，职工教育经费，非货币性福利等因职工提供服务而产生的义务。

应交税费是指根据规定应缴纳的各种税费，包括：增值税、营业税、消费税、城建税、资源税、所得税、房产税、车船使用税、教育费附加等。

2. 非流动负债通常包括长期借款、应付债券、长期应付款、专项应付款、预计负债、递延所得税负债等。

长期借款是指企业向银行或其他金融机构借入的期限在 1 年以上（不含 1 年）的各种借款。

应付债券是指企业为筹集长期资金而发行的债券。

递延所得税负债是指企业根据所得税准则确认的应纳税暂时性差异产生的所得税负债。

负债要素的主要内容如图 2－2 所示。

- 负债
  - 流动负债
    - 短期借款
    - 交易性金融负债
    - 应付票据
    - 应付账款
    - 预收账款
    - 应付工资
    - 应付利息
    - 应付股利
    - 应交税费
    - 其他应付款
  - 非流动负债
    - 长期借款
    - 应付债券
    - 长期应付款
    - 专项应付款
    - 预计负债
    - 递延所得税负债

图 2－2

三、所有者权益

（一）所有者权益的定义和特征

所有者权益是指企业资产扣除负债后由所有者享有的剩余权益。企业的所有者权益又称为股东权益。所有者权益相对于负债而言，具有如下基本特征：

1. 所有者权益作为一种权益资本，一般不需要偿还，除非发生减资、清算。

2. 企业清算时，负债拥有优先清偿权。只有在清偿所有负债后，剩余财产才返还给投资者。

3. 投资人能够参与企业的经营决策及利润的分配，而债权人只能按约定的条件获取利息，不能参与企业利润的分配。

所有者权益的金额取决于资产和负债的计量，其金额为资产减去负债后的余额，又称为净资产。所有者权益项目应当列入资产负债表。

（二）所有者权益的内容

所有者权益的内容包括所有者投入的资本、直接计入所有者权益的利得和损失、留存收益等。直接计入所有者权益的利得和损失，属于资本公积中的其他资本公积项目，除此之外，资本公积还包括资本溢价（或股本溢价）项目。留存收益包括盈余公积和未分配利润。

直接计入所有者权益的利得和损失，是指不应计入当期损益、会导致所有者权益发生增减变动的、与所有者投入资本或者向所有者分配利润无关的利得或者损失。主要包括可供出售金融资产公允值变动的净额、权益法下被投资单位其他所有者权益的变动等。利得是指由企业非日常活动所发生的、会导致所有者权益增加的、与所有者投入资本无关的经济利益的流入。损失是指由企业非日常活动所发生的、会导致所有者权益减少的、与向所有者分配利润无关的经济利益的流出。

所有者权益要素的主要内容如图 2－3 所示。

- 所有者权益
  - 实收资本
    - 国家投资
    - 法人投资
    - 个人投资
    - 外商投资
  - 资本公积
    - 资本（或股本）溢价
    - 其他资本公积
  - 盈余公积
    - 法定盈余公积
    - 任意盈余公积
  - 未分配利润
    - 本年利润
    - 利润分配

图 2－3

上述资产、负债、所有者权益三大要素的内容，反映的是企业某一时点财务状况的会计要素，即是静态的会计要素。这三个要素的关系可以用“资产＝负债＋所有者权益”的会计基本恒等式来表示，它是设置会计科目和账户、复式记账和编制资产负债表的理论依据。因而，也称这三大要素为资产负债表的会计要素。

四、收入

（一）收入的定义和特征

收入的概念有广义和狭义之分。广义的收入概念是指企业日常活动及其以外的活动形成的经济利益流入。我国现行会计准则采用的是狭义的收入概念，即收入是指企业在日常活动中形成的、会导致所有者权益增加的、与所有者投入资本无关的经济利益的总流入，如销售商品、提供劳务及让渡资产使用权等。企业主营业务活动产生的收入，如销售商品、提供劳务的收入等，称为主营业务收入；而出租固定资产、包装物，销售原材料等不属于企业的主要经营活动，但由于它们与日常经营活动直接相关，因此也被列作收入，称为其他业务收入。收入具有如下基本特征：

1. 收入是企业日常活动中形成的。日常活动是指企业为完成其经营目标所从事的经常性活动以及与之相关的主要活动，如销售产品、商品，提供劳务，销售材料，出租资产等；而企业从非日常活动中形成的经济利益的流入，如处置非流动资产的净收益等不确认为收入，而应当记入利得。

2. 收入会导致企业所有者权益的增加。收入表现为企业资产的增加，或负债的减少，或者二者兼而有之。不导致所有者权益增加的经济利益的流入不符合收入的定义，不确认为企业的收入。需要说明的是收入只包括本企业经济利益的流入，不包括为第三方或客户代收的款项。如企业为国家代收代缴的增值税等。

3. 收入与所有者投入资本无关。收入的发生会导致经济利益的流入，从而使企业资产增加。但由于投入企业资本而引起的经济利益的流入不应确认为收入，而应当直接确认为所有者权益的组成部分。

（二）收入的确认条件

收入的确认至少应当满足以下条件：①与收入相关的经济利益很可能流入企业。②经济利益的流入会导致企业资产的增加或负债的减少；例如，企业销售产品一批，取得货币资金存入银行，使企业资产增加。又如，在预收全部货款后发出商品或提供劳务，使企业负债减少。③经济利益的流入金额能够可靠计量。

符合收入定义和收入确认条件的项目，应当列入利润表。

收入要素的具体内容如图 2－4 所示。

- 收入
  - 主营业务收入
    - 销售产品、自制半成品收入（制造企业）
    - 销售商品收入（商品流通企业）
    - 证券投资收入（金融企业）
  - 其他业务收入
    - 销售材料收入
    - 出租包装物、固定资产租金收入
    - 出租无形资产收入

图 2－4

五、费用

（一）费用的定义和特征

费用是指企业在日常活动中发生的、会导致所有者权益减少的、与向所有者分配利润无关的经济利益总流出。费用的基本特征归纳如下：

1. 费用是企业日常活动中发生的。这里对日常活动的界定与收入中界定的日常活动相一致。日常活动中的费用主要包括销售商品、提供劳务、出租资产等活动中产生的经济利益的流出。而企业在非日常活动中所形成的经济利益的流出，如处置非流动资产的净损失不确认为费用，而应当记入损失。

2. 费用会导致企业所有者权益的减少。费用可能表现为企业资产的减少，如银行存款的减少；也可能表现为企业负债的增加，如增加应付职工薪酬等；不会导致所有者权益减少的经济利益的流出，不确认为费用。如偿债性支出，以银行存款偿还短期借款，对所有者权益没有影响，因不符合费用的定义，故不确认为费用。

3. 费用与向所有者分配利润无关。费用的发生会导致经济利益的流出，向投资者分配的利润或股利，虽然也减少了所有者权益，但其性质是属于利润分配，故不构成企业的费用。

（二）费用的分类和确认

费用按照其是否计入成本可分为生产成本和期间费用两类，其中生产成本是指企业为生产一定种类和数量的产品所发生的费用，即主要包括直接材料、直接人工和制造费用的总和；期间费用是指不计入成本、直接计入当期损益的费用，包括销售费用、管理费用和财务费用。同时《企业会计准则——基本准则》规定，企业为生产产品、提供劳务等发生的可归属于产品成本、劳务成本等的费用，应当在确认产品销售收入、劳务收入等时，将已销售产品、已提供劳务的成本等计入当期损益。

费用的确认除了应当符合定义外，至少应当符合以下条件：一是与费用相关的经济利益应当很可能流出企业；二是经济利益流出的结果会导致资产的减少或负债的增加；三是经济利益的流出金额能够可靠计量。

符合费用定义和费用确认条件的项目，应当列入利润表。

费用要素的内容如图 2－5 所示。

- 费用
  - 生产成本
    - 直接材料
    - 直接人工
    - 制造费用
  - 期间费用
    - 销售费用
    - 管理费用
    - 财务费用

图 2－5

六、利润

（一）利润的定义和来源

利润是指企业在一定会计期间的经营成果。通常情况下，如果企业在经营中获得利润，所有者权益会随之而增加，反之，如果企业发生了亏损，所有者权益会随之而减少。因此，利润指标是评价企业管理层业绩的一项重要指标。

利润包括收入减去费用后的净额、直接计入当期利润的利得和损失等。收入减费用后的净额反映的是企业日常活动的成果；而直接计入当期利润的利得和损失反映的是非日常活动的成果，是指应当计入当期损益、会导致所有者权益发生增减变动的、与所有者投入资本或者向所有者分配利润无关的利得或者损失。

（二）利润的组成

企业利润包括营业利润、利润总额和净利润。

营业利润是营业收入减去营业成本、营业税金及附加、销售费用、管理费用、财务费用和资产减值损失，再加上公允价值变动损益和投资收益后的金额。

利润总额是营业利润加上营业外收入，减去营业外支出后的余额。

净利润是利润总额减去所得税费用后的余额。

（三）利润的确认

利润金额取决于收入和费用、直接计入当期利润的利得和损失金额的计量。直接计入当期利润的利得和损失，是指应当计入当期损益、会导致所有者权益发生增减变动的、与所有者投入资本或向所有者分配利润无关的利得或损失。利润项目应当列入利润表。

利润要素的主要内容如图 2－6 所示。

上述收入、费用和利润三大会计要素的内容，反映的是企业一定期间经营成果的会计要素，即是动态的会计要素。收入、费用和利润这三个要素的关系可以用“收入－费用＝利润”（这里的收入、费用是广义的收入、费用概念，即包括直接计入当期利润的利得和损失）的等式关系来表示，它是编制利润表的基础。因此，也称这三大要素为利润表的会计要素。

- 利润
  - 营业利润
    - 营业收入
    - 营业成本
    - 税金及附加
    - 期间费用
      - 销售费用
      - 管理费用
      - 财务费用
  - 利润总额
    - 营业外收入
    - 营业外支出
  - 净利润
    - 所得税费用

图 2－6

第二节 会计等式

一、会计等式的含义

如前所述，会计的六大要素反映了资金运动的静态和动态两个方面，具有内在的关联性，他们在数量上存在着特定的平衡关系，这种平衡关系可以通过会计平衡等式表现出来，就是通常所说的会计等式。会计等式又称会计恒等式或会计平衡公式。它是会计核算建立复式记账的理论基础。

（一）基本会计等式

任何企业为了实现其经营目标，都要拥有一定数量的资产。企业的资产，来自于两个方面：一是负债；二是投资人的投资及其增值，因而，债权人和投资人都对企业的资产拥有要求权，这种对企业资产的要求权，在会计上总称为权益，权益中属于债权人的部分，称为债权人权益，通常称为负债；属于投资人的部分，是投资人享有的权益，称为所有者权益。

资产表明企业拥有什么经济资源和拥有多少经济资源，权益则表明是谁提供了这些经济资源，谁就对这些经济资源拥有要求权。既然权益是对资产的要求权，那么，资产与权益之间就是相互依存的关系。没有资产，就没有有效的权益。同样，企业所拥有的资产也完全不能脱离权益而存在。没有无资产的权益；也没有无权益的资产。而且，从数量上看，有一定数额的资产，就必定有一定数额的权益；反之，有一定数额的权益，也必然有一定数额的资产。也就是说，一个企业的资产总额与权益总额必然相等。资产与权益之间这种数量上的平衡关系，可以用下面的等式表示：

资产＝权益

=债权人权益+所有者权益

=负债+所有者权益

上项等式称为会计基本等式，它直接反映出资产负债表中资产、负债、所有者权益三要素之间的内在联系和数量上的关系，高度概括了企业在一定时点上的财务状况，所以它是建立资产负债表的理论基础。

（二）扩展的会计等式

由于企业的主要目标是通过赚取利润使所有者权益增加，因此企业总是力求增加取得的收入，减少发生的费用，使净收入扩大。收入将使所有者权益增加，而费用则使所有者权益减少。会计要素中的收入、费用和利润三项要素，即利润表要素，它们三者之间的关系是：收入－费用=利润。利润的增减最终会影响所有者权益的变动，因此，收入和费用的发生将影响企业的所有者权益。则会计等式也就转化为下面的形式：

资产=负债+所有者权益+利润

或：资产=负债+所有者权益+（收入－费用）

移项，则：

资产+费用=负债+所有者权益+收入

因此，将收入、费用两要素列入基本会计等式，可以将资产负债表和利润表联系起来，从而揭示了资产负债表要素和利润表要素各自内部及相互之间的内在联系和数量上的关系。也就是说，它是所有会计要素的关系表达式，并完整地表现了企业的财务状况和财务成果及其形成过程。

到了会计期末，企业将收入与费用相互配比，计算出利润（或亏损），并按照规定的程序进行分配，剩余的全部归为所有者权益项目。这样，在会计期末结账之后，会计等式又恢复到会计等式期初的形式。即：

资产=负债+所有者权益

综上所述，会计等式揭示了会计要素之间的联系。它是设置账户、复式记账、试算平衡和编制会计报表的理论依据。

二、经济业务的发生对会计等式的影响

企业在经营过程中发生的各种经济活动，在会计上称为“经济业务”。随着经济业务的不断发生，都必然会引起企业的资产和权益经常发生增减变动。但是，无论企业的经济业务引起资产和权益发生怎样的变化，企业的资产总额总是等于它的权益总额。也就是说，任何时候，无论从哪个时点上来观察，会计等式所表示的数量平衡关系都不会被破坏。

经济业务的发生，会引起“资产=负债+所有者权益”等式中各项会计要素的增减变动，归纳起来，可以分为四大类型并细化为九种情况：

1. 资产项目内部一增一减，增减的金额相等。

2. 权益项目内部一增一减，增减的金额相等。

这一类经济业务具体包括以下四种情况：

（1）一项负债减少，另一项负债增加；

（2）一项所有者权益减少，另一项所有者权益增加；

（3）一项负债减少，一项所有者权益增加；

（4）一项所有者权益减少，一项负债增加。

3. 资产和权益项目同时增加，双方增加的金额相等。

这一类经济业务具体包括以下两种情况：

（1）一项资产增加，一项负债增加；

（2）一项资产增加，一项所有者权益增加。

4. 资产和权益项目同时减少，双方减少的金额相等。

这一类经济业务具体包括以下两种情况：

（1）一项资产减少，一项负债减少；

（2）一项资产减少，一项所有者权益减少。

以上四种类型，九种情况的经济业务的变化可用表 2－1 所示。

表 2－1

经济业务	资产 =	负债 +	所有者权益
1	（+）（−）		
2		（+）（−）	
3			（+）（−）
4		−	+
5		+	−
6	+	+	
7	+		+
8	−	−	
9	−		−

下面将举例说明不同类型经济业务的发生对会计等式的影响。

【例 2－1】 宏达公司 20××年 12 月 31 日资产、负债和所有者权益的状况如下：

资　产		=	负　债		+	所有者权益	
库存现金	1 000		短期借款	20 000		实收资本	45 000
银行存款	19 000		应付账款	30 000		资本公积	5 000
应收账款	10 000						
原材料	10 000						
固定资产	60 000						
总　计	100 000	=		50 000	+		50 000

上列会计等式表明，在 12 月 31 日这个特定时点上，宏达公司拥有的资产总额为 100 000 元，它来自于负债和所有者权益两个方面。其中债权人享有的资产要求权，即负债总额为 50 000 元；企业投资人享有的资产要求权，即所有者权益总额为 50 000 元。资产总额和权益总额都是 100 000 元，此时，宏达公司的资产总额与权益总额相等，会计等式保持着平衡关系。

如果说，上述举例只反映出资产、负债和所有者权益静态的平衡关系，那么，下面将进一步考察四大类经济业务与会计等式的关系。

【例 2-2】以【例 2-1】为基础，宏达公司次年 1 月发生下列经济业务：

1. 5 日，从银行存款中提取现金 1 000 元备用。

这项经济业务的发生，使公司的银行存款（资产项目）减少了 1 000 元，即由原来的 19 000 元减少到 18 000 元，同时使公司的库存现金（资产项目）增加了 1 000 元，即由原来的 1 000 元增加为 2 000 元。这项经济业务使公司的资产项目一增一减，增减的金额相等，因此公司资产总额不会发生变化。而且，这项经济业务没有涉及负债和所有者权益，不会引起权益总额发生变化。所以，在发生这项经济业务以后，会计等式的平衡关系仍没有被破坏。

资产		=	负债		+	所有者权益	
库存现金	2 000		短期借款	20 000		实收资本	45 000
银行存款	18 000		应付账款	30 000		资本公积	5 000
应收账款	10 000						
原材料	10 000						
固定资产	60 000						
总计	100 000	=		50 000	+		50 000

2. 7 日，向银行借入期限为 6 个月的短期借款 10 000 元，直接偿还前欠外单位货款。

这项经济业务的发生，使公司的短期银行借款（负债项目）增加了 10 000 元，即由原来的 20 000 元增加到 30 000 元，同时使公司的应付账款（负债项目）减少了 10 000元，即由原来的 30 000 元减少到 20 000 元。这项经济业务使权益中的负债一增一减，增减的金额相等，因此权益总额不会发生变化，而且，这项经济业务没有涉及资产的变化，不会引起资产总额发生变化，因此，在发生这项经济业务以后，会计等式的平衡关系仍然没有被破坏。

资产		=	负债		+	所有者权益	
库存现金	2 000		短期借款	30 000		实收资本	45 000
银行存款	18 000		应付账款	20 000		资本公积	5 000

应收账款	10 000						
原材料	10 000						
固定资产	60 000						
总　计	100 000	=		50 000	+		50 000

3. 8日，以资本公积转增资本3 000元。

这项经济业务的发生，使公司的实收资本（所有者权益项目）增加了3 000元，即由原来的45 000元增加到48 000元，同时使公司的资本公积（所有者权益项目）减少了3 000元，即由原来的5 000元减少到2 000元。这项经济业务使权益中的所有者权益一增一减，增减的金额相等，因此权益总额不会发生变化，而且，这项经济业务没有涉及资产的变化，不会引起资产总额发生变化，因此，在发生这项经济业务以后，会计等式的平衡关系仍然没有被破坏。

资　　产		=	负　　债		+	所有者权益	
库存现金	2 000		短期借款	30 000		实收资本	48 000
银行存款	18 000		应付账款	20 000		资本公积	2 000
应收账款	10 000						
原材料	10 000						
固定资产	60 000						
总　计	100 000	=		50 000	+		50 000

4. 10日，甲企业委托宏达公司代为偿还前欠购货款12 000元，并决定作为对宏达公司投资的减少。

这项经济业务的发生，使公司的应付账款（负债项目）增加了12 000元，即由原来的20 000元增加到32 000元，同时使公司的实收资本（所有者权益项目）减少了12 000元，即由原来的48 000元减少到36 000元。这项经济业务使权益中的负债和所有者权益一增一减，增减的金额相等，因此权益总额不会发生变化，而且，这项经济业务没有涉及资产的变化，不会引起资产总额发生变化，因此，在发生这项经济业务以后，会计等式的平衡关系仍然没有被破坏。

资　　产		=	负　　债		+	所有者权益	
库存现金	2 000		短期借款	30 000		实收资本	36 000
银行存款	18 000		应付账款	32 000		资本公积	2 000
应收账款	10 000						
原材料	10 000						

固定资产	60 000						
总 计	100 000	=		62 000	+		38 000

5. 12 日，宏达公司委托乙企业为其偿还短期借款 20 000 元，并决定作为对宏达公司的追加投资。

这项经济业务的发生，使公司的实收资本（所有者权益项目）增加了 20 000 元，即由原来的 36 000 元增加到 56 000 元，同时使公司的短期借款（负债项目）减少了 20 000元，即由原来的 30 000 元减少到 10 000 元。这项经济业务使权益中的所有者权益和负债一增一减，增减的金额相等，因此权益总额不会发生变化，而且，这项经济业务没有涉及资产的变化，不会引起资产总额发生变化，因此，在发生这项经济业务以后，会计等式的平衡关系仍然没有被破坏。

资产		=	负债		+	所有者权益	
库存现金	2 000		短期借款	10 000		实收资本	56 000
银行存款	18 000		应付账款	32 000		资本公积	2 000
应收账款	10 000						
原材料	10 000						
固定资产	60 000						
总 计	100 000	=		42 000	+		58 000

6. 15 日，从外单位赊购一批原材料，金额为 15 000 元。这项经济业务的发生，使公司的原材料（资产项目）增加了 15 000 元，即由原来的 10 000 元增加到 25 000 元，同时使公司的应付账款（负债项目）增加了 15 000 元，即由原来的 32 000 元增加到 47 000元。这项经济业务使资产和权益中的负债同时增加，双方增加的金额相等，因而会计等式的平衡关系不会被破坏。

资产		=	负债		+	所有者权益	
库存现金	2 000		短期借款	10 000		实收资本	56 000
银行存款	18 000		应付账款	47 000		资本公积	2 000
应收账款	10 000						
原材料	25 000						
固定资产	60 000						
总 计	115 000	=		57 000	+		58 000

7. 17 日，接受投资者追加投入资本 12 000 元，存入银行。

这项经济业务的发生，使公司的银行存款（资产项目）增加了12 000元，即由原来的18 000元增加到30 000元，同时使公司的实收资本（所有者权益项目）增加了12 000元，即由原来的56 000元增加到68 000元。这项经济业务使资产和权益中的所有者权益同时增加，双方增加的金额相等，因而会计等式的平衡关系不会被破坏。

资产		=	负债		+	所有者权益	
库存现金	2 000		短期借款	10 000		实收资本	68 000
银行存款	30 000		应付账款	47 000		资本公积	2 000
应收账款	10 000						
原材料	25 000						
固定资产	60 000						
总计	127 000	=		57 000	+		70 000

8. 18日，以银行存款15 000元偿还15日所欠货款。

这项经济业务的发生，使公司的银行存款（资产项目）减少了15 000元，即由原来的18 000元减少到3 000元，同时使公司的应付账款（负债项目）减少了15 000元，即由原来的35 000元减少到20 000元。这项经济业务使资产和权益同时减少，双方减少的金额相等，因而会计等式的平衡关系不会被破坏。

资产		=	负债		+	所有者权益	
库存现金	2 000		短期借款	30 000		实收资本	50 000
银行存款	3 000		应付账款	20 000			
应收账款	10 000						
原材料	25 000						
固定资产	60 000						
总计	100 000	=		50 000	+		50 000

从以上举例可以看出，凡是发生只涉及资产或权益一方内部项目之间增减变动的经济业务，如第一和第二大类经济业务，不但不会影响双方总额的平衡，而且原来的总额也不会发生变动；凡是发生涉及资产和权益双方项目同增或同减的经济业务，如第三和第四大类经济业务，都会使双方原来的总额发生同增或同减的变动，但变动的结果，双方的总额仍然相等。由此可见，任何一项经济业务的发生，无论资产和权益发生怎样的增减变动，都不会破坏会计等式的平衡关系。把握资产和权益的平衡关系这一理论依据，对于我们正确理解和运用复式记账法具有十分重要的意义。

第三节 会计科目

一、设置会计科目的意义

会计科目是对会计对象的具体内容进行分类核算的项目，也就是按照经济内容对各个会计要素所做的进一步分类。由于经济业务的错综复杂，即使涉及同类会计要素，但它们的业务性质、经济内容和作用都存在着很大的差别，所以按其差异不同也应分为不同的会计科目。例如，应付账款与短期借款同属于负债类，但由于它们的形成原因和偿付期限各不相同，所以必须分别设置“应付账款”和“短期借款”两个会计科目。又如库存现金和银行存款虽同属于资产类，但因为它们的存放地点、管理方法和作用的不同，需要分别设置“库存现金”和“银行存款”两个科目。对于企业的其他各项会计要素，也应按其经济内容的差异，设置不同的会计科目。

通过设置会计科目可以把复杂多样、性质不同的经济业务进行科学的分类，是设置账户的依据；也是进行会计核算和加强会计监督的重要手段；并能提供全面、统一的会计信息，便于国家宏观经济管理部门、企业管理者、投资者、信贷者以及各有关方面掌握和分析企业的财务状况和经营成果。

二、设置会计科目的原则

会计科目的设置应符合会计核算工作的基本要求，以保证会计信息质量。因此，设置会计科目一般应遵循以下四项原则：

（一）必须结合会计对象的特点，全面反映会计对象的内容

会计科目作为对会计对象内容进行分类核算的项目，其设置应能够全面、系统地反映会计对象的全部内容，不能有任何遗漏。同时，会计科目的设置必须反映会计对象的特点。除各行业的共性会计科目外，还应根据各行业会计对象的特点设置相应的科目。例如，制造企业的主要经营活动是制造产品，因而必须设置反映成本计算、生产耗费的“生产成本”“制造费用”会计科目，来适应制造企业会计对象的特点。

（二）既要满足对外报告的要求，又要符合企业内部经营管理的需要

会计科目的设置要保持会计指标体系的完整和统一，既要全面而概括地反映企业资金运动情况，以满足国家宏观经济管理的要求，又要适合企业经营活动的特点，满足企业内部经营管理的需要，因此，在设置会计科目时要兼顾对外报告信息和企业内部利用信息的需要，并根据需要提供数据不同详细程度的信息，即分设总分类科目和明细分类科目。总分类科目是对会计对象具体内容总分类核算的科目，如“库存商品”“实收资本”等科目。它提供的是总括性指标。明细分类科目（包括二级科目、明细科目）是对总分类科目的进一步分类，如在“库存商品”总分类科目下按照库存

商品的类别分设的二级科目和明细科目，它提供的明细资料，主要为企业内部管理服务。

（三）会计科目的设置要求规范化与灵活性相结合

要使会计科目所提供的指标具有较强的可比性，会计科目的设置应尽可能规范化，以便于编制统一的对外报表和进行审计工作。根据规范性原则，会计科目的名称、核算内容必须符合国家会计准则及其他会计规范的有关规定。在满足规范化的前提下，企业在不违反会计准则中确认、计量和报告规定的前提下，可以根据本单位的实际情况自行增设、分拆、合并会计科目。在设置会计科目时，要求对每一会计科目的特定核算内容进行严格的界定。会计科目的名称应与其核算内容相一致，并要求含义明确、通俗易懂。

（四）会计科目的设置要保持相对的稳定性

按照会计核算的可比性原则，会计科目的设置还应具有稳定性，会计科目一旦设置和使用，一般不应轻易变动，以保持会计信息的连贯性和可比性，有利于会计工作的稳定和工作效率的提高。同时，为了便于会计科目的分类排列，便于记账、查账和推广使用电子计算机进行会计核算，每个会计科目还应有固定编号，所有会计科目的编排应程序化。

三、会计科目的分类

（一）按反映的经济内容分类

会计科目按其反映的经济内容不同，可分为资产类、负债类、共同类、所有者权益类、成本类、损益类六大类。

1. 资产类科目包括库存现金、银行存款、交易性金融资产、应收票据、长期股权投资、持有至到期投资、原材料、固定资产、无形资产、递延所得税资产等。

2. 负债类科目包括短期借款、应付账款、应付职工薪酬、应交税费、应付股利、长期借款、应付债券、递延所得税负债等。

3. 共同类科目包括衍生工具、套期工具、被套期项目。

4. 所有者权益类科目包括实收资本、资本公积、盈余公积、本年利润和利润分配等。

5. 成本类科目包括生产成本、制造费用和劳务成本。

6. 损益类科目包括主营业务收入、主营业务成本、管理费用、其他业务收入、其他业务成本、营业外收入、营业外支出等。

（二）按提供指标的详细程度不同分类

会计科目按提供指标的详细程度不同，可分为总分类科目和明细分类科目。总分类科目又称一级科目，是对各会计要素的总括分类，提供较为概括的会计核算资料；明细分类科目是对某一总分类科目核算内容所做的更为详细的分类，提供较为详细的核算资料。如果需要提供多层明细核算的需要，还可在总分类科目和明细分类科目之间增设二级科目（也称子目），在二级科目下的明细科目即三级明细科目（又称细目）。因此，会计科目按提供指标的详细程度不同，一般可分为三级：一级科目（总分类科目）、二级科目（子目）和三级科目（明细科目也称细目）。例如，制造企业中的“原材料”科目是属于总分类科目，在该科目下可以设置“原料及主要材料”“辅助材料”“外购半成品”“修理用备件”“包装材料”“燃料”等子目，在子目下再根据原材料的品种、规格、型号分设细目。将会计科目按其提供指标详细程度的分类列示见表2－2。

表2－2　　会计科目按提供指标详细程度分类

总分类科目（一级科目）	明细分类科目	
	二级科目（子目）	明细科目（细目、三级科目）
原材料	原料及主要材料	圆钢 生铁
	辅助材料	润滑剂 防锈剂
	燃料	汽油 柴油
生产成本	第一车间	甲产品 乙产品
	第二车间	丙产品 丁产品

四、会计科目表

会计科目表为每一个会计科目编制了一个固定的号码，这些号码称为会计科目（账户）编号。为表明会计科目的性质及其所属类别，便于迅速、正确地使用会计科目，并借助于电子计算机进行处理，我国财政部统一规定的会计科目都按照一定规则予以编号。

总分类科目一般采用四位数字编号法，每一位数字的特定含义规定如下：

1. 从左至右第一位数字表明会计科目所属的大类，具体讲，“1”代表资产类；“2”代表负债类；“3”代表共同类；“4”代表所有者权益类；“5”代表成本类；“6”代表损益类。

2. 第二位数字表示会计科目的主要大类下属的各个小类。例如，在资产类会计科目中，用“0”表示货币资金类；用“1”表示交易性金融资产及应收账项类；用“4”代表存货类等。

3. 第三、第四两位数字表示各小类下的各个会计科目的自然序号。其中，某些会计科目之间可能有空号，这是为便于增加会计科目而预留的。

按照《企业会计准则应用指南》规定的会计科目表，选取一些主要和常用的会计科目，将其名称及统一编号列于表2－3。

表 2－3　　企业常用会计科目名称和编号

序号	编码	会计科目名称	序号	编码	会计科目名称
		一、资产类	49	2221	应交税费
1	1001	库存现金	50	2231	应付股利
2	1002	银行存款	51	2232	应付利息
3	1015	其他货币资金	52	2241	其他应付款
4	1101	交易性金融资产	53	2314	代理业务负债
5	1121	应收票据	54	2401	预提费用
6	1122	应收账款	55	2411	预计负债
7	1123	预付账款	56	2501	递延收益
8	1131	应收股利	57	2601	长期借款
9	1132	应收利息	58	2602	应付债券
10	1221	其他应收款	59	2801	长期应付款
11	1231	坏账准备	60	2802	未确认融资费用
12	1321	代理业务资产	61	2811	专项应付款
13	1401	材料采购	62	2901	递延所得税负债
14	1402	在途物资			三、共同类
15	1403	原材料	63	3101	衍生工具
16	1404	材料成本差异	64	3201	套期工具
17	1406	库存商品	65	3202	被套期项目
18	1407	发出商品			四、所有者权益类
19	1411	委托加工物资	66	4001	实收资本
20	1412	包装物及低值易耗品	67	4002	资本公积
21	1421	消耗性生物资产	68	4003	其他综合收益
22	1461	存货跌价准备	69	4101	盈余公积
23	1521	债权投资	70	4103	本年利润
24	1522	其他债权投资	71	4104	利润分配
25	1524	长期股权投资	72	4201	库存股
26	1525	长期股权投资减值准备			五、成本类
27	1526	投资性房地产	73	5001	生产成本
28	1531	长期应收款	74	5101	制造费用
29	1601	固定资产	75	5201	劳务成本
30	1602	累计折旧	76	5301	研发支出
31	1603	固定资产减值准备			六、损益类
32	1604	在建工程	77	6001	主营业务收入
33	1605	工程物资	78	6051	其他业务收入
34	1606	固定资产清理	79	6101	公允价值变动损益
35	1621	生产性生物资产	80	6111	投资收益
36	1701	无形资产	81	6112	资产处置损益
37	1702	累计摊销	82	6113	其他收益
38	1703	无形资产减值准备	83	6301	营业外收入
39	1711	商誉	84	6401	主营业务成本
40	1801	长期待摊费用	85	6402	其他业务成本
41	1811	递延所得税资产	86	6405	税金及附加
42	1901	待处理财产损溢	87	6601	销售费用
		二、负债类	88	6602	管理费用
43	2001	短期借款	89	6603	财务费用
44	2101	交易性金融负债	90	6604	勘探费用
45	2201	应付票据	91	6701	资产减值损失
46	2202	应付账款	92	6711	营业外支出
47	2205	预收账款	93	6801	所得税费用
48	2211	应付职工薪酬	94	6901	以前年度损益调整

第四节

会计账户及其分类

一、设置会计账户的必要性

会计科目只是对会计对象的具体内容进行分类的项目。但企业发生的各种经济业务是十分复杂的，为了序时、连续、系统地记录由于经济业务的发生而引起会计要素的增减变动，提供各种会计信息，还必须根据会计科目开设相应的会计账户，以便对经济业务进行分类、系统和连续地记录。账户是根据会计科目开设的，用来分类连续地记录各项经济业务的内容，反映各个会计要素增减变化情况及其结果的户头。

会计科目与账户是两个既有联系又有区别的概念。它们的联系在于会计科目是设置账户的依据，是账户的名称；账户是会计科目的具体运用，会计科目所反映的经济内容，就是账户所要登记的内容，即两者反映的内容相同。它们之间的区别在于会计科目只是对会计对象具体内容的分类，本身没有结构；账户则有一定的结构和格式，具体反映某项经济业务内容的增减变动情况及其结果。由于账户是根据会计科目设置的，并按照会计科目命名，即会计科目就是账户的名称，两者名称完全相同，因而在实际工作中，会计科目与账户常被作为同义语来理解。

由于账户是根据会计科目开设的，在实际工作中，为了满足会计核算的要求，应分别按总分类科目开设总分类账户，进行总分类核算；按明细分类科目开设明细分类账户，进行明细分类核算。

二、账户的基本结构

为了全面、清晰地记录各项经济业务，每一个账户既要有明确的经济内容，又必须有一定的结构。账户的结构就是账户的格式，即每一个账户应分为几个部分，每一部分分别登记什么内容，增减变动的结果在哪一方，表示什么。各项经济业务引起的资金变动，尽管是错综复杂的，但从数量上看不外乎增加和减少两种情况，因此，账户的结构也相应地划分为两个基本部分：一部分反映增加的数额，另一部分反映减少的数额。通常把账户划分为左右两方，分别记录增加额或减少额，增减相抵后的差额，称为账户的余额。账户的基本结构，一般应包括下列内容：

1. 账户的名称（会计科目）。
2. 日期和摘要（记录经济业务的日期和概括说明经济业务的内容）。
3. 凭证号数（说明账户记录的依据）。
4. 增加和减少的金额及余额。

账户的结构，如表 2－4 所示。

表 2－4　　账户名称（会计科目）

日期	凭证号数	摘要	金额	日期	凭证号数	摘要	金额

账户用左、右两方登记会计要素的增减变化，但究竟哪一方记增加，哪一方记减少，取决于所采用的记账方法和账户记录经济业务的内容。

账户在一定时期内登记的经济业务金额的合计称作账户的本期发生额，它反映一定时期内企业各项会计要素增减变动情况，提供的是动态的指标。本期发生额包括本期增加发生额和本期减少发生额。本期增加发生额是指账户在报告期内记录增加金额的合计数，本期减少发生额是指账户在报告期内记录减少金额的合计数。账户的本期增加发生额与本期减少发生额相抵后的差额，称为账户的余额。账户的余额一般与其增加的发生额在同一方向，余额按其表现时间的不同，分为期初余额和期末余额。期初（或期末）余额是指报告期开始（或结束）时账户的金额，它反映某一时点企业资产和权益变动的结果，提供的是静态指标。本期期末余额转入下期时，即为下期的期初余额。因此，通过账户记录的金额可提供期初余额、本期增加发生额、本期减少发生额、期末余额四个核算指标。上述四项指标之间的关系可以用下列等式表示：

期末余额 = 期初余额 + 本期增加发生额 － 本期减少发生额

为了便于说明，在教学上通常用简化了的“T”字形账户，如表 2－5 所示。

表 2－5　　“T”字形账户

左方　　　　账户名称	右方

三、账户的分类

（一）账户分类的涵义

分类是科学研究的方法之一。采用分类的方法研究会计账户，对于认识会计账户的内涵和外延，弄清会计核算内容的本质及其规律性，从而掌握会计业务的核算方法，具有十分重要的意义。

账户分类是指根据账户的经济内容、用途结构等标准，对全部会计账户从内涵和外延进行科学的概括和归类。通过账户分类，可以分析每一个账户在账户体系中的地位和作用，研究各账户之间存在的共性和特性，了解账户之间的联系和区别，掌握会计账户的规律性，加深对账户的认识，为更好地运用账户进行核算，对经济业务进行监督打下良好的基础。

设置和运用账户是会计核算的方法之一，进行会计核算，实行会计监督，为财务会计报告使用者提供财务会计信息，必须科学、合理地使用会计账户。会计人员在进行会计核算过程中，应根据国家的会计制度、本单位的实际情况以及经济业务的内容及其变化的来龙去脉，选择适宜的会计账户，记录和反映会计主体的经济活动。

每一个会计账户都具有特定的用途和结构，用于反映和监督会计要素某一方面的具体内容。尽管每个会计账户各具特点和功能，相互之间存在一定的区别，但从系统论观点考察，会计账户并不是孤立存在的，账户之间存在相互联系，构成一个完整的会计账户体系。要想正确地运用账户进行经济核算，提供经济信息，必须了解会计账户的属性，掌握会计账户的规律和特点。

会计账户可以按照不同的标准进行分类。账户分类标准是划分会计账户类别所依据的属性，分类的标准不同，划分出来的类别及名称和特征也不相同。同一个账户可以按照不同的标准进行分类，并将其归入不同的类别。根据不同的标准对会计账户进行分类，可以全方位地认识会计账户，为正确设置和运用账户提供理论依据。

会计账户分类应遵循确定性、规范性和层次性原则，做到分类标准界定准确、划分类别科学规范、结构层次清楚合理。通过不同标准的分类，全面认识会计账户的本质特征和规律性。根据账户的分类原则和我国的会计实践，通常采用的会计账户分类标准是按照账户的经济内容分类、按照账户的用途和结构分类等。

（二）账户按经济内容分类

会计账户按经济内容分类是会计账户分类的基础。会计账户记录资产、负债、所有者权益、收入、费用和利润等六项会计要素的具体经济内容，反映企业的财务状况、成本计算和损益结果。因此，会计账户按经济内容主要分为资产类账户、负债类账户、所有者权益类账户、成本类账户和损益类账户。会计账户按经济内容的分类，如图 2 – 7 所示。

1. 资产类账户

资产类账户是核算企业资产的增减变化及其结存数额的账户。资产类账户的借方反映企业各项资产的增加数额，贷方反映各项资产的减少数额，期末余额通常在借方，反映企业拥有或控制的各项资产的结存数额。资产类账户按资产的流动性和变现能力，分为流动资产类账户和非流动资产类账户。

流动资产类账户用于核算企业可以在一年或超过一年的一个营业周期内变现或耗用的资产。流动资产类账户包括货币性流动资产账户、实物性流动资产账户和其他流动资产账户。其中：货币性流动资产账户用于核算货币资金和具有速动变现能力的流动资产，如“库存现金”“银行存款”“其他货币资金”“交易性金融资产”“应收票据”“应收账款”“预付账款”“其他应收款”等账户；实物性流动资产账户用于核算各类存货，如“原材料”“库存商品”“周转材料”等账户；其他流动资产账户用于核算除货币性流动资产和实物性流动资产以外的其他流动资产。

非流动资产类账户用于核算企业除流动资产以外的长期性资产。非流动资产类账户包括对外投资类账户、固定资产类账户、无形资产类账户和其他非流动资产类账户等。其中：对外投资类账户用于核算企业对外长期股权投资和债权投资以及其他投资等形成的资产，如“持有至到期投资”“可供出售金融资产”“长期股权投资”“投资性房地产”等账户；固定资产类账户用于核算企业为生产商品、提供劳务、出租或经营管理而持有、使用年限超过一年、单位价值较高的有形资产，如“固定资产”“累计折旧”“在建工程”“工程物资”“固定资产清理”等账户；无形资产账户用于核算企业为生产商品、提供劳务、出租给他人，或为管理目的而持有的无实物形态的长期资产，如“无形资产”“累计摊销”“商誉”等账户；其他非流动资产账户用于核算除上述以外的其他非流动资产，如“长期应收款”等账户。

2．负债类账户

负债类账户是核算企业负债的增减变动及其结余情况的账户。负债类账户的贷方反映企业各项负债的发生数额，借方反映各项负债的偿还数额，期末余额通常在贷方，反映企业承担、尚未偿还的负债数额。

负债类账户按照债务偿还期限的长短不同，分为流动负债类账户和非流动负债类账户。其中：流动负债类账户用于核算企业在一年或者超过一年的一个营业周期内需要偿还的负债数额，如“短期借款”“交易性金融负债”“应付票据”“应付账款”“预收账款”“应付职工薪酬”“应交税费”“应付股利”“应付利息”“其他应付款”等账户；非流动负债类账户用于核算偿还期在一年或者超过一年的一个营业周期以上的负债数额，如“长期借款”“应付债券”“长期应付款”等账户。

3．所有者权益类账户

所有者权益类账户是核算企业所有者权益增减变动及其结余情况的账户。所有者权益类账户的贷方反映企业接受投资、接受捐赠等所有者权益增加的数额，借方反映所有者权益减少的数额，期末余额在贷方，反映企业所有者实有的权益数额。所有者权益类账户按照来源不同分为二类：一是接受投资、发生利得和损失等形成的所有者权益，如“实收资本”（或“股本”）、“资本公积”等账户；二是计算利润形成、分配和提留等形成的所有者权益，如“本年利润”“利润分配”“盈余公积”等账户。

4．成本类账户

成本类账户是核算企业发生的生产费用和劳务费用，并计算产品生产成本和劳务成本的账户。成本类账户的借方登记企业生产费用和劳务费用的发生数，贷方登记生产成本和劳务成本的结转数，期末如果有余额在借方，表示尚未完工的在产品成本，如“生产成本”“制造费用”“劳务成本”等账户。

5．损益类账户

损益类账户是核算收入与费用，以计算确定利润的账户。损益类账户的基本特点是期末应将本期发生额全部结转记入到“本年利润”账户，结转后损益类账户应无余额。损益类账户包括收入利得类账户和费用损失类账户。

收入利得类账户核算企业从事营业、投资等活动取得的收入，以及直接记入当期利润的利得。收入利得类账户的贷方登记企业取得的各项收入和利得，借方登记各项收入和利得结转到“本年利润”账户的数额，期末结转后应无余额，如“主营业务收入”“其他业务收入”“投资收益”“营业外收入”等账户。

费用损失类账户核算企业从事经营等活动发生的各项费用、支出，以及直接计入当期利润的损失。费用损失类账户的借方登记企业发生的各种费用、支出和损失的增加数额，贷方登记各项费用、支出和损失结转到“本年利润”账户的数额，期末结转后应无余额，如“主营业务成本”“其他业务成本”“税金及附加”“销售费用”“管理费用”“财务费用”“资产减值损失”“营业外支出”“所得税费用”等账户。

- 账户
  - 资产类账户
    - 流动资产账户
      - 库存现金、银行存款
      - 其他货币资金、交易性金融资产
      - 应收票据、应收账款
      - 其他应收款、预付账款
      - 应收补贴款、材料采购
      - 原材料、库存商品
      - 周转材料、存货跌价准备
    - 非流动资产账户
      - 可供出售金融资产、持有至到期投资
      - 长期股权投资、固定资产
      - 累计折旧、固定资产减值准备
      - 工程物资、在建工程
      - 固定资产清理、无形资产
      - 累计摊销、无形资产减值准备
  - 负债类账户
    - 流动负债账户
      - 短期借款、应付票据
      - 应付账款、预收账款
      - 应付职工薪酬、应付股利
      - 应交税费、其他应付款
    - 非流动负债账户
      - 长期借款、应付债券
      - 长期应付款
  - 所有者权益账户
    - 实收资本（或股本）、资本公积
    - 盈余公积、本年利润
    - 利润分配、库存股
  - 成本类账户
    - 生产成本、制造费用
    - 劳务成本、研发支出
  - 损益类账户
    - 主营业务收入、其他业务收入
    - 投资收益、营业外收入
    - 主营业务成本、税金及附加
    - 其他业务支出、销售费用
    - 管理费用、财务费用
    - 营业外支出、所得税费用
    - 资产减值损失、以前年度损益调整

图 2－7　账户按经济内容分类

（三）账户按用途和结构的分类

账户的用途是指账户记录能够提供什么核算资料和财务会计信息，即账户的具体作用；账户的结构是指账户如何记录经济业务并提供核算资料，即会计账户的借方登记什么，贷方登记什么，怎样进行登记，账户的期末余额在哪一方，反映什么内容。账户按用途和结构分类，是在按经济内容分类的基础上，为了正确地设置和运用账户，掌握账户的用法属性，对用途和结构基本相同的账户进行适当的归类。按账户的用途和结构分类，可以明确各个账户不同的使用方法、各个账户的具体作用以及各个类别账户的基本特点。

在借贷记账法下，企业使用的账户按用途和结构通常可以划分为盘存账户、资本账户、结算账户、跨期摊提账户、待处理财产损溢账户、调整账户、集合分配账户、成本计算账户、汇总结转账户、财务成果账户十大类。

1. 盘存账户

盘存账户是核算各项财产物资和货币资金增减变动情况和实有数额的账户。盘存账户主要包括："库存现金""银行存款""原材料""库存商品""固定资产"等账户。

盘存账户的借方登记各项财产物资和货币资金的增加数，贷方登记各项财产物资和货币资金的减少数，期末余额在借方，表示各项财产物资和货币资金的结存数。盘存账户的基本结构，见表2－6。

表2－6　盘存账户结构

借方　盘存账户	贷方
期初余额：期初各项财产物资或货币资金的实有数 发生额：本期财产物资或货币资金的增加数	发生额：本期各项财产物资或货币资金的减少数
期末余额：期末各项财产物资或货币资金的结存数	

盘存账户的特点是：

（1）盘存账户可以通过盘点实物清查存量，核对账户记录，检查账实是否相符。

（2）盘存账户通常有期末余额，而且一般是在借方。如果出现贷方余额，说明情况异常，应查明原因，进行相应处理。

（3）除"库存现金""银行存款"和"其他货币资金"账户外，其他盘存账户的明细分类账应同时提供实物数量与金额两种指标。

2. 资本账户

资本账户是核算企业接受外部投入、接受捐赠等形成的资本，以及内部经营形成资本的增减变动情况及结存数额的账户。资本账户主要包括："实收资本"（或"股本"）、"资本公积""盈余公积"等账户。

资本账户的贷方登记企业接受的各项投入、接受捐赠等形成的资本的增加数，借方登记各项资本的减少数，期末余额在贷方，表示各项投入、接受捐赠和积累等资本的结存数。资本账户的基本结构，见表2－7。

资本账户的特点是：

（1）资本账户反映企业从外部取得的投资、获得的捐赠等利得形成的资本，以及从内部经营净利润中提取的资本。

（2）资本账户核算企业资产扣除负债后投资者享有的剩余权益，资本账户的明细分类核算采用货币量度。

3. 结算账户

结算账户是核算企业同其他单位或个人之间发生的债权、债务结算情况的账户。按照账户的具体用途和结构分类，结算账户又可分为债权结算账户、债务结算账户和债权债务结算账户三类。

（1）债权结算账户。债权结算账户是核算企业与其他单位或个人各种应收及预付款项发生及结算情况的账户。债权结算账户包括："应收票据""应收账款""预付账款""其他应收款"等账户。

表2-7　　资本账户结构

资本账户

借方	贷方
发生额：本期投资或积累资本的减少数	期初余额：期初投入、接受捐赠等资本和经营积累资本的结存数 发生额：本期投入、接受捐赠等资本和经营积累资本的增加数
	期末余额：期末投资、接受捐赠等资本和积累资本的结存数

债权结算账户的借方登记各种应收及预付款项的增加数，贷方登记各种应收及预付款项的减少数，期末余额在借方，表示企业尚未结算的各种应收及预付款项的结存数额。债权结算账户的基本结构，见表2-8。

表2-8　　债权结算账户结构

债权结算账户

借方	贷方
期初余额：期初尚未收回的应收款项及未结算的预付款项 发生额：本期应收及预付款项的增加数	发生额：本期应收及预付款项的减少数
期末余额：期末尚未收回的应收款项及未结算的预付款项	

债权结算账户的特点是：①债权结算账户应按债务人设置明细账户，进行明细分类核算，以准确、完整地反映债权发生与结算情况。②债权结算账户的明细分类核算采用货币量度。③债权结算账户期末一般为借方余额，表示企业应收而尚未收回的款项，若为贷方余额，表示企业应付而尚未付出的款项。

（2）债务结算账户。债务结算账户是核算企业与其他单位或个人各种应付及预收款项发生与结算情况的账户。债务结算账户包括："短期借款""应付票据""应付账款""预收账款""应付职工薪酬""应付股利""应交税费""其他应付款""长期借款""应付债券""长期应付款"等账户。

债务结算账户的贷方登记各种应付及预收款项的增加数，借方登记各种应付及预收款项的减少数，期末余额在贷方，表示企业尚未结算的各种应付及预收款项的结存数额。债务结算账户的基本结构，见表 2－9。

表 2－9　　债务结算账户结构

借方　　债务结算账户	贷方
	期初余额：期初尚未结算的应付及预收款项的结存数额
发生额：本期应付及预收款项的减少数	发生额：本期应付及预收款项的增加数
	期末余额：期末尚未结算的应付及预收款项的结存数额

债务结算账户的特点是：①债务结算账户应按债权人设置明细账户，进行明细分类核算，以准确、完整地反映债务发生与结算情况。②债务结算账户的明细分类核算采用货币量度。③债权结算账户期末一般为贷方余额，表示企业应付而尚未支付的款项，若为借方余额，表示企业应收而尚未收回的款项。

（3）债权债务结算账户。债权债务结算账户是核算企业与其他单位发生债权债务往来结算业务的账户。在实际工作中，与企业经常发生往来结算业务的同一单位，有时是企业的债权人，有时是企业的债务人。为了集中反映企业与同一单位的债权债务发生和结算情况，可以为该单位设置一个债权债务往来账户，核算企业与该单位的应收款项和应付款项。债权债务结算账户的借方登记债权的增加数和债务的减少数，贷方登记债务的增加数和债权的减少数，余额可能在借方，也可能在贷方。期末债权大于债务的差额为借方余额，表示企业的债权，反映应收而尚未收回的款项；期末债务大于债权的差额为贷方余额，表示企业的债务，反映应付而尚未支付的款项。债权债务结算账户的基本结构，见表2－10。

表 2－10　　债权债务结算账户结构

借方　　债权债务结算账户	贷方
期初余额：期初债权大于债务差额 发生额：本期债权增加数 本期债务减少数	期初余额：期初债务大于债权差额 发生额：本期债务增加数 本期债权减少数
期末余额：期末债权大于债务的差额	期末余额：期末债务大于债权的差额

当企业不单独设置“预收账款”账户时，可以用“应收账款”账户同时反映销售产品或提供劳务的应收款项和预收款项，“应收账款”账户即是债权债务结算账户；当企业不单独设置“预付账款”账户时，可以用“应付账款”账户同时反映购进材料的应付款项和预付款项，“应付账款”账户即是债权债务结算账户。债权债务结算账户需根据账户期末余额所在的方向确定账户的性质。

债权债务结算账户的核算采用货币量度，按发生结算业务的对应单位开设明细分类账户，全面、完整反映债权债务的发生和结算情况。

4. 财产待处理账户

财产待处理账户核算企业尚未查明盘盈、盘亏和毁损原因、等待处理的各种财产物资，如“待处理财产损溢”账户。

“待处理财产损溢”账户借方登记财产物资的盘亏、毁损数额和盘盈财产物资的处理数额，贷方登记盘亏、毁损财产物资的处理数额和财产物资的盘盈数额，该账户年末应无余额。“待处理财产损溢”账户的基本结构，见表2－11。

表2－11 待处理财产损溢

借方 待处理财产损溢	贷方
发生额：本期发生的盘亏、毁损财产待处理数额 本期报批处理的财产盘盈数额	发生额：本期发生的盘盈财产待处理数额 本期报批处理的财产盘亏、毁损数额

“待处理财产损溢”账户的特点是：

（1）“待处理财产损溢”账户，在报批处理之前，该账户应有余额；报批处理转销后，年末应无余额。

（2）“待处理财产损溢”账户应按盘盈、盘亏的资产种类和项目进行明细分类核算。

5．调整账户

调整账户是为调整某个账户的余额而设置的账户，如“坏账准备”“累计折旧”“利润分配”等账户。在会计核算中，由于会计确认、计量和报告的需要，对某些反映资产或权益的重要项目，往往需要同时开设两个账户，以反映被调整数字、调整数字，并计算调整的结果。账户设置中，一个账户反映原始数字，另一个账户反映对原始数字的调整数字，将原始数字与调整数字相加或相减，即可求得被调整后的实际余额。在调整过程中，反映经济内容原始数字的账户，称为被调整账户；对被调整账户进行调整的账户，称为调整账户。按调整方式不同，调整账户分为备抵调整账户、附加调整账户和备抵附加调整账户三种。

（1）备抵调整账户。备抵调整账户亦称抵减调整账户，用来抵减被调整账户的账面余额，以确定被调整账户实际数额的账户。备抵调整账户的性质与被调整账户相同，但结构相反。备抵调整账户的调整方式如下：

被调整账户的余额－备抵调整账户的余额＝被调整账户的实际数额

按调整账户的性质和内容，备抵调整账户又可分为资产备抵调整账户和权益备抵调整账户两类。

①资产备抵调整账户。资产备抵调整账户是抵减某一资产账户的账面余额，以确定该资产账户实际数额的账户。例如，“坏账准备”是资产备抵调整账户，用于对被调整账户“应收账款”账户进行调整，既可以反映应收账款的实有数额和已计提的坏账准备，又可以反映扣除坏账准备后应收账款的净额；“累计折旧”也是资产备抵调整账户，用于对被调整账户“固定资产”进行调整，既可以反映固定资产的原始价值和累计折旧数额，又可以反映固定资产的折余价值或净值。调整账户与被调整账户相配合，可以提供特定的会计信息，从而准确、完整地反映企业经济活动的全貌，为加强财务管

理和经营决策提供依据。

资产备抵调整账户的贷方登记备抵数额的增加数，借方登记备抵数额的减少数，期末余额在贷方，表示期末资产累计备抵数额。资产备抵调整账户的基本结构，见表2-12。

表2-12　资产备抵调整账户结构

借方　资产备抵调整账户	贷方
发生额：本期资产备抵数额的减少数	期初余额：期初资产备抵数额 发生额：本期资产备抵数额的增加数
	期末余额：期末资产累计备抵数额

②权益备抵调整账户。权益备抵调整账户是抵减某一权益账户的账面余额，以确定该权益账户实际数额的账户。例如“利润分配”账户是权益备抵调整账户，用于对被调整账户“本年利润”进行调整，既可以反映本年利润的形成与分配情况，又可以反映本年未分配的利润数额，以便全面揭示企业财务成果的实现和分配情况。

（2）附加调整账户。附加调整账户是增加被调整账户账面余额，以确定被调整账户实际数额的账户。附加调整账户的性质与被调整账户相同，结构相同。附加调整账户的调整方式如下：

被调整账户的余额+附加调整账户的余额=被调整账户的实际数额

附加调整账户的基本结构是附加调整账户的余额与被调整账户的余额在同一方向。如果被调整账户的余额在借方，附加调整账户的余额也在借方；反之，如果被调整账户的余额在贷方，附加调整的账户余额也在贷方。目前，会计实务中附加调整账户很少见。

（3）备抵附加调整账户。备抵附加调整账户是抵减或增加被调整账户的账面余额，以确定被调整账户实际数额的账户。当备抵附加调整账户的余额与被调整账户的余额在同一方向时，调整方式是将被调整账户的余额加上备抵附加调整账户的余额，以求得被调整账户的实际数额；反之，当备抵附加调整账户的余额与被调整账户的余额在相反方向时，调整方式是被调整账户的余额减去备抵附加调整账户的余额，以求得被调整账户的实际数额。

“材料成本差异”账户就是备抵附加调整账户，用于对被调整账户“原材料”进行调整，既可以反映原材料的计划成本及其超支或节约的数额，又可以反映原材料的实际成本。“材料成本差异”账户的借方登记实际成本大于计划成本的超支数额，贷方登记实际成本小于计划成本的节约数额。若为借方余额，表示期末结存材料应负担的超支额；若为贷方余额，表示期末结存材料应负担的节约额。

6．集合分配账户

集合分配账户是汇集生产经营过程中发生的间接费用，并按成本计算对象进行分配的账户，如“制造费用”账户。“制造费用”账户的借方登记本期发生的制造费用数额，贷方登记按成本计算对象分配的制造费用数额，集合分配账户期末通常无余额。集合分配账户的基本结构，见表2-13。

表 2-13　集合分配账户结构

借方	集合分配账户 贷方
发生额：汇集发生的制造费用数额	发生额：按成本计算对象分配的费用数额

7. 成本计算账户

成本计算账户是核算企业采购成本和生产成本的账户。成本计算账户主要包括“材料采购”和“生产成本”账户。

成本计算账户的借方登记应计入材料和产品成本的全部费用，贷方登记转出的实际成本，期末如有余额在借方，表示尚未验收入库的材料成本和在产品成本。成本计算账户基本结构，见表 2-14。

表 2-14　成本计算账户结构

借方	成本计算账户 贷方
期初余额：在途材料成本和在产品成本 发生额：本期发生的材料采购成本和产品生产成本	发生额：本期结转的入库材料和产品成本
期末余额：在途材料成本和在产品成本	

8. 汇总结转账户

汇总结转账户是汇总企业会计期间取得的收入、收益和发生的费用、支出，并于期末结转记入本年利润的账户。按汇总结转内容的性质，汇总结转账户可以分为收入汇总结转账户和费用汇总结转账户。

（1）收入汇总结转账户。收入汇总结转账户是汇总企业会计期间取得收入和收益，并于期末结转记入本年利润的账户。收入汇总结转账户包括“主营业务收入”“其他业务收入”“投资收益”“营业外收入”等账户。

收入汇总结转账户的贷方登记企业平时取得的收入和收益数额，借方登记期末结转记入“本年利润”账户的收入和收益数额，期末结转后无余额。收入汇总结转账户的基本结构，见表 2-15。

表 2-15　收入汇总结转账户结构

借方	收入汇总结转账户 贷方
发生额：将本期收入和收益结转记入本年利润的数额	发生额：本期取得的收入和收益数额

（2）费用汇总结转账户是用来汇总企业在一定会计期间内所发生的各项费用、成本和支出的账户，并于期末结转记入本年利润账户。费用汇总结转账户包括“主营业务成本”“其他业务成本”“营业税金及附加”“销售费用”“管理费用”“财务费用”“营业外支出”等账户。

费用汇总结转账户的借方登记企业平时发生的成本、费用和支出数额；贷方登记期末结转记入“本年利润”账户的成本、费用和支出数额。由于当期发生的各项成本、费用和支出数额在期末已结转记入“本年利润”账户，所以该账户期末无余额。账户基本结构，见表2－16。

表2－16　费用汇总结转账户结构

借方　费用汇总结转账户　贷方

发生额：本期发生的费用和支出数额	发生额：本期结转记入本年利润的数额

9. 财务成果账户

财务成果账户核算企业一定会计期间全部经济活动的最终成果，并确定企业利润或亏损数额的账户。“本年利润”账户就是财务成果账户，它汇总企业一定期间取得的收入、收益和费用、支出，并计算企业的最终经营成果。

财务成果账户的贷方登记结转记入的收入、收益，借方登记结转记入的费用、支出。期末结转利润分配前，若为贷方余额表示企业实现的利润；若为借方余额，表示企业发生的亏损。期末将企业实现的利润或发生的亏损结转记入利润分配后，该账户应无余额。财务成果账户的基本结构，见表2－17。

表2－17　财务成果账户结构

借方　财务成果账户　贷方

发生额：本期结转记入的全部费用、支出	发生额：本期结转记入的全部收入、收益
余额：发生的亏损额	余额：实现的利润额

财务成果账户的特点是：

（1）年度终了，应将“本年利润”账户贷方余额（利润）或借方余额（亏损）转入“利润分配”账户，结转后“本年利润”账户无余额。

（2）财务成果账户只提供货币信息。

（3）年度内“本年利润”账户若为贷方余额，为累计利润额；若为借方余额，为累计亏损额。“利润分配”账户借方余额为累计已分配的利润额，“本年利润”和“利润分配”账户的贷方差额为未分配利润，属于所有者权益，填列在资产负债表所有者权益项目“未分配利润”中。综上所述，账户按用途和结构分类，见表2－18。

（四）会计账户的其他分类

会计账户按经济内容分类和按用途、结构分类是账户的基本分类。为了认识、掌握和运用会计账户，还可以根据不同用途，按照其他标志对账户进行分类。

1. 按账户的控制与被控制关系分类

按账户的控制与被控制关系分类，账户可以划分为总分类账户和明细分类账户。总分类账户提供总括核算指标，明细分类账户提供详细具体指标，总分类账户是对其所属明细分类账户的总括，对明细分类账户起着控制和统驭的作用；明细分类账户是总分类账户的详细记录，对总分类账户起着补充和说明作用。按这种控制与被控制关系分类，总分类账户对于其所属的明细分类账户就是统驭账户，明细分类账户对于总分类账户就是被统驭账户。

总分类账户，是以货币为计量单位，记录经济业务；明细分类账户，应根据需要，采用货币量度和实物为量度等记录经济业务。

研究账户之间的控制与被控制关系，有利于总分类核算与明细分类核算相结合，保证总分类账户与明细分类账户核对一致相符。

2. 按账户与会计报表的关系分类

会计账户是会计报表编制的依据。依据会计账户与会计报表存在密切联系，账户划分为资产负债表账户和利润表账户。反映企业某一特定日期财务状况的报表是资产负债表，编制资产负债表依据的账户称为资产负债表账户，包括资产类账户、负债类账户和所有者权益类账户。反映企业某一时期经营成果的报表是利润表，编制利润表依据的账户称为利润表账户，包括收入类账户、成本费用类账户和利润类账户。

资产负债表是根据会计账户的期末余额填列的，因此，资产负债表账户在期末一般都有余额。利润表是根据会计账户的本期发生额填列的，因此，利润表账户在期末结转后一般没有余额。研究账户与会计报表之间的关系，有利于正确设置和运用会计账户，为编制会计报表提供数据资料。

表 2-18　　会计账户按用途和结构分类

账户类别	账户名称
盘存账户	库存现金、银行存款、其他货币资金、交易性金融资产、原材料、周转材料、库存商品、分期收款发出商品、可供出售金融资产、长期股权投资、持有至到期投资、投资性房地产、固定资产、工程物资
资本账户	实收资本（或股本）、资本公积、盈余公积
结算账户	应收票据、应收股利、应收利息、应收账款、其他应收款、预付账款、短期借款、应付票据、应付账款、预收账款、应付职工薪酬、应付股利、应交税费、其他应付款、长期借款、交易性金融负债、长期应付款、应付债券
财产待处理账户	待处理财产损溢
调整账户	坏账准备、材料成本差异、累计折旧、固定资产减值准备、在建工程减值准备、持有至到期投资减值准备、长期股权投资减值准备、无形资产减值准备、利润分配
集合分配账户	制造费用
成本计算账户	材料采购、生产成本
汇总结转账户	主营业务收入、其他业务收入、投资收益、补贴收入、营业外收入、主营业务成本、营业税金及附加、其他业务成本、销售费用、管理费用、财务费用、公允价值变动损益、营业外支出、资产减值损失、所得税费用
财务成果账户	本年利润

3．账户按会计主体分类

会计账户按核算的经济内容是否属于本会计主体，因而是否进入会计报表，分为表内账户和表外账户。表内账户是指核算一个会计主体资产、负债、所有者权益、收入、费用、利润的账户，上述账户的内容进入会计报表。表外账户是指核算不属于本会计主体经济内容的资产类账户，这些账户的内容不进入会计报表。如采用经营租赁方式租入固定资产账户、代管商品物资账户等都是表外账户。

会计账户按会计主体分类，目的在于严格划清单位会计核算经济内容的界限，正确组织会计核算，保证会计信息真实、完整、可靠，保护租入或代管物资完全完整、不受损失。

4．账户按期末余额形式分类

按期末余额形式分类，会计账户分为实账户和虚账户。

实账户通常是指期末有余额的账户，期末余额反映企业的资产、负债和所有者权益。实账户又分为借方余额账户和贷方余额账户。借方余额账户是指账户的借方发生额表示增加，贷方发生额表示减少，期末余额一般在借方的账户，资产类账户一般都是借方余额账户。贷方余额账户是指账户的贷方发生额表示增加，借方发生额表示减少，期末余额一般在贷方的账户，负债类和所有者权益类账户的期末余额一般都在贷方。

虚账户通常是指期末无余额的账户，损益类账户通常为虚账户。虚账户的发生额反映企业的收入、费用和利润，一般在期末结账时，将本期汇集的借方（贷方）发生额分别从贷方（借方）转出，结转后期末没有余额。

会计账户按期末余额形式分类，目的在于把握账户期末余额代表的经济内容及期末结转的规律性，以便正确地组织会计核算。

思考与练习

一、名词解释

会计等式	会计确认	会计计量	会计要素	资产	负债
所有者权益	经济业务	会计科目	收入	费用	利润
会计账户	明细分类科目	总分类科目	本期发生额	期初余额	
期末余额	资本账户	利润结算账户	调整账户	成本计算账户	
汇总结转账户	盘存账户	财务成果账户	集合分配账户		
财产待处理账户					

二、简答题

1．简述每项会计要素的概念、特点及其确认。

2．什么是会计等式？为什么说会计等式是恒等式？

3．什么是经济业务？经济业务对会计等式有什么影响？

4. 企业经济业务的类型有哪些？
5. 什么是会计科目？什么是会计账户？
6. 试述会计账户的基本结构。
7. 试述会计科目与会计账户的关系。
8. 什么是账户的经济内容？账户按照经济内容是如何分类的？
9. 什么是账户的用途和结构？账户按照用途和结构是如何分类的？其特点是什么？
10. 资产类、负债类、所有者权益类、成本类、损益类账户分别包括哪些账户？
11. 什么是盘存账户，盘存账户具体包括哪些账户？
12. 什么是结算账户，结算账户具体包括哪些账户？
13. 什么是调整账户，调整账户具体包括哪些账户？
14. 什么是汇总结转账户，汇总结转账户具体包括哪些账户？
15. 什么是财务成果账户，财务成果账户具体包括哪些账户？
16. 阐述总分类账户和明细账户的关系？

第三章 复式记账

第一节 复式记账原理

一、记账方法的概念和种类

记账必须使用科学的记账方法。科学的记账方法对于正确和全面地核算和监督会计对象，对于加强经济管理，提供可靠、相关的会计信息具有重要意义。所谓记账方法，是指在账簿中登记经济业务的方法。记账方法经历了一个由单式记账法到复式记账法的发展过程。

（一）单式记账法

单式记账法是指对每项经济业务只在一个账户中进行单方面登记的方法。例如：企业以银行存款 1 000 元购买材料。对于这项业务，在单式记账法下，就只在银行存款账户中作减少 1 000 元的登记，至于购入的原材料的增加则不予反应。由于在单式记账法下，一般只记录货币资金收付以及债权、债务的结算业务。因此，企业一般仅设置“库存现金”“银行存款”“应收账款”和“应付账款”等账户，而没有一套完整的账户体系，账户记录之间没有直接联系，所以也不能全面地反映经济业务的来龙去脉，进而也无法检查账户记录的正确性。因此，单式记账法是一种简单、不完整、不科学的记账方法。目前，已很少被采用。

（二）复式记账法

复式记账法是在单式记账法的基础上演变、发展而来的。复式记账法是指对发生的每一项经济业务都以相等的金额同时在两个或两个以上相互联系的账户中进行登记，以系统全面地反映每一项经济业务所引起的资产和权益变化情况及结果的一种方法。如上述企业用银行存款购入原材料的业务，一方面要在银行存款账户中作减少1 000元的登记，另一方面也要在原材料账户中作增加1 000元的登记。与单式记账法相比，复式记账法具有无可比拟的优点：

1. 由于复式记账法对每一项经济业务都以相等的金额同时在两个或两个以上相互联系的账户中进行双重登记，这样，通过账户记录不仅可以完整、系统地反映会计要素的增减变动情况及其结果，还可以清晰地了解每一项经济业务的来龙去脉。

2. 由于对每项经济业务都以相等的金额在有关账户中进行记录，因而可以对账户记录的结果进行试算平衡，以检查账户记录的正确性。

显然，复式记账法比单式记账法更为科学、严谨。

二、复式记账法的种类

在实际工作中，由于各行业、各部门以及各国的习惯不同，人们在采用复式记账法时又结合自己的实际情况创立了各具特色的复式记账法。我国在会计实务中曾经采用的复式记账法有三种，即借贷记账法、增减记账法和收付记账法。改革开放后，为了适应改革开放的需要、与国际惯例接轨，我国进行了会计制度的改革，对记账方法进行了统一。目前，我国企业、事业单位一律采用借贷记账法。这是因为：一方面，借贷记账法经过多年的实践已被全世界的会计工作者普遍接受，是一种比较成熟、完善的记账方法；另一方面，从会计实务角度看，记账方法的统一对企业、单位之间横向经济联系和加强国际交往等会带来极大的方便，并且对会计核算工作的规范和更好地发挥会计的作用具有重要的意义。

第二节

借贷记账法

一、借贷记账法的产生与传播

借贷记账法是以“借”“贷”两字作为记账符号，以借贷相等的金额全面地、相互关联地反映会计要素增减变动情况的一种复式记账法。借贷记账法最早出现于中世纪的意大利地中海沿岸城市，并经历了佛罗伦萨式簿记法、热那亚簿记法和威尼斯簿记法三个发展阶段，历时300年左右，到了15世纪已逐步形成了比较完备的复式记账法。1494年，卢卡·帕乔利（Luca Pacioli）在他的著作《算术、几何与比例概要》一书中对威尼斯簿记法作了详细介绍，并在理论上加以说明，其中第三篇“计算和记录的详论”系统阐述了借贷复式记账原理的应用。卢卡·帕乔利的著作，对欧美各国产生了很大的影响，在欧洲大陆形成大陆式会计，传入英国和美国形成英美式会计。日本在明治维新后从英国学习西式簿记；20 世纪初，清政府派员赴日本学习，英美式的复式记账法就由日本传入我国。

二、借贷记账法的记账符号

“借”和“贷”的概念是在借贷资本运动过程中产生的。借贷资本家对于吸收的存款，记在“贷主”的名下，表示自身债务的增加；对于付出去的放款，记在“借主”的名下，表示自身债权的增加。所以“借”和“贷”两个字最初是适应借贷资本家记录其货币资金的借入和放出，表示借贷资本的债权、债务及其增减变化。随着商品经济的发展，经济活动的内容日益丰富，记账内容的逐步扩展，记录的经济业务不再局限于货币资金的借贷业务，而逐渐扩展到财产物资、成本费用和经营损益等的增减变动，“借”“贷”两字逐渐失去原来的含义而转化为纯粹的记账符号，用于标明记账的方向。

三、借贷记账法下账户的结构

在借贷记账法下，所有账户的基本结构都分为左、右两方，其中左方为借方，右方为贷方，以一方登记增加额，一方登记减少额。至于哪一方登记增加额，哪一方登记减少额，这取决于账户反映的经济业务的内容。其基本结构可用“T”字形账户表示，如图 3－1 所示。

账户的名称

借方	贷方

图 3－1

（一）资产类账户的结构

资产类账户借方登记增加额，贷方登记减少额，余额一般在借方，表示期末资产的结存额。其一般结构，如图 3－2 所示。

资产类账户

借方	贷方
期初余额 本期增加额 ⋮	本期减少额 ⋮
本期发生额 期末余额	本期发生额

图 3－2

资产类账户的期末余额可根据下列公式计算：

资产类账户期末借方余额＝期初借方余额＋本期借方发生额－本期贷方发生额

（二）权益类账户的结构

权益类账户包括负债和所有者权益两类账户。这两类账户具有相同的结构，即账户贷方登记增加额，借方登记减少额，余额一般在贷方，表示期末权益的结存额。其一般结构，如图 3－3 所示。

借方　　权益类账户	贷方
本期减少额 ⋮	期初余额 本期增加额 ⋮
本期发生额	本期发生额 期末余额

图 3－3

权益类账户的期末余额可根据下列公式计算：

权益类账户期末贷方余额＝期初贷方余额＋本期贷方发生额－本期借方发生额

（三）共同类账户

共同类账户是具有双重性质的账户。当该账户为资产性质时，账户的期末余额在借方，账户结构同资产类账户，在资产负债表上列报时列入资产项目；当该账户为负债性质时，账户的期末余额在贷方，账户结构同负债类账户，在资产负债表上列报时列入负债项目。共同类账户的一般结构，如图 3－4 所示。

借方　　共同类账户	贷方
资产期初余额 资产增加额 负债减少额	负债期初余额 负债增加额 资产减少额
本期发生额	本期发生额
资产期末余额	负债期末余额

图 3－4

（四）成本类账户

成本类账户的结构与资产类账户基本相同。即成本的增加额记入账户的借方，减少额记入账户的贷方，期末若有余额一般在借方。其一般结构，如图 3－5 所示。

借方　　成本类账户	贷方
期初余额 本期增加额 ⋮	本期减少额 ⋮
本期发生额 期末余额	本期发生额

图 3－5

需要指出的是，有些成本类账户，如“制造费用”账户在期末结转后，没有期末余额。

（五）损益类账户

损益类账户包括收入类账户和费用类账户。

收入的发生将增加所有者权益，因此，其结构与权益类账户的结构基本相同，即贷方登记收入的增加数，借方登记收入的减少数或转销数；所不同的是，会计期末当收入结转后，收入类账户没有期末余额。其一般结构，如图 3－6 所示。

借方　　　　收入类账户	贷方
本期减少额或转销额 ⋮	本期增加额 ⋮
本期发生额合计	本期发生额合计

图 3－6

费用的发生将抵减所有者权益，因此，其结构与权益类账户的结构相反，与资产类和成本类账户的结构基本相同，即借方登记费用的增加数，贷方登记其抵减数或转销数；所不同的是，该类账户期末结转费用后，没有期末余额。其一般结构，如图 3－7 所示。

借方　　　　费用类账户	贷方
本期增加额 ⋮	本期减少额或转销额 ⋮
本期发生额	本期发生额

图 3－7

综述，可将借贷记账法下各类账户的基本结构汇总归纳如图 3－8 所示。

借方　　　　各类账户的基本结构	贷方
资产期初余额 资产的增加 成本的增加 费用的增加 负债的减少 所有者权益的减少 收入的减少或转销	权益期初余额 负债的增加 所有者权益的增加 收入的增加 资产的减少 成本的减少 费用的减少或转销
资产期末余额	权益期末余额

图 3－8

四、借贷记账法的记账规则

记账规则是指某种记账方法在账户中记录经济业务应遵循的规律。借贷记账法的记账规则就是“有借必有贷，借贷必相等”。

在运用借贷记账法的记账规则记录每一项经济业务时，应遵循以下三个步骤：首先，根据所发生的经济业务的具体内容确定所涉及的账户；其次，根据账户的性质确定其增减；再次，根据账户的结构，确定计入账户的借方和贷方。

下面将举例说明借贷记账法的记账规则（以经济业务的四种类型为例）。

【例 3－1】从银行提取现金 10 000 元。

这笔经济业务的发生涉及“库存现金”和“银行存款”两个资产类账户。“库存现金”属于资产类账户，增加应记入其借方；“银行存款”也属于资产类账户，减少应记入其贷方。该笔经济业务的会计处理如图 3－9 所示。

借方	银行存款	贷方		借方	库存现金	贷方
	(1)	10 000	⟷	(1)	10 000	

图 3－9

【例 3－2】　用银行存款归还以前所欠的 B 单位的货款 8 000 元。

这笔经济业务的发生涉及“银行存款”和“应付账款”两个账户。“银行存款”属于资产类账户，减少应记入其贷方，“应付账款”属于负债类账户，减少应记入其借方。该笔经济业务的会计处理如图 3－10 所示。

借方	银行存款	贷方		借方	应付账款	贷方
	(2)	8 000	⟷	(2)	8 000	

图 3－10

【例 3－3】　某企业接受 A 单位投入货币资金 200 000 元，存入银行。

这笔经济业务的发生涉及“银行存款”和“实收资本”两个账户。“银行存款”属于资产类账户，增加应记入其借方，“实收资本”属于所有者权益类账户，增加应记入其贷方。该笔经济业务的会计处理如图 3－11 所示。

借方	实收资本	贷方		借方	银行存款	贷方
	(3)	200 000	⟷	(3)	200 000	

图 3－11

【例 3－4】　某企业从银行借入短期借款 30 000 元，直接偿还前欠供应单位的货款。

这笔经济业务的发生涉及“短期借款”、和“应付账款”两个账户。“短期借款”属于负债类账户，增加应记入其贷方，“应付账款”也属于负债类账户，减少应记入其借方。该笔经济业务的会计处理如图 3－12 所示。

借方	短期借款	贷方		借方	应付账款	贷方
	(3)	30 000	⟷	(3)	30 000	

图 3－12

【例 3－5】　某企业购买一台机器，价值 300 000 元，用银行存款支付 120 000 元，其余款项暂欠。

这笔经济业务的发生涉及“固定资产”“银行存款”和“应付账款”三个账户。“固定资产”属于资产类账户，增加应记入其借方，“银行存款”也属于资产类账户，减少应记入其贷方，“应付账款”属于负债类账户，增加应记入其贷方。该笔经济业务的会计处理如图 3 – 13 所示。

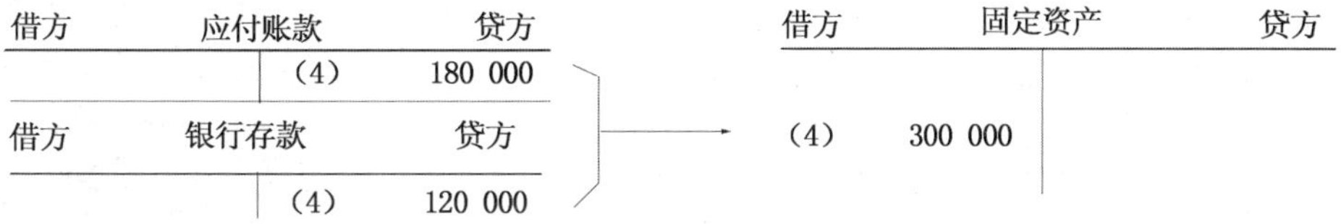

图 3 – 13

通过以上举例，可以看出在借贷记账法下，对任何一项经济业务都一律采用“有借必有贷，借贷必相等”的记账规则。

五、账户的对应关系和会计分录

在采用借贷记账法记录经济业务时，在有关账户之间会形成应借、应贷的关系。把账户之间的这种相互依存的关系，称为账户的对应关系。把形成对应关系的账户称为对应账户。例如，上述记账规则几个例子中的借方账户分别和它们的贷方账户相互成为对应账户，通过账户之间的这种对应关系，可以了解经济业务的内容及其内在的联系，并可以检查经济业务处理的正确与否。

会计分录是指对发生的每一项经济业务，确定应记账户的名称、方向和金额的一种记录形式。会计分录包括简单会计分录和复合会计分录。所谓简单会计分录，是指只涉及一个借方账户和一个贷方账户的会计分录；所谓复合会计分录，是指涉及两个以上账户的会计分录，即涉及一借多贷或多借一贷的会计分录。在借贷记账法下，为了保持账户之间清晰的对应关系，一般应编制“一借一贷”“一借多贷”或“多借一贷”的会计分录。在实际工作中，如果一项经济业务涉及多借、多贷的科目，为了全面反映此项经济业务，可以编制“多借多贷”的会计分录。但不允许将几项不同类型的经济业务合并编制复合的会计分录。

在编制会计分录时，一般应按以下步骤进行：

1. 一项经济业务发生后，首先分析这项经济业务涉及的具体账户名称，这些账户是增加还是减少。

2. 判断应记入账户的性质，根据账户的结构确定应记入账户的借方还是贷方。

3. 依据借贷记账法的记账规则，确定应记入每个账户的金额。

4. 检查会计分录中应借、应贷科目是否正确，借贷金额是否相等，有无错误。

会计分录书写的格式是：先写借方科目，后写贷方科目，借贷方科目分上下行错开写；同方向的账户名称对齐，金额对齐。

现以前面记账规则中所举的五笔经济业务为例，编制会计分录如下：

【例 3-1】

借：库存现金	10 000	
贷：银行存款		10 000

【例 3-2】

借：应付账款	8 000	
贷：银行存款		8 000

【例 3-3】

借：银行存款	200 000	
贷：实收资本		200 000

【例 3-4】

借：应付账款	30 000	
贷：短期借款		30 000

【例 3-5】

借：固定资产	300 000	
贷：银行存款		120 000
应付账款		180 000

以上五笔会计分录中，【例 3-1】、【例 3-2】、【例 3-3】和【例 3-4】是简单会计分录、【例 3-5】是复合会计分录。

六、试算平衡

为了保证一定时期内所发生的经济业务在账户中登记的正确性，需要在一定时期终了对账户纪录的结果进行试算平衡。试算平衡是指以借贷记账规则和会计恒等式的原理为基础，根据资产与权益之间的平衡关系，按照记账规则的要求，通过对所有账户的记录进行汇总和计算，来检查和验证各个账户记录是否正确的一种方法。借贷记账法下的试算平衡一般采用发生额平衡方法和余额平衡方法两种。

（一）发生额平衡法

发生额平衡是指一定时期内全部账户借方发生额合计等于该时期内全部账户贷方发生额合计。发生额试算平衡的公式如下：

全部账户本期借方发生额合计 = 全部账户本期贷方发生额合计

按照借贷记账法的“有借必有贷，借贷必相等”的记账规则，每一项经济业务所记入账户的借方金额等于贷方金额，那么一个时期内的全部账户的借方发生额合计必然等于全部账户的贷方发生额合计。

（二）余额平衡法

余额平衡是指一定时期期末全部账户借方余额合计等于该期末全部账户贷方余额合计。

余额试算平衡的公式如下：

全部账户期末借方余额合计 = 全部账户期末贷方余额合计

这是以会计基本恒等式“资产 = 权益”建立起来的。因为期末全部账户借方余额合计即资产总额，期末全部账户贷方余额合计即权益总额，这两个总额始终必然相等。

在实际工作中，发生额平衡和余额平衡一般是通过编制试算表来进行的。试算平衡表分两种：一种是将本期发生额和期末余额分别列表编制，如表3－1和表3－2所示；另一种是将本期发生额和期末余额合并在一张表上进行试算，即编制“总分类账户本期发生额及余额试算平衡表”来进行。如表3－3所示。

表3－1　　总分类账户余额试算平衡表

年　月　日　　　　单位：元

会计科目	借方余额	贷方余额
库存现金 ⋮		
合　计		

表3－2　　总分类账户本期发生额试算平衡表

年　月　日　　　　单位：元

会计科目	借方发生额	贷方发生额
库存现金 ⋮		
合　计		

表3－3　　总分类账户本期发生额及余额试算平衡表

年　月　日　　　　单位：元

账户名称	期初余额		本期发生额		期末余额	
	借方	贷方	借方	贷方	借方	贷方
库存现金 ⋮						
合计						

下面将举例说明借贷记账法下试算平衡的方法。

【例3－6】资料：

1. 20××年8月31日，奔腾公司总分类账户及期末余额如表3－4所示。

表3－4　　奔腾公司总分类账户及期末余额

资产类账户	期末余额	负债及所有者权益账户	期末余额
库存现金	1 000	短期借款	82 000
银行存款	8 600	应付账款	93 600
应收账款	32 000	应交税费	28 000
其他应收款	4 000	实收资本	460 000
原材料	116 000		

续表

资产类账户	期末余额	负债及所有者权益账户	期末余额
库存商品	42 000		
固定资产	460 000		
合　　计	663 600	合　　计	663 600

2. 奔腾公司9月份发生下列经济业务：

(1) 国家投资给公司一台设备，价值190 000元。

(2) 从银行取得为期9个月的借款92 000元。

(3) 购入材料50 000元，已验收入库，货款未付（不考虑增值税）。

(4) 用银行存款偿还银行短期借款10 000元。

(5) 开出转账支票，偿还前欠购货款14 000元。

(6) 接到银行收款通知，收回售给宏大公司的销货款25 000元。

(7) 开出现金支票，从银行提取现金1 500元。

(8) 采购员张兵预借差旅费2 000元，用现金支付。

要求：根据上述资料，说明借贷记账法下试算平衡的方法。

【分析解答】

1. 根据总分类账户的期初余额开设"T"字账户，并登记各账户的期初余额（见图3-14）。

2. 根据以上经济业务编制会计分录：

(1) 借：固定资产	190 000	
贷：实收资本		190 000
(2) 借：银行存款	92 000	
贷：短期借款		92 000
(3) 借：原材料	50 000	
贷：应付账款		50 000
(4) 借：短期借款	10 000	
贷：银行存款		10 000
(5) 借：应付账款	14 000	
贷：银行存款		14 000
(6) 借：银行存款	25 000	
贷：应收账款		25 000
(7) 借：库存现金	1 500	
贷：银行存款		1 500
(8) 借：其他应收款	2 000	
贷：库存现金		2 000

3. 根据以上会计分录登记有关账户，并计算出各个账户的本期发生额和期末余额，如图3-14所示。

库存商品

借方	贷方
期初余额：　42 000	
本期发生额：－	本期发生额：－
期末余额：　42 000	

图 3－14

4．根据账户记录编制试算平衡表，进行试算平衡，如表 3－5 所示。

银行存款

借方	贷方
期初余额：　8 600	④　10 000
②　92 000	⑤　14 000
⑥　25 000	⑦　1 500
本期发生额：117 000	本期发生额：25 500
期末余额：　100 100	

库存现金

借方	贷方
期初余额：　1 000	⑧　2 000
⑦　1 500	
本期发生额：1 500	本期发生额：2 000
期末余额：　500	

应收账款

借方	贷方
期初余额：　32 000	⑥　25 000
本期发生额：　－	本期发生额：25 000
期末余额：　7 000	

其他应收款

借方	贷方
期初余额：　4 000	
⑧　2 000	
本期发生额：　2 000	本期发生额：　－
期末余额：　6 000	

固定资产

借方	贷方
期初余额：　460 000	
①　190 000	
本期发生额：　190 000	本期发生额：　－
期末余额：　650 000	

短期借款

借方	贷方
④　10 000	期初余额：82 000
	②　92 000
本期发生额：10 000	本期发生额：　92 000
	期末余额：　16 400

原材料

借方	贷方
期初余额：116 000	
③　50 000	
本期发生额：50 000	本期发生额：　－
期末余额：　166 000	

应付账款

借方	贷方
⑤　14 000	期初余额：93 600
	③　50 000
本期发生额：14 000	本期发生额：50 000
	期末余额：　129 600

实收资本

借方	贷方
	期初余额：　460 000
	①　190 000
本期发生额：－	本期发生额：190 000
	期末余额：　650 000

应交税费

借方	贷方
	期初余额：　28 000
本期发生额：－	本期发生额：－
	期末余额：　28 000

表 3－5　　总分类账户本期发生额及余额试算平衡表

××年 9 月　　单位：元

账户名称	期初余额		本期发生额		期末余额	
	借 方	贷 方	借 方	贷 方	借 方	贷 方
库存现金	1 000		1 500	2 000	500	
银行存款	8 600		117 000	25 500	100 100	
应收账款	32 000			25 000	7 000	
其他应收款	4 000		2 000		6 000	
原材料	116 000		50 000		166 000	
库存商品	42 000				42 000	
固定资产	460 000		190 000		650 000	
短期借款		82 000	10 000	92 000		164 000
应付账款		93 600	14 000	50 000		129 600
应交税费		28 000				28 000
实收资本		460 000		190 000		650 000
合 计	663 600	663 600	384 500	384 500	971 600	971 600

通过上述的试算平衡，可以得到三对平衡数字，第一对是全部资产类账户期初借方余额合计等于全部权益类账户期初贷方余额合计；第二对是全部账户的本期借方发生额合计等于全部账户的本期贷方发生额合计；第三对是全部资产类账户期末借方余额合计等于全部权益类账户期末贷方余额合计。如果三对合计数相等，说明账户记录基本上是正确的，否则，就证明一定有错，应及时查找原因并更正。

应当指出，通过编制试算平衡表，来检查账户记录是否正确有一定的局限性。因为有些错误并不影响借贷双方的平衡，因而无法通过试算平衡表来发现。如一笔业务的记录全部被漏记或者重记；一笔业务的借贷双方，在金额上发生同样的错误，即同时多记或少记；一笔经济业务应借应贷的账户相互颠倒，发生记账方向错误等。由于账户记录可能存在这些不能由试算平衡表来发现的错误，所以还需要对全部会计记录进行日常或定期的复核，以保证账面记录的正确性。

第三节

总分类账户与明细分类账户

一、总分类账户与明细分类账户的意义

根据经济管理的要求，在会计核算中既要提供总括、全面的综合指标，又要提供具体而详细的指标。因此，需要同时设置总分类账户和明细分类账户，以分别提供总括核

算资料和明细核算资料。

总分类账户也称一级账户，是根据总分类科目开设的，用来对各会计要素具体内容的变化情况进行总括记录的账户，如“原材料”“应付账款”“实收资本”等账户均为总分类账户。总分类账户只提供价值指标信息。

明细分类账户是根据明细分类科目开设的，用来对会计要素具体内容的变化情况进行详细记录的账户。明细分类账户既可以提供价值指标，又可以提供实物量指标。明细分类账户是对总分类账户所做的更详细的分类，提供详细具体的核算资料。如为了掌握企业与各个供应商之间的货款结算情况，应在“应付账款”总分类账户下按债权人名称分别设置明细分类账户。又如为了详细了解各种材料的收入、发出、结存情况，就应在“原材料”总分类账户下，按照材料的品种、规格分别设置材料明细分类账户。除总分类账户和明细分类账户外，有时还需要设置二级账户。二级账户是介于总分类账户和明细账户之间的账户，它所提供的资料比明细分类账户概括，比总分类账户详细。如“固定资产”账户，除设总分类账户外，还需要按大类设置二级明细账户，再按固定资产名称设置三级明细分类账户。

总分类账户与其所属的明细分类账户之间既有联系又有区别。二者的相同点表现为：(1) 它们记录相同的经济内容。(2) 它们登记账户的原始依据相同。二者的不同点表现在：(1) 提供指标的详细程度不同。总分类账户提供的是总括的核算资料，明细分类账户提供具体的核算资料。(2) 它们发挥的作用不同。前者是对后者的综合，后者是对前者的具体化。即总分类账户对其所属的明细分类账户起着统驭和控制的作用，而明细分类账户对其总分类账户起着辅助和补充的作用。

二、总分类账户与明细分类账户的平行登记

根据总分类账户与其所属的明细分类账户之间的上述关系，在会计核算中，为了便于进行账户记录的核对，保证核算资料的完整性和正确性，总分类账户与其所属明细分类账户必须采用平行登记的方法。所谓平行登记，是指对发生的每项经济业务，一方面要在有关总分类账户中进行登记；另一方面也要在其所属的各个明细分类账户中进行登记。

总分类账户与明细分类账户平行登记的要点包括以下四个方面。

(一) 同期登记

企业对发生的每一笔经济业务，一定按发生时期在总分类账户中进行登记，同时，也要在同一期间在其所属明细分类账户中进行登记。这里的同期所指的是同一会计期间，而并非同一时点。因为明细账一般根据记账凭证及其所附的原始凭证于平时登记，而总分类账因会计核算组织程序不同，可能在平时登记，也可能定期登记，但登记总分类账和明细分类账必须在同一会计期完成。

(二) 方向相同

对于每一笔经济业务，记入总分类账户中的借贷方向必须与记入其所属明细分类账户中的借贷方向一致。即如果总分类账户的金额记入借方（或贷方），其所属的明细分类账户也应当记入借方（或贷方）。一般情况下，总分类账户及其所属的明细分类账户

都按借方、贷方和余额设置专栏登记，这时，在总分类账户与其所属的明细分类账户中记账方向是相同的，如债权、债务结算账户即属于这种情况。但是有些明细分类账户不按借方、贷方和余额设置专栏登记，而是按组成项目按单一方向（比如借方）设置多栏式的明细账格式。在这种情况下，对于需要冲减有关组成项目的数额时，只能用红字记入其相反的记账方向，而与总分类账中的记账方向不同。例如，财务费用按其组成项目设置借方多栏的明细账，发生需要冲减利息费用的存款利息收入时，总分类账记入贷方，而其明细账则以红字记入“财务费用”账户利息费用项目的借方，以其净发生额来反映利息净支出。这时，在总分类账及其所属的明细分类账中，就不可能按相同的借、贷记账方向进行登记，而只能以相同的变动方向进行登记。属于这种情况的还有“管理费用”“生产成本”等账户。

（三）金额相等

企业对每一项经济业务计入某一总分类账户的金额与计入其所属明细分类账户的金额之和相等。这只表明其数量关系，而不是表明总分类账户与其所属的明细分类账户借方发生额或贷方发生额相等的关系。如既有贷款利息支出，又有存款利息收入的情况下，“财务费用”明细分类账户的贷方发生额并不等于“财务费用”总分类账户的贷方发生额。

（四）依据相同

总分类账户及其所属的明细分类账户都是依据同一笔经济业务的会计凭证来登记的，即它们记账的依据相同。

下面以“应付账款”和“原材料”账户为例来说明总分类账户与明细分类账户平行登记：

【例3－7】某企业1月初“应付账款”账户的贷方余额是9 000元，其中，应付A厂3 000元，应付B厂6 000元。“原材料”账户的借方余额是10 000元，其中，甲材料700千克，单价10元，计7 000元；乙材料150千克，单价20元，计3 000元。

本月发生了下列经济业务（假设不考虑增值税）：

（1）25日，购买A厂甲材料500千克，单价10元，价款5 000元尚未支付，材料已验收入库。

（2）26日，购买A厂甲材料600千克，单价10元，价款6 000元；购入B厂乙材料400千克，单价20元，价款8 000元，甲、乙材料已全部入库，货款均未支付。

（3）29日，以银行存款支付A厂货款6 000元，支付B厂货款2 000元。

（4）30日，生产产品领用甲材料1 000千克，单价10元，计10 000元；领用乙材料250千克，单价20元，计5 000元。

【分析解答】

上述业务的会计分录如下：

（1）借：原材料—甲材料	5 000	
贷：应付账款—A厂		5 000
（2）借：原材料—甲材料	6 000	
—乙材料	8 000	

贷：应付账款—A 厂　　6 000

—B 厂　　8 000

（3）借：应付账款—A 厂　　6 000

—B 厂　　2 000

贷：银行存款　　8 000

（4）借：生产成本　　15 000

贷：原材料—甲材料　　10 000

—乙材料　　5 000

对以上经济业务进行平行登记的结果，如表 3－6 至表 3－11 所示。

表 3－6　　“应付账款”总分类账户

账户名称：应付账款

20××年		凭证字号	摘要	借方	贷方	借或贷	余额
月	日						
1	1		期初余额			贷	9 000
	25	①	购买材料		5 000	贷	14 000
	26	②	购买材料		14 000	贷	28 000
	29	③	付款	8 000		贷	20 000
	31		本期发生额及余额	8 000	19 000	贷	20 000

表 3－7　　“应付账款”明细分类账户

账户名称：A 厂　　单位：元

20××年		凭证字号	摘要	借方	贷方	借或贷	余额
月	日						
1	1		期初余额			贷	3 000
	25	①	购买材料		5 000	贷	8 000
	26	②	购买材料		6 000	贷	14 000
	29	③	付款	6 000		贷	8 000
	31		本期发生额及余额	6 000	11 000	贷	8 000

表 3－8　　“应付账款”明细分类账户

账户名称：B 厂　　单位：元

20××年		凭证字号	摘要	借方	贷方	借或贷	余额
月	日						
1	1		期初余额			贷	6 000
	26	②	购买材料		8 000	贷	14 000
	29	③	付款	2 000		贷	12 000
	31		本期发生额及余额	2 000	8 000	贷	12 000

表 3-9 **“原材料”总分类账户**

账户名称：原材料

20××年		凭证字号	摘要	借方	贷方	借或贷	余额
月	日						
1	1		期初余额			借	10 000
	25	①	购买材料	5 000		借	15 000
	26	②	购买材料	14 000		借	29 000
	30	④	生产领用		15 000	借	14 000
	31		本期发生额及余额	19 000	15 000	借	14 000

表 3-10 **原材料明细分类账户**

材料名称：甲材料　　　　计量单位：千克

×年		凭证字号	摘要	收入			发出			结存		
月	日			数量	单价	金额	数量	单价	金额	数量	单价	金额
1	1		期初余额							700	10	7 000
	25	①	购料	500	10	5 000				1 200	10	12 000
	26	②	购料	600	10	6 000				1 800	10	18 000
	30	④	领用				1 000	10	10 000	800	10	8 000
	31		本期发生额及余额	1 100	10	11 000	1 000	10	10 000	800	10	8 000

表 3-11 **原材料明细分类账户**

材料名称：乙材料　　　　计量单位：千克

×年		凭证字号	摘要	收入			发出			结存		
月	日			数量	单价	金额	数量	单价	金额	数量	单价	金额
1	1		期初余额							150	20	3 000
	26	②	购料	400	20	8 000				550	20	11 000
	30	④	领用				250	20	5 000	300	20	6 000
	31		本期发生额及余额	400	20	8 000	250	20	5 000	300	20	6 000

上述平行登记的结果是，“应付账款”和“原材料”总分类账户的期初余额、本期发生额和期末余额，分别与其所属明细分类账户的期初余额合计数、本期发生额合计数和期末余额合计数相等，说明账户记录基本正确。

三、总分类账户与明细分类账户的核对

为了使总分类账户与所属明细分类账户的记录始终保持一致，需要定期检查账户平行登记的结果，将总分类账户与其所属明细分类账户的记录于期末进行核对。在实际工作中，需要通过编制总分类账户和明细分类账户本期发生额及余额表来进行核对。如表3－12、表3－13所示。

表3－12　　应付账款总分类账户与明细分类账户本期发生额及余额表

明细分类账户	期初余额		本期发生额		期末余额	
	借方	贷方	借方	贷方	借方	贷方
A厂		3 000	6 000	11 000		8 000
B厂		6 000	2 000	8 000		12 000
应付账款总分类账户		9 000	8 000	19 000		20 000

表3－13　　原材料总分类账户与明细分类账户本期发生额及余额表

明细账名称	计量单位	期初余额		本期发生额				期末余额	
				收入		发出			
		数量	金额	数量	金额	数量	金额	数量	金额
甲材料	千克	700	7 000	1 100	11 000	1 000	10 000	800	8 000
乙材料	千克	150	3 000	400	8 000	250	5 000	300	6 000
合计			10 000		19 000		15 000		14 000

从表3－12和表3－13可以看出，总分类账户与明细分类账户的核对主要包括：①总分类账户本期借、贷方发生额与其所属的明细分类账户的借、贷方发生额之和必然相等；②总分类账户期末余额与其所属的明细分类账户的期末余额之和必然相等。

思考与练习

一、基本概念

复式记账法　借贷记账法　试算平衡　发生额平衡法
余额平衡法　对应账户　会计分录　简单分录　复合分录
总分类账户　明细分类账户　平行登记法

二、简答题

1. 什么是借贷记账法？
2. 什么是借贷记账法的记账规则？

3. 什么是会计分录？怎样编制会计分录？
4. 什么是试算平衡？怎样进行试算平衡？
5. 什么是总分类核算？什么是明细分类核算？两者之间有什么区别和联系？
6. 什么是平行登记法？怎样在总账和明细账之间进行平行登记？

第四章
会　计　凭　证

第一节

会计凭证的意义和种类

会计凭证，是在会计工作中记录经济业务、明确经济责任的书面证明，是用来登记账簿的依据。企业发生经济业务都会填制或取得一定的会计凭证，来说明发生经济业务的时间、业务种类、金额、经办人签章等，同时还需要对凭证进行整理和说明，以便进行审核和监督，然后据此登记账簿。会计凭证是会计循环的开始，也是会计核算方法的最基本方法之一。

一、会计凭证的作用

填制和审核会计凭证是会计核算工作的起点，也是对经济业务进行核算和监督的基本环节，离开了会计凭证，就无法进行正常的会计核算。会计凭证的作用主要体现在以下几方面：

（一）可记录经济业务，提供会计信息

会计凭证，是记录经济业务发生、完成情况，反映经济活动本来面貌的信息载体，会计凭证不仅可以为账簿记录提供可靠的依据，同时还可以为会计管理和会计检查工作提供详尽的原始资料。会计凭证便于正确记录经济业务的实际发生、完成情况，可全面、及时地反映经济业务的真实情况，为进行账务处理奠定基础。

（二）可明确经济责任，便于内部控制

通过会计凭证上一些必须具备的内容，如开出单位和接受单位名称、业务经办人员的签名或盖章、记账凭证上填制经办人员的签名或盖章等，便于明确经济责任，使有关责任人在其职权范围内各司其职、各负其责。同时，通过凭证填制、审核的手续制度，使办理业务的各部门业务主管人员和会计人员在业务处理时互相把关、相互制约，便于贯彻内部控制制度，形成严密的内部控制体系，有效提高企业的经营管理水平和经营工作效率。

（三）为登记账簿提供重要的依据

经济业务是复杂多样的，而会计凭证是根据复杂多样的业务取得和填制的，因此会计凭证是经济业务的证明，而账簿记录的数字来源于企业所取得的会计凭证，因此真实客观的会计凭证是登记账簿的依据。

（四）可保证会计信息的传递和保管，加强企业各部门的相互联系

会计凭证不仅是记账依据，也是反映企业业务处理程序、业务部门相互联络的重要信息载体。会计凭证有利于会计信息在部门之间、财务人员之间的传递，提高工作效率，便于对会计信息的保管和随时查阅。通过会计凭证在企业内部各部门中的传递程序，还有利于加强企业内部各部门之间的联系。

二、会计凭证的分类

会计凭证是多种多样的，可以按照不同的标志进行分类，但主要是按其填制程序和用途来划分，分为原始凭证和记账凭证两大类。

（一）原始凭证

原始凭证是在经济业务最初发生时取得或填制的，用以记录经济业务已经发生或完成的原始证据，是记账的的原始依据。由于原始凭证上记载着大量的经济信息，因此它是证明经济业务发生的初始文件，具有较强的法律效力，原始凭证是一种很重要的凭证。原始凭证按其来源分为自制的原始凭证和外来的原始凭证。

1. 自制原始凭证

自制原始凭证是指由本单位内部经办经济业务的部门或人员，在办理经济业务时所填制的凭证。自制原始凭证按其填制手续和记录业务的方法不同，可分为一次凭证、累计凭证、汇总凭证和记账编制凭证。

一次凭证是指原始凭证的填制手续是一次完成的，用来记录一项或多个同类经济业务。如“收料单”“领料单”“入库单”“出库单”等，见表4-1、表4-2、表4-3和表4-4。

表4-1　　收　料　单

供应单位：　　　　编号：

发票编号：　　　　年　月　日　　　　收料仓库：

材料编号	材料名称及规格	计量单位	数量		实际成本			
			应收	实收	单价	发票价格	运杂费	总价
合计								

仓管员：　　　　交料员：

表 4-2 领 料 单

领用部门： 仓库： 编号：

用途： 年 月 日

材料编号	材料名称及规格	计量单位	数量		计划单价	金额
			请领	实发		

审核： 仓库保管员： 领用人： 制单人：

表 4-3 入 库 单

交库单位： 年 月 日 编号：

产品名称	规格型号	单 位	交付数量	入库数量	备 注

检验人： 仓库验收人： 车间交件人：

表 4-4 商品出库单

销货部门： 年 月 日 仓管部门：

货号	等级	规格品名	购进价				零售价				商品进销差价
			单位	数量	单价	金额	单位	数量	单价	金额	
合 计											

填表人： 销货部门负责人： 仓管部门负责人：

累计凭证是指一定时期内连续记录多项重复发生的同类经济业务，并以其累计数额记账的原始凭证。这类原始凭证的填制手续不是一次完成的，而是多次完成的。这类凭证规定一个限定的数额或者金额，在不超过限额的基础上可以多次使用。如“限额领料单”等，见表 4-5。

汇总记账凭证，是根据一定时期内，对若干同类经济业务的原始凭证汇总而成的原始凭证。如“收料汇总表”“发料汇总表”等，见表 4-6 和表 4-7。

表 4-5　　限额领料单

领料部门：　　　　　　　　　　　　　　　　　　　　　　第　　号

用途：　　　　　　年　月　日　　　　　　　发料仓库：

材料编号	材料名称规格	计量单位	计划投产量	单位消耗定额	领用限额	实发		
						数量	单价	金额
日期	领用			退料			限额结余数量	
	数量	领料人	发料人	数量	退料人	收料人		

表 4-6　　收料汇总表

年　月　日　　　　　　　金额单位：

材料名称	单位	数量	单价	金额	仓库	供货单位
甲材料						
乙材料						
丙材料						
丁材料						
合计						

表 4-7　　发料汇总表

年　月　日　　　　　　　金额单位：

材料名称	单位	数量	单价	金额	领用部门	用途
甲材料						
乙材料						
丙材料						
丁材料						
合计						

记账编制凭证，是指由会计人员根据账簿记录，对一些特定的经济内容进行归类、汇总而填制的原始凭证。如“制造费用分配表”“产品成本计算表”“辅助生产费用分配表”，见表 4-8、表 4-9 和表 4-10。

表 4－8　　　　**制造费用分配表**

年　　月　　日

产品名称	机器工时	工时系数	标准工时	分配率	应分配制造费用额
某产品 某产品 某产品 某产品					
合 计					

表 4－9　　　　**产品成本计算表**

加工车间：　　　　品名：　　　　在产品数量：　　　　金额单位：

成本项目	直接材料	直接人工	制造费用	合计
期初在产品				
本期发生额				
生产费用合计				
完工产品单位成本				
完工产品总成本				
期末在产品成本				

表 4－10　　　　**辅助生产费用分配表**

年　月　日

辅助生产车间名称			某辅助车间	某辅助车间	合　计
待分配辅助生产费用					
劳务数量					
费用分配率					
辅助生产车间	某辅助生产车间	耗用量			
		金额			
	某辅助生产车间	耗用量			
		金额			
基本生产车间	耗用量				
	金额				

2．外来原始凭证

外来原始凭证是指同外部单位发生经济往来关系时，从外部单位取得的原始凭证，如购货时取得的发票、付款时所取得的收据等，见表 4－11 和表 4－12。

表 4 – 11　　　　　　　　　　**收　　　　据**

年　　月　　日

<table>
<tr><td rowspan="4">交款单位

人民币（大写）

收款事由</td><td colspan="2">支付方式</td><td colspan="6"></td></tr>
<tr><td>十</td><td>万</td><td>千</td><td>百</td><td>十</td><td>元</td><td>角</td><td>分</td></tr>
<tr><td></td><td></td><td></td><td></td><td></td><td></td><td></td><td></td></tr>
<tr><td colspan="8">收款部门：
收款人员：</td></tr>
<tr><td colspan="9">收款单位印章　　单位领导　　会计主管　　稽核人员　　出纳人员　　交款人员</td></tr>
</table>

表 4 – 12　　　　　　　　　　**商业零售统一发票**

发票代码：

年　　月　　日　　　　　　　发票号码：

<table>
<tr><td rowspan="2">购货单位</td><td>名称</td><td colspan="4"></td><td colspan="7">金　额</td></tr>
<tr><td>税务登记号</td><td colspan="4"></td><td rowspan="2"></td><td rowspan="2">壹佰</td><td rowspan="2">贰佰</td><td rowspan="2">叁佰</td><td rowspan="2">肆佰</td><td rowspan="2">伍佰</td><td rowspan="2">…</td></tr>
<tr><td colspan="2">货物或应税劳务名称</td><td>单位</td><td>数量</td><td>单价</td><td>金额</td></tr>
<tr><td colspan="2"></td><td></td><td></td><td></td><td></td><td rowspan="2">零</td><td rowspan="2">壹拾元</td><td rowspan="2">贰拾元</td><td rowspan="2">叁拾元</td><td rowspan="2">肆拾元</td><td rowspan="2">伍拾元</td><td rowspan="2">…</td></tr>
<tr><td colspan="2"></td><td></td><td></td><td></td><td></td></tr>
<tr><td colspan="2"></td><td></td><td></td><td></td><td></td><td rowspan="2">零</td><td rowspan="2">壹元</td><td rowspan="2">贰元</td><td rowspan="2">叁元</td><td rowspan="2">肆元</td><td rowspan="2">伍元</td><td rowspan="2">…</td></tr>
<tr><td colspan="6">合计金额（大写）　　万　仟　佰　拾　元　角　分</td></tr>
<tr><td colspan="6">销货单位：</td><td rowspan="2">零</td><td rowspan="2">壹分</td><td rowspan="2">贰分</td><td rowspan="2">叁分</td><td rowspan="2">肆分</td><td rowspan="2">伍分</td><td rowspan="2">…</td></tr>
<tr><td colspan="6">税务登记号：</td></tr>
</table>

开票单位：　　　　　　　　收款人：　　　　　　　　开票人：

（二）记账凭证

记账凭证是会计人员根据审核后的原始凭证进行归类、整理，按照会计准则和记账规则确定会计分录而编制的凭证，是直接登记账簿的依据。记账凭证按照填制方式不同，可以分为单式记账凭证和复式记账凭证，复式记账凭证又可以分为专用记账凭证和通用记账凭证。

1. 单式记账凭证

单式记账凭证是按照一项经济业务所涉及的每个会计科目单独编制记账凭证，每张记账凭证中只登记一个会计科目。单式记账凭证将一项经济业务所涉及的会计科目及其对应关系，通过借项记账凭证、贷项记账凭证分别予以反映，所以单式记账凭证又称单项记账凭证。采用单式记账凭证，便于同时汇总计算每一会计科目的发生额，也便于分工记账，但不便于反映经济业务的全貌及会计科目的对应关系，一般适用于业务量较大、会计部门内部分工较细的企业。

2. 复式记账凭证

复式记账凭证是指将一项经济业务所涉及的会计科目集中填在一张记账凭证上进行

反映的记账凭证。复式记账凭证按其填制特点又可以分为专用记账凭证和通用记账凭证。

（1）专用记账凭证。专用记账凭证是指专门记录某一类经济业务事项的记账凭证。专用记账凭证按其反映的经济业务是否与货币资金有关分为收款凭证、付款凭证和转账凭证。

①收款凭证。收款凭证是用以反映货币资金收入业务的记账凭证，根据货币资金收入业务的原始凭证填制而成。实际工作中，出纳人员应根据会计管理人员或指定人员审核批准的收款凭证，作为记录货币资金的收入依据。收款凭证一般按照收到的库存现金和银行存款编制。

②付款凭证。付款凭证是用以反映货币资金支出业务的记账凭证，根据货币资金支出业务的原始凭证填制而成。实际工作中，出纳人员应根据会计主管人员或指定人员审核批准的付款凭证，作为记录货币资金支出并付出货币资金的依据。出纳人员根据付款凭证付款时，要在凭证上加盖“付讫”戳记，以免重付。付款凭证一般按照付出库存现金和银行存款编制。

③转账凭证。转账凭证是用来记录与库存现金、银行存款等货币资金收付业务无关的转账业务的记账凭证。是根据转账业务的原始凭证填制的。

（2）通用记账凭证。通用记账凭证，是指不分收款、付款和转账业务，全部经济业务事项通用一种格式的记账凭证。

第二节

原始凭证的填制和审核

一、原始凭证的基本内容

在会计实务中，由于各种经济业务的内容和经济管理的要求不同，原始凭证的名称、格式和内容多种多样，其填制与审核的具体内容也会因此而多种多样。为了满足企业内部控制和经营管理的需要，企业自制各种各样的原始凭证，原始凭证包括的内容也有差异；而外来的原始凭证，有的有统一的凭证格式，如增值税专用发票，也有不一样的地方，如各银行的结算凭证会有一些差异。但是，原始凭证作为反映经济业务已经发生或已经完成的原始证据，必须反映的经济业务项目都是相同的，因此各种原始凭证都必须具备一些基本内容，这些基本内容主要有以下方面：

1. 原始凭证名称。标明原始凭证所记录业务内容的种类，反映原始凭证的用途，如“发票”“收据”“领料单”等。

2. 原始凭证日期。填制原始凭证的日期一般是业务发生或完成的日期。如果在业务发生或完成时，因各种原因未能及时填制原始凭证的，应以实际填制日期为准。销售商品、产品时未能及时开出发票的，补开发票的日期应为实际填制时的日期。

3. 原始凭证填制单位或填制人姓名。标明开票据的单位和个人，以明确经济责任。

4. 原始凭证经办人员的签名或盖章。接受单位的经办人员签名盖章。

5. 接受原始凭证单位或个人名称。将接受凭证单位与填制凭证单位或填制人员相联系，表明经济业务的来龙去脉。

6. 经济业务内容简要。经济业务内容主要是表明经济业务的项目、名称及有关的附注说明。

7. 数量、单价和金额。主要表明经济业务的计量，这是原始凭证的核心。

二、原始凭证的填制

（一）原始凭证的基本内容

原始凭证要由填制人员将各项原始凭证要素按规定方法填写齐全，办妥签章手续，以明确经济责任。

原始凭证的填制，可以根据实际发生或完成的经济业务，由经办人员直接填列，如“入库单”“出库单”等；也有的是根据已经入账的有关经济业务，由会计人员利用账簿资料进行整理填列，如各种记账编制凭证；也可以由会计人员或者相关人员根据若干张反映同类经济业务的原始凭证定期汇总填列汇总原始凭证。

原始凭证的种类不同，其具体填制方法和填制要求也不尽一致，但就原始凭证应反映经济业务、明确经济责任而言，原始凭证填制的一般要求是符合经济业务实际情况。凭证填制的内容、数字等，必须根据实际情况填列，确保原始凭证所反映的经济业务真实可靠，符合经济业务的实际情况。其次是填写内容齐全，把原始凭证的所有项目填制齐全，如日期、品种、单价、金额、签名、填制单位和接受单位名称等。最后本企业经办人员、验收人员、付款等相关人员应手写签名、盖章，以明确经济责任。

所以，原始凭证应当具备以下内容：

1. 原始凭证名称。
2. 填制凭证的日期。
3. 填制凭证的单位名称或填制人员的姓名。
4. 接受凭证单位名称。
5. 经济业务事项内容名称。
6. 经济业务事项的数量、单价和金额。
7. 经办人员的签名或盖章等。

除了原始凭证的必备内容之外，还应注意：

第一，从外单位取得的原始凭证，必须盖有填制单位的公章；从个人取得的原始凭证，必须有填制人员的签名或盖章。对于特殊的原始凭证，出于习惯或使用单位认为不易伪造，则不加盖公章，但这种凭证一般应有固定的特殊标志，如火车票等。

第二，使用统一发票，发票上应印有税务专用章，事业、行政单位按规定收取费用，应使用财政部门统一印制的收据。

第三，单位可以根据管理和核算的需要，在自制原始凭证中增加定额指标、预算项目、合同号码、计划任务等内容。

（二）原始凭证填制的基本规范

原始凭证具有法律效力，是会计核算的原始资料和重要依据，及时填制或取得原始凭证，是会计核算工作得以正常进行的前提条件，因此原始凭证填制必须符合财政部《会计基础工作规范》的要求。为了保证原始凭证能够正确、及时、完整、清晰地反映各项经济业务事项的真实情况，办理经济业务事项的单位和人员，都必须填制或取得原始凭证并及时送交会计机构。

原始凭证的填制，必须符合下列基本要求：

1. 格式统一，记录真实。填制原始凭证时，应按规定使用统一的凭证格式，尤其是同类经济业务不能使用不同格式的原始凭证，否则会造成混乱。填制凭证的内容和数字，必须严肃认真，实事求是地记录各项业务的真实情况，不得弄虚作假。凡填有大写和小写金额的原始凭证，大写和小写金额必须相符。一式几联的原始凭证，必须用双面复写纸一次套写完成，并应注明各联的用途。

2. 内容完整，手续完备。原始凭证的各项内容，包括基本内容和补充内容必须逐项填写齐全，不可遗漏。同时，各项手续应该完备，例如，购买实物的原始凭证，必须有验收证明；支付款项的原始凭证，必须有收款单位和收款人的收款证明。填制完毕，还必须由经办业务部门和人员加以签证，对凭证的真实性和正确性负完全责任。

3. 填写规范，编制及时。填制会计凭证，字迹必须清晰、工整，并符合下列要求：

（1）原始凭证要用蓝色或黑色笔书写。字迹清楚、规范，填写支票必须使用碳素笔，属于需要套写的凭证，必须一次套写清楚，合计的小写金额前应加注币值符号，如“￥”等。大写金额有“分”的，后面不加“整”字或者“正”字，其余一律在末尾加“整”字或者“正”字。大写金额前还应加注币值单位，注明“人民币”“美元”“欧元”等字样，币值单位与金额数字之间，以及各金额数字之间不得留有空隙。各种凭证不得随意涂改、刮擦、挖补，若填写错误，应采用规定的方法予以更正。对于重要的原始凭证，如支票以及各种结算凭证，一律不得涂改。对于预先印有编号的各种凭证，若填写错误，要加盖“作废”戳记，并单独保管。

（2）阿拉伯数字应该一个一个地写，不得连笔写。阿拉伯金额数字前面应写人民币符号“￥”。人民币符号“￥”与阿拉伯金额数字之间不得留有空白。凡阿拉伯数字前写有人民币符号“￥”的，数字后面不再写“元”字。所有以“元”为单位的阿拉伯数字，除表示单价等情况外，一律填写到角分。无角分的，角位和分位可写“00”，或符号“—”；有角无分的，分位应写“0”，不得用符号“—”代替。

（3）汉字大写金额数字，即“壹、贰、叁、肆、伍、陆、柒、捌、玖、拾、佰、仟、万、亿、元、角、分、零、整”等易于辨认、不易涂改。而且一律用正楷或者行书体书写，不得用“〇、一、二、三、四、五、六、七、八、九、十”等简化字代替，不得任意自造简化字。阿拉伯金额数字中间有“0”时，汉字大写金额要写“零”字，如￥105.80，汉字大写金额应写成“人民币壹佰零伍元捌角整”。阿拉伯金额数字中间连续有几个“0”时，汉字大写金额中可以只写一个“零”字，如￥3 007.86，汉字大写金额应写成“人民币叁仟零柒元捌角陆分”。阿拉伯金额数字元位是“0”或数字中间连续有几个“0”，元位也是“0”，但角位不是“0”时，汉字大写金额可只写一个

"零"字，也可不写"零"字，如￥9 230.65，汉字大写金额可以写成"人民币玖仟贰佰叁拾元零陆角伍分"或"人民币玖仟贰佰叁拾元陆角伍分"。

三、原始凭证的审核

为了如实反映经济业务的发生和完成情况，充分发挥会计的监督职能，保证会计信息的真实性、可靠性和正确性，会计机构、会计人员必须对原始凭证进行严格审核。审核原始凭证的内容具体包括：

1. 审核原始凭证的真实性。审核原始凭证是否有真实的经济业务发生，包括凭证日期是否真实、业务内容是否真实、数据是否真实等内容的审查。自制原始凭证，必须与经办部门和经办人员进行核对以检验其真实性。外来原始凭证，必须有填制单位公章和填制人员签章，以核对票据的真实性，同时与企业内部经办人员相核对，检验其业务的真实性。

2. 审核原始凭证的合法性。审核原始凭证所记录经济业务是否有违反国家法律法规的情况，是否履行了规定的凭证传递和审核程序，是否有贪污腐化等行为。

3. 审核原始凭证的合理性。审核原始凭证所记录经济业务是否符合企业生产经营活动的需要，是否符合有关的计划和预算等。

4. 审核原始凭证的完整性。审核原始凭证各项基本要素是否齐全，是否有漏项情况，日期是否完整，数字是否清晰，文字是否工整，有关人员签章是否齐全，凭证联次是否正确等。

5. 审核原始凭证的正确性。审核原始凭证各项金额的计算及填写是否正确，包括：阿拉伯数字分位填写，不得连写；小写金额前要标明"￥"字样，中间不能留有空位；大写金额前要加"人民币"字样，大写金额与小写金额要相符；凭证中有书写错误的，应采用正确的方法更正，不能采用涂改、刮擦、挖补等不正确方法。

6. 审核原始凭证的及时性。原始凭证的及时性是保证会计信息及时性的基础。为此，要求在经济业务发生中或完成时应该及时地填制有关原始凭证，及时进行凭证的传递。审核时应注意审查凭证的填制日期。

原始凭证的审核是一项十分重要的工作，它不仅是企业内部控制中的重要环节，对于经济活动的真实性也进行控制，经审核的原始凭证应根据不同情况处理：

1. 自制原始凭证所记载的各项内容出现错误均不得涂改，需要重新填写。随意涂改原始凭证即为无效凭证，不能作为填制记账凭证或登记会计账簿的依据。

2. 外来原始凭证记载的内容有错误的，应当由开具单位更正或重开。更正工作必须由原始凭证出具单位进行，并在更正处加盖出具单位印章；重新开具原始凭证也应当由原始凭证开具单位进行。

3. 对于不合法的原始原始凭证，必须进行严肃处理，问题严重的通过法律程序解决。

4. 对于不合理的原始凭证，由于是企业计划和预算之外的业务，因此要与有关领导者协商解决。

第三节

记账凭证的填制和审核

记账凭证是会计人员根据审核后的原始凭证进行归类、整理，按照会计准则和记账规则确定会计分录而编制的凭证，是直接登记账簿的依据。企业同一项经济业务所取得的原始凭证，从其来源上有自制的，有外来的；从其格式上看也千差万别，从外观上看也形态各异，因此，按照经济业务事项来整理原始凭证，对详细地说明经济业务非常重要。记账凭证在整理原始凭证的同时还对其进行会计阐述，为以后登记账簿提供重要的归纳信息。

一、记账凭证的基本内容

1. 记账凭证的名称。主要是采用专用记账凭证时需要分为收款凭证、付款凭证和转账凭证。
2. 记账凭证填制日期和编号。填制凭证的日期和对凭证进行的编号。
3. 经济业务的内容摘要。
4. 会计分录。包括总分类科目和明细分类科目、记账方向和记账金额。
5. 所附原始凭证张数。
6. 填制凭证人员、复核人员、记账人员及相关人员的签名盖章。

二、记账凭证的填制方法

会计人员在编制记账凭证时要根据原始凭证所反映的经济业务，按照会计准则进行职业判断，运用规定的会计科目和复式记账方法，编成会计分录，以确保账簿记录的准确性。记账凭证的种类不同，在填制上也不同。

1. 专用记账凭证是指专门记录某一类经济业务事项的记账凭证。专用记账凭证按反映的经济业务事项是否与现金、银行存款有关，可分为收款凭证、付款凭证和转账凭证。

收款凭证是根据现金、银行存款收入的原始凭证编制，专门用以记录现金、银行存款收入业务的记账凭证；付款凭证是根据现金、银行存款付出的原始凭证编制，专门用以记录现金、银行存款支出业务的记账凭证。收款凭证和付款凭证是登记现金日记账和银行存款日记账及明细账和总账等有关账簿的依据，也是出纳员收款和付款的凭证依据。收款凭证和付款凭证的一般格式，见表 4 - 13、表 4 - 14、表 4 - 15。

表 4－13　　收 款 凭 证

借方科目：库存现金　　20××年 2 月 5 日　　现收字第 7 号

摘　要	贷方科目		账页	金　额
	总账科目	明细科目		
销售材料收入现款	其他业务收入			2 000
合　计				￥2 000

会计主管：　记账：　出纳：　审核：　制证：

表 4－14　　付 款 凭 证

贷方科目：银行存款　　20××年 2 月 12 日　　银付字第 77 号

摘　要	借方科目		账页	金　额
	总账科目	明细科目		
偿还货款	应付账款 应付账款	阳光厂 宏达厂		5 000 800
合　计				￥5 800

会计主管：　记账：　出纳：　审核：　制证：

转账凭证是根据不涉及货币资金的原始凭证编制，用以记录除现金、银行存款以外的经济业务事项的记账凭证，它是登记有关总账和明细账簿的依据。其一般格式见表4－15。

表 4－15　　转 账 凭 证

20××年 2 月 21 日　　转字第 109 号

摘　要	总账科目	明细科目	账页	借方金额	贷方金额
结转产品销售成本	主营业务成本 库存商品	 A 商品		48 000 	 48 000
合　计				￥48 000	￥48 000

会计主管：　记账：　审核：　制证：

2. 通用记账凭证是指不分收款、付款和转账业务，全部经济业务事项通用一种格式的记账凭证。通用记账凭证基本格式与转账凭证相同。

3. 单式记账凭证是指按同类经济业务事项所涉及的每个会计科目，分别填制记账凭证，每张记账凭证只填列一个会计科目。即一项经济业务事项涉及几个会计科目，就分别填制几张记账凭证。单式记账凭证内容单一，便于分工记账，便于科目汇总。但是，由于一项经济业务要反映在若干张记账凭证上，不便于反映经济业务事项的全貌，如有差错不易查找，同时，单式记账凭证数量多，填制工作量大。单式记账凭证的一般格式见表 4－16、表 4－17。

表 4－16　贷项收款凭证

贷方科目	其他应收款	20××年 9 月 27 日	现收字第 5 号
二级或明细科目	摘　　要	账　　页	金　　额
张峰	收回欠款		270
对方科目：库存现金	合　　计		￥270

会计主管：　　记账：　　出纳：　　复核：　　制证：

表 4－17　借项付款凭证

借方科目	管理费用	20××年 11 月 19 日	银付字第 43 号
二级或明细科目	摘　　要	账　　页	金　　额
	购买办公用品		1 000
对方科目：银行存款	合　　计		￥1 000

会计主管：　　记账：　　出纳：　　复核：　　制证：

三、记账凭证的填制要求

填制记账凭证，就是要由会计人员将各项记账凭证要素按规定方法填写齐全，便于账簿登记。记账凭证虽有不同格式，但就记账凭证确定会计分录，便于保管和查阅会计资料的功能来看，各种记账凭证除严格按原始凭证的填制要求填制外，还应注意以下填制要求：

（一）记账凭证统一规范

会计人员应根据本单位的实际情况和业务性质使用统一规定的记账凭证，可以采用专用记账凭证，也可以使用通用记账凭证。

（二）填写摘要简明扼要

记账凭证的“摘要”是对经济业务事项的简要说明，必须如实认真填写，概括说明经济业务事项的内容。必要时还需注明结算凭证号码等有关事项。

（三）业务记录明确

在一张记账凭证上，不能把不同类型的经济业务合并填制，一张记账凭证只能反映某一项经济业务，或若干项同类经济业务，这主要是为了明确经济业务的来龙去脉和账户对应关系。所以，记账凭证可以根据每一张原始凭证填制，或者根据若干张同类原始凭证汇总填制。以自制的原始凭证或原始凭证汇总表代替记账凭证的，必须具备记账凭证应有的项目。

（四）科目运用准确

必须按相应的会计准则进行职业判断，运用规定的会计科目及记账方法确定记账内容，正确编制会计分录，确保科目的准确运用。

（五）附件数量完整

记账凭证所附的原始凭证必须完整无缺，并在记账凭证上注明原始凭证的张数，以便核对摘要及所编会计分录是否准确无误。对于同一张原始凭证需填制两张记账凭证的（如采用单式记账凭证格式），应在未附原始凭证的记账凭证上注明其原始凭证在哪张记账凭证下，以便查阅。如果一张原始凭证所列支出需要几个单位共同负担，应将其他单位负担的部分，开给对方原始凭证分割单，以便进行结算。对于结账和更正错账的记账凭证，可以不附原始凭证。

（六）填写内容齐全

记账凭证中的各项内容必须填写齐全，并按规定程序办理签章手续，不得简化。

（七）金额数字必须规范

填写记账凭证的金额数字时，金额登记的方向、大小写必须正确，符合金额数字书写规范。经济业务事项填制完成后，记账凭证上如有空行，应当自金额栏最后一笔金额数字下的空行处至合计数上的空行处划线注销。合计金额的第一位数字前应填写货币币种符号，如人民币符号“￥”。

（八）凭证顺序编号

记账凭证应按业务发生顺序按不同种类的记账凭证连续编号。采用通用记账凭证，可将全部记账凭证归为一个类别统一编号。采用专用记账凭证，可按现金和银行存款收入、现金和银行存款付出和转账业务三个类别进行编号，即将记账凭证的编号分为收字第×号、付字第×号、转字第×号；也可以按现金收入、现金付出、银行存款收入、银行存款付出和转账五个类别进行编号，即将记账凭证的编号分为现收字第×号、现付字第×号、银收字第×号、银付字第×号、转字第×号；还可以采用双重编号，即将总顺序号与分类顺序号结合起来，如总字第 2 号、收字第 1 号。记账凭证无论是统一编号或分类编号，均应分月按自然数 1、2、3、4、5……顺序连续编号，一张记账凭证编一个号，不得跳号、重号。

若一笔复杂的经济业务事项，需要填制两张以上的记账凭证，可以采用分数编号法编号，即在原编号后面用分数形式表示，如第 6 项经济业务需要编制 4 张记账凭证，按分数编号法，则第 1 张编号为 6（1/4），第 2 张编号为 6（2/4），第 3 张编号为 6（3/4），第 4 张编号为 6（4/4）。

记账凭证的填制就是根据原始凭证所记录的经济业务事项内容，按照填制记账凭证的要求和规定的会计科目，运用借贷记账法填写记账凭证。记账凭证按用途分为通用记账凭证和专用记账凭证。通用记账凭证的填制方法与专用记账凭证中的转账凭证基本相同，下面仅说明收款凭证和付款凭证的填制方法。

收款凭证是根据有关现金和银行存款收入业务的原始凭证编制的。因此，在收款凭证的“借方科目”栏应填列“库存现金”或“银行存款”科目，“贷方科目”栏，应填列与收入现金或收入银行存款相对应的会计科目；付款凭证是根据有关现金和银行存款付出业务的原始凭证填制的。因此，付款凭证的“贷方科目”栏应填列“库存现金”或“银行存款”科目，“借方科目”栏应填列与付出现金或付出银行存款相对应的会计科目；收款凭证和付款凭证“金额”栏下的“总账科目”和“明细科目”栏，应分别填列各自所发生的应计金额。“合计数”表示借方或贷方所记金额之和。同时，在“摘要”栏内，应简要说明经济业务的内容。“账页”栏内划“√”号表示已经入账，以避免漏记和重记。

至于库存现金和银行存款之间的相互划转，即从银行提取现金或将现金存入银行，应按经济业务事项涉及的贷方科目编制付款凭证，不编收款凭证，以免重复记账。

转账凭证是根据不涉及现金和银行存款的往来转账业务填制的。往来转账业务的原始凭证必须经有关人员签章，证明该项经济业务事项已经发生或完成，才能据以填制转账凭证。在转账凭证中，某项经济业务事项所涉及的全部会计科目都应完整地登记在"会计科目"栏，金额按各会计科目应借、应贷方向，分别记入"借方金额"栏和"贷方金额"栏。

收款凭证、付款凭证、转账凭证的具体填制方法可见表 4 – 13、表 4 – 14、表 4 – 15。

实际工作中，如果单位经济业务事项繁多，记账凭证数量较大，为简化记账工作，可以根据业务量大小，将记账凭证每天、或每旬、或每月进行汇总，编制记账凭证汇总表或科目汇总表，然后再据以登记入账。关于记账凭证汇总表或科目汇总表的汇总与编制方法，将在本书第九章的会计核算组织程序中介绍。

四、记账凭证的审核

记账凭证是登记账簿的依据。因此，记账凭证填制后，必须由专人进行审核，检查记账凭证的编制是否符合要求，确保经济业务事项的真实性、合理性、合法性，充分发挥会计的反映和监督作用。记账凭证的审核主要包括以下内容：

（一）审核记账凭证的合规性

记账凭证是根据审核过的原始凭证或原始凭证汇总表等有关资料编制的，因此，必须检查记账凭证是否附有原始凭证，是否同所附原始凭证的内容、金额相符，经济业务事项内容的记录是否真实，是否符合国家有关财经政策、法规、制度的规定，账户的对应关系是否清楚，会计账户运用是否规范。

（二）审核记账凭证的完整性

主要根据记账凭证的组成内容，审查各项目是否按规定要求填列齐全，有关人员是否签名盖章。

（三）审核记账凭证的正确性

主要审核记账凭证应借、应贷的会计科目及金额是否正确，内容摘要是否准确等。

对于经过审核，符合规定的记账凭证，可以作为记账的依据；对于手续不完备的，应予退回，补办齐全；对于不真实、不合法的凭证，应查明原因及时处理。只有审核无误的记账凭证，才能作为登记账簿的依据。

实行会计电算化的单位，对于机制记账凭证，要认真审核，做到会计科目使用正确，数字准确无误。打印出的机制记账凭证要加盖制单人员、审核人员、记账人员及会计机构负责人、会计主管人员印章或者签字。

第四节

会计凭证的传递

会计凭证的传递，是指会计凭证从编制时起到归档时止，在单位内部各有关部门及人员之间的传递程序和传递时间。正确组织会计凭证的传递，对于及时处理和登记经济业务，提高业务活动效率，建立和健全内部控制系统，明确经济责任，防止错误和舞弊行为，实行会计监督，具有重要作用。从一定意义上说，会计凭证的传递在单位内部经营管理各环节之间起着协调和组织的作用。会计凭证传递程序是构成企业管理规章制度和会计控制系统重要的组成部分，传递程序的科学与否，说明该企业管理的科学程度和内部控制的有效程度。

合理的会计凭证的传递有利于明确经济责任。由于经济业务的发生或完成及记录经常是由若干部门、岗位的责任人共同负责、分工完成的，会计凭证作为记录经济业务、明确经济责任的书面证据，体现了内部控制系统的有效性和经济责任的执行情况。单位的内部控制系统可以通过各项管理制度规定会计凭证传递程序、传递手续和传递时间，在保证效率的同时加强内部控制，将相关环节的岗位、责任和权力有机结合在一起，进一步完善经济责任制度，使各项业务的处理顺利进行，同时防止错弊的发生。

合理的会计凭证传递有利于会计系统及时记录经济业务。从经济业务的发生到账簿登记有一定的时间间隔，通过会计凭证合理组织传递，使会计部门尽早了解业务部门的经济业务发生和完成情况，并通过会计部门内部的凭证传递，及时记录经济业务，进行会计核算，实行会计监督。

会计凭证传递的组织。各种凭证所记载的经济业务内容不同，涉及的部门、岗位和人员不同，办理经济业务的程序、手续也不尽一致。组织会计凭证传递，除了要考虑业务流程的特点，提高经营管理的效率，还必须遵循内部控制的要求，主要是指办理经济业务的各项手续制度要相互制约、相互监督。

各单位在制定会计凭证的传递程序，规定其传递时间时，通常要考虑以下两点内容，以合理地组织会计凭证传递。

1. 根据各单位经济业务的特点、企业内部机构组织、人员分工情况以及经营管理的需要，从完善内部牵制制度的角度出发，规定各种会计凭证的联次及其流程，使经办业务的部门及其人员及时办理各种凭证手续，既符合内部牵制原则，又提高工作效率。

2. 根据有关部门和人员办理经济业务的必要时间，同相关的部门和人员协商制定会计凭证在各经办环节的停留时间，以便合理确定办理经济业务的最佳时间，及时反映、记录经济业务的发生和完成情况。

在会计凭证传递过程中，若遇有不合理的环节，应根据实际情况及时加以修改，确保会计凭证传递程序的合理化、制度化和传递时间的节约。

最后还有会计凭证的保管工作，主要包括：会计凭证登记入账后的整理、装订和归档存查等管理工作，具体内容在本书第十章会计工作组织中介绍。

思考与练习

一、名词解释

会计凭证	原始凭证	记账凭证	自制原始凭证	转账凭证
外来原始凭证	一次凭证	累计凭证	汇总原始凭证	收款凭证
专用记账凭证	付款凭证	会计凭证传递		

二、简答题

1. 什么是会计凭证？会计凭证在会计核算中有哪些作用？
2. 什么是原始凭证？原始凭证如何分类？
3. 原始凭证的基本内容和填制要求有哪些？
4. 如何审核原始凭证和处理错误的原始凭证？
5. 记账凭证的基本内容和填制要求有哪些？
6. 如何审核记账凭证？
7. 如何合理地组织会计凭证传递？

第五章
会 计 账 簿

第一节
账簿的种类和登记

会计账簿是由具有一定格式、相互联系的账页组成的，对全部经济业务进行全面、系统、连续、分类的记录和反映的会计簿籍，它是编制会计报表的主要依据。在会计核算中，各单位通过会计凭证的填制和审核，可将每日发生的经济业务记录和反映在会计凭证上，但会计凭证数量多、资料分散，每张凭证只能记载个别经济业务，所提供的资料是零星的。为了能全面、连续、系统地反映和监督各单位的经济活动和财务收支情况，需要把会计凭证所记载的大量的分散的资料加以分类、整理，因此有必要设置和登记会计账簿。设置和登记账簿是会计核算的专门方法之一。

一、会计账簿的作用

账簿的设置和登记，对于全面、系统、序时、分类反映各项经济业务，充分发挥会计在经济管理中的作用，具有重要意义。设置和登记账簿作为会计核算的一项重要内容，在经济管理中具有重要作用。其具体作用如下：

（一）为连续、系统、分类地记录经济业务提供信息载体

通过登记会计账簿，可以把分散记载于会计凭证上的大量资料，按照账户加以归类、汇总，既能对经济活动进行序时核算，又能进行分类核算；既可以提供总括的核算资料，又可以提供明细的核算资料。因此正确、合理地登记会计账簿并健全账簿体系，既可以及时、全面地反映经济业务的全貌，又可以分类提供诸如资产、负债、所有者权

益等会计信息。

（二）有利于加强会计监督、开展会计检查

会计账簿是汇集、整理、加工会计信息的工具，通过账簿的序时核算和分类核算，能提供各单位经济活动的各种数据，体现各单位的财务状况和经营成果。因此，正确、合理的账簿体系，有利于各单位监督计划、预算的执行，考核和控制成本、费用，保护单位财务的安全完整，促使企业改善经营管理。同时，通过对账簿资料的检查、分析，可以了解各单位贯彻有关方针、政策、制度的情况。

（三）有利于财务报表的编制

会计账簿所提供的资料，是编制会计报表的主要依据，如资产负债表的数据主要来源于分类账的期末余额，损益表的数据主要来源于某些分类账的本期发生额。因此正确地登记会计账簿，对保证会计报表指标的真实可靠和及时进行会计报表编报工作具有十分重要的意义。

二、会计账簿的分类

会计账簿的种类较多，格式及外表形式各异，为了方便了解和使用会计账簿，需要对其按照一定的标准进行分类。

（一）按用途分类

账簿按用途分类，可以分为序时账簿、分类账簿和备查账簿。

1．序时账簿。序时账簿又称日记账，是对各项经济业务按其发生时间的先后顺序，逐日逐笔连续进行登记的账簿。按其记录的内容不同，又分为普通日记账和特种日记账两种。普通日记账是用来登记全部经济业务发生情况的日记账，每天所发生的经济业务，按照业务发生的先后顺序，编成会计分录记入账簿中。特种日记账是用来记录某一类经济业务发生情况的日记账，通常把某一类比较重要的经济业务，按照业务发生的先后顺序记入账簿中。

2．分类账簿。分类账簿又称分类账，是对全部经济业务按总分类账户和明细分类账户进行分类登记的账簿。分类账簿按其反映指标的详细程度，分为总分类账簿和明细分类账簿两种。总分类账簿，又称总分类账，简称总账，是根据总分类科目开设，用以记录全部经济业务总括核算资料的分类账簿。明细分类账簿，又称明细分类账，简称明细账，是根据总账科目设置，按其所属的明细科目开设记录某一类经济业务详细核算资料的分类账。

3．备查账簿。备查账簿又称辅助账簿，是对某些不能在序时和分类账中记录的经济事项或记录不全的经济业务进行补充登记的账簿。

（二）账簿按外表形式分类

账簿按外表形式可以分为订本式账簿、活页式账簿和卡片式账簿。

1．订本式账簿。订本式账簿简称订本账，是在启用前就把许多账页装订成册，账页固定，既可防止账页散失，也可防止抽换账页，但使用起来欠灵活，在同一时间内只能由一人登账，不便于分工记账，并且使用前必须预留每一个账户需要使用的账页，留出足够空白，若预留账页不够，则影响账簿记录的连续性，若预留账页过多又造成浪费。订本式账簿主要适用于总分类账和现金、银行存款日记账。

2. 活页式账簿。活页式账簿简称活页账，活页账是在启用前不将账页固定地装订在一起，而是根据需要将零散的账页集中后放置在账夹内，平时按账页顺序编号，会计期末装订成册另加目录的账簿，账簿登记方便，可由数人分工登记，但账页容易散失或被抽换。活页式账簿主要适用于各种明细账。

3. 卡片式账簿。卡片式账簿又称卡片账，是利用卡片进行登记的账簿。卡片账是印有记账格式的卡片，卡片不固定在一起，数量根据业务而定，使用完将卡片穿孔固定保管，并重新编定页码列出目录，卡片账可跨年度长期使用而无需更换，并按不同要求进行归类，但也容易散失或被抽换管。主要适用于记录内容比较复杂的财产明细账，如固定资产卡片。

（三）按账页格式分类

账簿按其账页格式可分为三栏账簿、数量金额式账簿和多栏式账簿。

1. 三栏式账簿，是指账簿的账页格式是由借方、贷方和余额三个金额栏组成的账簿。总分类账和一部分只需要反映金额的明细账都采用三栏式的账簿。

2. 数量金额式账簿，是指账簿的账页格式在借方、贷方和余额三栏内，分别设置数量、单价、金额三个小栏的账簿。原材料、库存商品等明细账一般都采用数量金额式账簿。

3. 多栏式账簿，是指账簿的账页格式在借方、贷方两栏内分别设置若干专栏的账簿。收入、费用类明细账一般多采用多栏式账簿。

第二节

账簿的登记和使用规则

一、会计账簿的基本内容

各种账簿所记录的经济内容不同，账簿的格式又多种多样，不同账簿格式所包括的具体内容也不尽一致，但各种账簿都应具备以下三项基本内容：

1. 封面。封面主要标明单位名称和账簿的名称，账簿名称如总分类账、各种明细分类账、现金日记账、银行存款日记账等。

2. 扉页。扉页主要填列账簿启用和经管人员一览表（见表 5－1）、明细科目索引（见表 5－2）。账簿启用和经管人员一览表标明单位名称、账簿名称、账簿册数、账簿页数、启用和截止日期、会计主管和记账人员姓名或签章等基本内容；明细科目按照科目的先后顺序排列并标明页码。

3. 账页。账页是账簿的主要内容。经济业务和事项不同，账簿的具体格式和内容也不同，其基本内容一般包括：会计科目或者账户名称、登账日期栏、凭证种类和号数栏、摘要栏、借方和贷方金额及余额的方向、金额，以及总页次和分户页次等。

表 5－1 **账簿启用及经管人员一览表**

<table>
<tr><td colspan="2">单位名称</td><td colspan="10"></td><td colspan="4">印　　鉴</td></tr>
<tr><td colspan="2">账簿名称</td><td colspan="10">（第　册）</td><td colspan="4" rowspan="4"></td></tr>
<tr><td colspan="2">账簿编号</td><td colspan="10"></td></tr>
<tr><td colspan="2">账簿页数</td><td colspan="10">本账簿共计　　页（本账簿页数　）
（检点人盖章　）</td></tr>
<tr><td colspan="2">启用日期</td><td colspan="10">公元　　年　月　日</td></tr>
<tr><td rowspan="3">经管人员</td><td colspan="4">负责人</td><td colspan="2">主办会计</td><td colspan="4">复　　核</td><td colspan="5">记　　账</td></tr>
<tr><td colspan="2">姓名</td><td colspan="2">盖章</td><td>姓名</td><td>盖章</td><td colspan="3">姓名</td><td>盖章</td><td colspan="4">姓名</td><td>盖章</td></tr>
<tr><td colspan="2"></td><td colspan="2"></td><td></td><td></td><td colspan="3"></td><td></td><td colspan="4"></td><td></td></tr>
<tr><td rowspan="6">接交记录</td><td colspan="6">经 管 人 员</td><td colspan="4">接　　管</td><td colspan="5">交　　出</td></tr>
<tr><td colspan="3">职　　别</td><td colspan="3">姓　　名</td><td>年</td><td>月</td><td>日</td><td>盖章</td><td colspan="2">年</td><td>月</td><td>日</td><td>盖章</td></tr>
<tr><td colspan="3"></td><td colspan="3"></td><td></td><td></td><td></td><td></td><td colspan="2"></td><td></td><td></td><td></td></tr>
<tr><td colspan="3"></td><td colspan="3"></td><td></td><td></td><td></td><td></td><td colspan="2"></td><td></td><td></td><td></td></tr>
<tr><td colspan="3"></td><td colspan="3"></td><td></td><td></td><td></td><td></td><td colspan="2"></td><td></td><td></td><td></td></tr>
<tr><td colspan="3"></td><td colspan="3"></td><td></td><td></td><td></td><td></td><td colspan="2"></td><td></td><td></td><td></td></tr>
<tr><td>备注</td><td colspan="3"></td><td colspan="3"></td><td></td><td></td><td></td><td></td><td colspan="2"></td><td></td><td></td><td></td></tr>
</table>

表 5－2 **账 户 目 录**

编号	科　目	页码	编号	科　目	页码	编号	科　目	页码

二、会计账簿设置和登记方法

（一）日记账的设置和登记方法

1. 普通日记账的设置和登记

普通日记账是一种直接根据原始凭证或汇总原始凭证，按经济业务发生的先后顺序逐日、逐笔进行登记的序时账簿，由于会计分录直接编制在账簿上，又称分录簿。普通日记账按格式不同又可分为两栏式普通日记账和专栏式普通日记账两种。

（1）两栏式普通日记账。两栏式普通日记账是用来序时地逐笔登记单位全部的经济业务，并作为过入分类账依据的账簿，其一般格式设有借方和贷方两个金额栏。运用两栏式普通日记账可以序时地、集中地记录每笔经济业务，但过入分类账时需要逐笔登记，工作量较大，并且不便于会计人员的分工协作。因此，随着各种记账凭证和汇总记账凭证的广泛使用，两栏式普通日记账已不再经常使用。两栏式普通日记账的一般格式如表5－3所示。

表5－3　　两栏式普通日记账

第　　页

年		凭证		摘　要	会计科目	借方金额	贷方金额	记　账
月	日	字	号					

（2）专栏式普通日记账。专栏式普通日记账是用来序时地逐笔登记经常重复发生的经济业务，在账簿中分设专栏，把在各专栏汇总的发生额一次性过入分类账。在多栏式普通日记账中，专栏设置的多少应视业务量的多少确定。凡在多栏式日记账中设有专栏的账户，可定期汇总该专栏合计数后直接记入有关分类账；凡在多栏式日记账中未设专栏的账户，则在"其他"栏中逐笔登记账户名称、应借应贷的金额，然后逐笔过入有关分类账并注明"√"符号，以免重记或漏记。多栏式普通日记账可大大减少逐笔过账的工作量，但只能供一个人记账，而且如果专栏设置过多，会导致账页过长，不便于记账和查账。专栏式普通日记账的一般格式如表5－4所示。

2. 特种日记账的设置和登记

特种日记账是从普通日记账中逐步分离出来的日记账，专门用来登记某一类经济业务。其主要作用是可以汇总登记同一类经济业务，然后将汇总金额记入分类账，以减少过账工作，同时有利于会计人员分工记账，由一个记账人员专门登记某一类经济业务，提高工作效率。常见的特种日记账有现金日记账、银行存款日记账、购货日记账和销货日记账等。

(1) 现金日记账的设置和登记。现金日记账是专门用来登记现金的收入、支出和结余情况的日记账，由出纳人员根据审核无误的现金收、付款凭证及记录从银行提取现金的银行付款凭证，按经济业务发生的先后顺序，逐日逐笔登记，其格式一般采用三栏式账簿，也可以采用多栏式账簿。

表 5-4　　　　专栏式普通日记账

第　　页

年		凭证		摘要	银行存款		原材料		×××		×××		其他科目			
月	日	字	号		借	贷	借	贷	借	贷	借	贷	账户名称	借方	贷方	记账

三栏式现金日记账的设置和登记。三栏式现金日记账的账页格式一般采用增设了对应科目的借、贷、余三栏式，账页应设置以下内容：

日期栏：指记账凭证的日期，应与现金实际收付日期一致。

凭证种类和编号栏：如现金收款凭证简写为“现收”、现金付款凭证简写为“现付”、银行存款付款凭证简写为“银付”，同时还应登记凭证的编号数，以便于查账和对账。

摘要栏：摘要说明登记入账的经济业务的内容。

对方科目栏：指现金收入的来源科目或支出的用途科目，其目的在于了解经济业务的来龙去脉。

过账栏：过账后注明“√”符号，以免重记或漏记。

收入、支出、余额栏：指现金实际收付的金额及结出的余额，每日终了，需分别计算现金收入和付出的合计数，结出余额，并将余额与出纳员的库存现金核对，即“日清”，月终同样需计算现金收、付和结存的合计数，即“月结”。

三栏式现金日记账的一般格式如表 5-5 所示。

多栏式现金日记账的设置和登记。现金日记账一般采用三栏式的账簿，但为了反映每一笔收支业务的来龙去脉，以便分析和汇总对应科目的发生额，也可采用多栏式日记账。采用这种格式的账簿，将账页划分为收入、支出和结余三大栏，然后将收入栏和支出栏划分为若干小栏目，分别按对应科目设置专栏，月末汇总各栏目发生额。其优点是所有的现金收付业务都集中在一张账页上，便于集中查阅，能反映科目对应关系和分析现金流量；但若对应科目太多，则易造成账页篇幅过长，不便于记账和查账。所以，多栏式现金日记账可分设为现金收入日记账和现金支出日记账两本。现金收入日记账按对应的贷方科目设专栏进行登记；现金支出日记账按对应的借方科目设专栏进行登记，这样就可以把经济业务产生的原因或结果全部反映出来。出纳人员应根据审核后的收付款

表 5－5　　三栏式现金日记账

第　页

<table>
<tr><th colspan="2">年</th><th colspan="2">凭证号数</th><th rowspan="2">摘要</th><th rowspan="2">对应科目</th><th rowspan="2">记账</th><th rowspan="2">借方</th><th rowspan="2">贷方</th><th rowspan="2">余额</th></tr>
<tr><th>月</th><th>日</th><th>现收</th><th>现付</th></tr>
<tr><td></td><td></td><td></td><td></td><td></td><td></td><td></td><td></td><td></td><td></td></tr>
</table>

凭证，逐日逐笔登记现金收入日记账和支出日记账，并于每日将支出日记账中当日“支出合计”数，转记入收入日记账中当日“支出合计”栏内，以结算当日账面结余额。多栏式现金日记账的一般格式如表 5－6 所示。

表 5－6　　多栏式现金日记账

第　页

<table>
<tr><th colspan="2">年</th><th colspan="2">凭证</th><th rowspan="3">摘要</th><th colspan="5">收入（借方）</th><th colspan="5">支出（贷方）</th><th rowspan="3">结余</th></tr>
<tr><th rowspan="2">月</th><th rowspan="2">日</th><th rowspan="2">字</th><th rowspan="2">号</th><th colspan="3">对应贷方科目</th><th rowspan="2">合计</th><th rowspan="2">记账</th><th colspan="3">对应借方科目</th><th rowspan="2">合计</th><th rowspan="2">记账</th></tr>
<tr><th></th><th></th><th></th><th></th><th></th><th></th></tr>
<tr><td></td><td></td><td></td><td></td><td></td><td></td><td></td><td></td><td></td><td></td><td></td><td></td><td></td><td></td><td></td><td></td></tr>
</table>

（2）银行存款日记账的设计。银行存款日记账是专门用来登记银行存款的增加、减少和结存情况的账簿，由出纳人员根据审核无误的银行存款收、付款凭证及记录将现金存入银行的现金付款凭证，按经济业务发生的先后顺序，逐日逐笔登记，其格式通常也是采用借、贷、余三栏式，或采用多栏式。

三栏式银行存款日记账的账页格式与现金日记账相似，只是在日期栏、凭证号数栏、摘要栏之后，对方科目、收入、支出、余额栏及过账栏之前加设结算凭证种类、编号一栏，填写相应的支票号数；多栏式银行存款日记账的格式设计也应在多栏式现金日记账的基础上增加此栏，这里不再赘述。三栏式银行存款日记账的一般格式如表 5－7 所示。

表 5－7　　三栏式银行存款日记账

第　页

年		凭证		摘要	结算凭证		对应科目	记账	借方	贷方	余额
月	日	字	号		种类	编号					

（二）分类账的设置和登记

分类账簿是指对全部经济业务按照总分类账户和明细分类账户进行分类登记的账簿。按照提供指标的详略程度，分类账簿有总分类账簿和明细分类账簿两种。根据总账科目设置，用来核算经济业务总括内容的账簿是总分类账簿，简称总分类账或总账；根据明细科目设置，用来核算经济业务明细内容的账簿是明细分类账簿，简称明细分类账或明细账。总分类账和明细分类账是控制与被控制的关系，总分类账对其所属的明细分类账起控制作用；明细分类账是对总分类账的必要补充。一个总分类账户借、贷方发生额和余额，必然与该总分类账户所属的各明细分类账户的借、贷方发生额和余额的合计数相等。

1. 总分类账的设置和登记

（1）三栏式总分类账的设置和登记。在借贷记账法下，总账格式应以借、贷、余三栏为基本栏目，三栏式总账在账页中只设有借方、贷方和余额三个金额栏，其一般格式如表 5－8 所示。

表 5－8　　三栏式总账（不反映对应科目）

会计科目：　　第　页

年		凭证		摘要	借方	贷方	借或贷	余额
月	日	字	号					

（2）多栏式总账的设置和登记。多栏式总账是将单位使用的全部会计科目依次排列，将全部总账科目设在一张账页上，各设专栏进行登记的账簿。借、贷方金额栏下设置对应科目栏格式。这种格式一般适用于科目汇总表或多栏式日记账账务处理程序，每

月编制一张。该格式能集中反映各类经济业务的变化情况，同时可以起到试算平衡的作用。但如果单位业务复杂，所使用的会计科目较多，账页就会过长，造成登账、对账和查账的不便。其一般格式如表 5－9 所示。

表 5－9　　多栏式总账

年

月份	凭证		摘要	现金			银行存款			×科目			×科目		
	字	号		借方	贷方	余额	借方	贷方	余额						
合计															

2. 明细分类账的设计

明细分类账，是根据实际需要，按二级科目或三级科目开设的，用来分类、连续地记录和反映有关经济业务详细情况的账簿。因此，各单位在设置总分类账的基础上，还应按照总分类科目设置所属的若干必要的明细分类账，只有这样，才能既根据总分类账了解某一科目的总括情况，又能根据明细分类账进一步了解该科目的具体和详细情况。明细分类账又分为二级明细账和三级明细账两种。

（1）二级明细分类账的设计。二级明细分类账是根据管理需要提供中间性指标的要求设置，依据二级科目开设的明细账，它对总分类账起补充说明作用，对下属明细分类账起统驭控制作用。其格式与总账相类似，根据具体情况，可采用借、贷、余三栏式账页格式，也可采用多栏式账页格式。多栏式二级明细分类账格式是将同一总账控制下的各二级科目设置在同一账页上，并设置合计栏以便与总账核对。其一般格式如表 5－10所示。

表 5－10　　二级明细分类账

原材料二级账　　第　页

年		原料及主要材料			辅助材料			修理用备件			×××			合计		
月	日	借	贷	余	借	贷	余	借	贷	余	借	贷	余	借	贷	余

（2）三级明细分类账的设计。三级明细分类账是根据三级科目开设的明细账，根据其反映的经济内容和经营管理要求的不同，一般采用三栏式、数量金额式、多栏式和平行式等账页格式。

三栏式明细分类账的账页格式与三栏式总账的账页格式基本相同，只设有借方、贷方和余额三个金额栏，不设数量栏。这种格式的账页适用于那些只需要进行金额核算而不需要进行数量核算的账户，如“应收账款”“应付账款”“其他应收款”等账户的明细分类核算。三栏式明细分类账是明细账中最基本的格式，其他格式的明细账都是在此基础上，结合所记录的特殊内容加以演变而来的。三栏式明细分类账应由会计人员根据审核无误的记账凭证或原始凭证，按经济业务发生的时间先后顺序逐日逐笔进行登记。三栏式明细分类账的一般格式如表 5－11 所示。

表 5－11 三栏式明细账

第 页

年		凭证		摘要	借方	贷方	借或贷	余额
月	日	字	号					

数量金额式明细分类账，其格式分别设有收入、发出（或付出）及结余（或结存）三大栏，每栏下面再分设数量、单价、金额三小栏，也可以根据需要在账页上方增设一些必要的项目，如材料（或商品）的类别、品种、规格、计量单位、存放地点等。这种格式适用于既需要进行金额核算，又需要进行实物数量核算的各种财产物资的账户，如“原材料”“库存商品”“低值易耗品”等账户的明细分类核算。数量金额式明细分类账是由会计人员根据审核无误的记账凭证或原始凭证，按经济业务发生的时间先后顺序逐日逐笔进行登记的。数量金额式明细分类账的一般格式如表 5－12 所示。

表 5-12 **数量金额式明细分类账**

原材料明细账

第　页

类　别：　编　号：

品名与规格：　存放地点：

储备定额：　最高储备量：　最低储备量：　计量单位：

年		凭证		摘要	收入			发出			结存		
月	日	字	号		数量	单价	金额	数量	单价	金额	数量	单价	金额

多栏式明细分类账不按明细科目分设若干账页，而是根据经济业务的特点和经营管理的需要，在一张账页上按有关明细科目或明细项目分设若干专栏，用以在同一张账页上集中反映各有关明细科目或明细项目的核算资料。这种格式适用于只记金额，不记数量，而且在管理上需要了解其构成内容的收入、费用、利润等账户。多栏式明细分类账又分为借方多栏、贷方多栏和借贷方均多栏三种账页格式。借方多栏式明细分类账的账页格式适用于借方需要设置多个明细科目或明细项目的账户，如“生产成本”“制造费用”“管理费用”等科目的明细分类核算。该账应由会计人员根据审核无误的记账凭证或原始凭证逐笔进行登记。借方多栏式明细账的一般格式如表 5-13 所示。

表 5-13 **借方多栏式明细账**

生产成本明细账

第　页

年		凭证		摘要	借方（项目）				贷方	余额
月	日	种类	编号		材料	工资	制造费用	合计		

贷方多栏式明细分类账的账页格式适用于贷方需要设置多个明细科目或明细项目的账户，如“主营业务收入”“营业外收入”等账户的明细分类核算。该账应由会计人员根据审核无误的记账凭证或原始凭证逐笔进行登记。贷方多栏式明细账的一般格式如表5－14所示。

表5－14　　贷方多栏式明细账

主营业务收入明细账　　第　页

年		凭证		摘要	借方	贷方（项目）				余额
月	日	种类	编号			产品销售	提供劳务	×××	合计	

借方贷方多栏式明细分类账的账页格式适用于借方贷方均需要设置明细科目或明细项目的账户，如“本年利润”“应交税费——增值税”等账户的明细分类核算。该账按借方和贷方分设两个专栏，每栏分别按应借、应贷科目设置小栏目，由会计人员根据审核无误的记账凭证或原始凭证逐笔进行登记。其一般格式如表5－15所示。

表5－15　　借方贷方多栏式明细账

本年利润明细账　　第　页

年		凭证		摘要	借方（项目）			贷方（项目）			借或贷	余额
月	日	种类	编号				合计			合计		

（三）备查簿的设置和登记

单位在经济活动中对发生的某些经济业务，不能设表内科目加以反映，也不能据以编制对外报表，但为了加强管理，需设置备查账簿予以记录。备查账簿，是指对这些在序时账和分类账中未能记载或记载不全的经济业务进行补充登记的账簿，其作用是对序时账和分类账进行补充说明。

备查账簿的设计取决于管理和核算上备查登记的内容，各单位要求备查登记的内容不同，备查账簿设置的数量和格式也不相同。租入资产登记簿的一般格式如表5－16所示。

表 5－16　　租入××资产登记簿

第　页

资产名称	规格	合同号	租出单位	租入单位	租期	租金	使用地点	备注

第三节

账簿的启用、登记规则和错账的更正

一、会计账簿的启用和交接

登记账簿是会计核算方法的重要组成部分，为了保证序时分类记录经济业务、明确经济责任，防止舞弊行为，登记账簿要有专人进行。因此在账簿启用时，应在账簿扉页上填写“账簿启用和交接人员一览表”，填写单位名称、账簿名称、启用日期账簿页数、记账人员和会计主管人员姓名，并加盖人名章和单位公章。账簿交接时，要登记交接日期、交接人员姓名等，交接要有相关的会计负责人监督进行。

二、会计账簿的登记规则

账簿作为重要的会计档案资料必须依据审核无误的记账凭证进行登记。进行账簿登记，一般应遵循下列基本规则：

1. 登记账簿时，将会计凭证日期、编号、业务内容摘要、金额和其他有关资料逐项登记入账，做到数字准确，摘要清楚，登记及时。

2. 登记完毕后，要在会计凭证上签名或盖章，并在记账凭证中注明已经登账的符号，表示已经记账。

3. 账簿中书写的文字和数字上面要留适当空间，不要写满格，一般应占格长的二分之一。

4. 登记账簿要用蓝黑或黑色墨水书写，不得使用圆珠笔或铅笔书写。

5. 各种账簿按页次顺序连续登记，不得跳行、隔页。如果发生跳行、隔页，应将空行、空页划线注销，或注明“此行空白”或“此页空白”字样，并由记账人员签名或盖章。

6. 凡需要结出余额的账户，结出余额后，应在"借或贷"等栏内写明"借"或"贷"等字样。没有余额的账户，应在"借或贷"等栏内写"平"字，并在余额栏内用"θ"表示。现金日记账和银行存款日记账必须逐日结出余额。

7. 每一账页登记完毕结转下页时，应结出本页合计数及余额，写在本页最后一行和下页第一行有关栏内，并在本页的摘要栏内注明"过次页"字样，在次页的摘要栏内注明"承前页"字样。

8. 账簿记录发生错误，不准涂改、刮擦、挖补，必须按照错账更正方法进行更正。

三、错账更正规则

（一）错账的查找方法

在记账过程中，可能发生各种各样的差错，产生错账，如重记、漏记、数字颠倒、数字错位、数字记错、科目记错、借贷方向记反等，影响会计信息的准确性，应及时找出差错，并予以更正。错账查找的方法主要有：

1. 借贷差数法。差数法是按照错账的差数查找错账的方法。如记账过程中只登记了会计分录的借方或贷方，漏记了另一方，形成试算平衡中借方合计与贷方合计不等。表现形式为：借方金额遗漏，会使该金额在贷方超出；贷方金额遗漏，会使该金额在借方超出。

2. 除2法。除2法是以差数除以2来查找错账的方法。当某个借方金额错记入贷时，出现错账的差数表现为错误的2倍，将此差数用2去除，得出的商即是反向的金额。

3. 9除法。9除法是以差数除以9来查找错数的方法。如将200写为20，错误数字小于正确数字9倍。查找的方法是：以差数除以9后得出的商即为写错的数字，商乘以10正确的数字。再如将20写为200，错误数字大于正确数字9倍。查找的方法是：以差数除以9后得出的商即为正确的数字，商乘以10后所得的积为错误数字。

（二）错账更正方法

如果发现账簿记录有错误，应按规定的方法进行更正，不得涂改、挖补或用涂改液消除字迹。更正错误的方法如下：

1. 划线更正法。如果发现账簿记录有错误，而其所依据的记账凭证没有错误，即纯属记账时文字或数字的笔误，应采用划线更正的方法进行更正。更正的方法是：将错误的文字或数字划一条红色横线注销；然后，在划线的上方用蓝字或黑字将正确的文字或数字填写在同一行的上方位置，并由更正人员在更正处盖章，以明确责任。

2. 红字更正法。又称红字冲销法。在会计上，以红字记录表明对原记录的冲减。红字更正法适用于以下两种情况：

（1）记账凭证中的应借、应贷会计科目或记账方向有错误，并已经登记入账，应采用红字更正法。更正的方法是：先用红字金额填制一张与原错误记账凭证内容完全相同的记账凭证，并据以用红字登记入账，冲销原有错误的账簿记录；然后，再用蓝字填制一张正确的记账凭证，用蓝字据以登记入账。

【例5-1】以转账支票支付下属车间办公费900元，在填制记账凭证时误记入"管理费用”账户，并据以登记入账，其错误记账凭证所反映的会计分录为：

借：管理费用 900

　　贷：银行存款 900

该项分录应借记“制造费用”科目。更正的步骤为：首先用红字金额编制与原错误凭证相同的记账凭证，然后登记入账。

借：管理费用 900

　　贷：银行存款 900

其次根据更正错账的记账凭证以红字金额记账，表明已全部冲销原有错误记录。

最后，用蓝字填制正确会计分录如下，并根据正确的记账凭证登记入账。

借：制造费用 900

　　贷：银行存款 900

相应的账户处理如下：

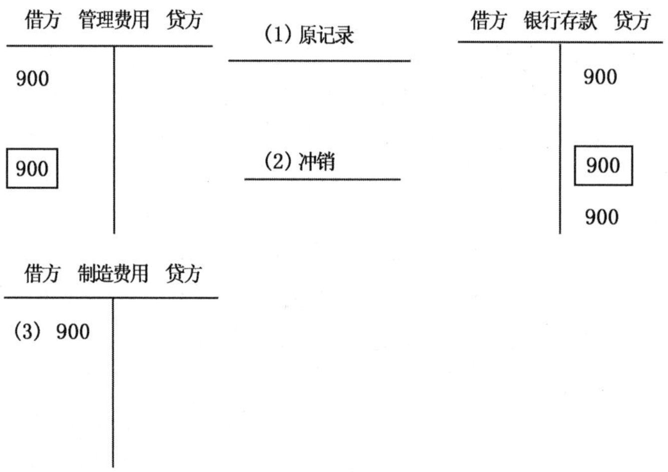

（2）记账凭证中金额记错并已入账，所记金额大于应记的正确金额，应采用红字更正法。更正的方法是，将多记的金额用红字填制一张与原错误记账凭证所记载的借贷方向，应借、应贷会计科目相同的记账凭证，并据以登记入账，以冲销多记金额，求得正确金额。

【例 5－2】生产产品领用材料 560 元，在填制记账凭证时，误记金额为 650 元，但会计科目、借贷方向均无错误，其错误记账凭证所反映的会计分录为：

在更正时，应用红字金额 90 编制如下记账凭证进行更正并入账：

借：生产成本 90

　　贷：原材料 90

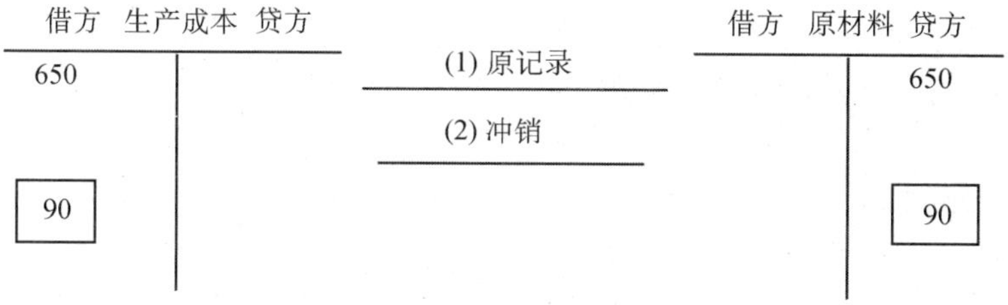

3. 补充登记法。记账凭证所记录的金额错误并已入账，所记的金额小于应记的金额，差额补记。

【例 5－3】预提本月份银行借款利息 800 元，在填制记账凭证时，误记金额为 80 元，但会计科目、借贷方向均无错误并已入账。在更正时，应用蓝字编制如下记账凭证进行更正：

借：财务费用　　720

　　贷：应付利息　　720

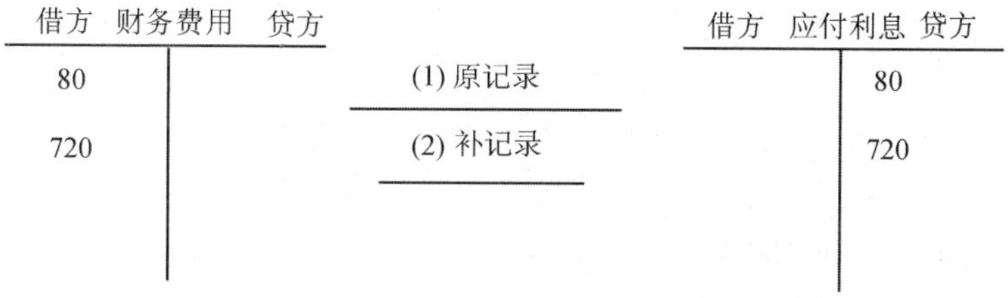

根据更正错误的记账凭证以蓝字记账后，即可反映其正确的金额为 800 元。如果记账凭证中所记录的文字、金额与账簿记录的文字、金额不符，应首先采用划线法更正，然后用补充登记法更正。

四、账簿的更换

为了清晰地反映各个会计年度的财务状况和经营成果，每个会计年度开始时，一般都要启用新账，并把上年度的会计账簿归档保管。

现金日记账、银行存款日记账、总分类账及明细分类账每年都要更换新账，并把上年结余转入新账簿中，成为新账中的年初余额。但固定资产明细账或固定资产卡片可以继续使用，不必每年更换新账。

第四节

对账和结账

一、对账

对账是核对有关账目的内容、数量、金额与实际是否相符的一种方法。具体是指会计主体账簿记录的数字与有关库存实物、货币资金、有价证券、应收应付款等进行核对的方法。通过对账可以核对出账证是否相符、账账是否相符、账实是否相符。如果相符说明会计工作没有出现差错，如果出现不符就需要查清原因分别情况进行处理。对账的目的是保证会计资料的真实可靠，具体对账的内容包括以下几个方面。

（一）账证核对

账证核对是指核对会计账簿与相关的原始凭证、记账凭证的内容和金额是否一致，会计账簿与记账凭证记账方向是否相同。

（二）账账核对

账账核对是指核对总分类账与其相关的账簿的记录是否相符。具体包括总账有关账户的余额核对；总账与所属明细账余额核对；总账与所属日记账余额核对；会计部门的财产物资明细账与财产物资保管和使用部门的有关明细账核对。

（三）账实核对

账实核对是指核对会计账簿有关资产的数额与其实存数额是否相符。具体包括库存现金日记账账面余额与库存现金实存数相核对；银行存款账面余额与银行存款实存数相核对；各种实物财产物资明细账余额与其实存数额相核对；各种应收应付款项账面余额与有关债务、债权单位或者个人相核对等。

二、试算平衡

试算平衡是根据复式记账原理和“资产＝负债＋所有者权益”的平衡关系，对一定期间内各账户的借贷发生额和余额进行核对，以检查账户记录是否正确的一种方法。

采用借贷记账法，平时对每一项经济业务的发生，经过分析后，都编制了会计分录，并按照“有借必有贷，借贷必相等”的记账规则有规律地过入到账户中。所以，所有账户的借方发生额之和应等于所有账户的贷方发生额之和，试算后，期末借方余额之和也应等于期末贷方余额之和。

借贷记账法下，试算平衡包括发生额试算平衡和余额试算平衡，试算平衡公式如下：

（一）发生额试算平衡公式

全部账户借方发生额合计＝全部账户贷方发生额合计

(二) 余额试算平衡公式

全部账户借方余额合计 = 全部账户贷方余额合计

试算平衡一般是通过编制试算平衡表的方法来进行的，即在每个会计结算期结束时，结出各总分类账户的本月发生额和期末余额。然后，根据结计出的发生额和余额填制试算平衡表。试算平衡表可分两种，即发生额试算平衡表和余额试算平衡表。其格式见表 5－17、表 5－18。

表 5－17　　总分类账户本期发生额试算平衡表

年　月　日　　单位：元

会计科目	借方发生额	贷方发生额
合　　计		

表 5－18　　总分类账户本期余额试算平衡表

年　月　日　　单位：元

会计科目	借方余额	贷方余额
合　　计		

表 5－17 和表 5－18 可以合并编制，称为“总分类账户本期发生额及余额试算平衡表”，其格式见表 5－19。

表 5－19　　总分类账户本期发生额及余额试算平衡表

年　月　日　　单位：元

会计科目	期初余额		本期发生额		期末余额	
	借方	贷方	借方	贷方	借方	贷方
合　　计						

试算平衡表各项目栏填列后，期初余额、本期发生额、期末余额的借、贷方数额均应保持平衡关系。如果借贷方数额平衡，说明账户的记录基本正确。但不能完全肯定，因为实际工作中，业务量很大且复杂，试算平衡能够检查出账户记录的错误，但当出现某项经济业务漏记、重记，某项经济业务记账方向颠倒或会计科目用错等错误，试算平衡表仍然成立。因为，这些错误并不影响账户借贷双方的平衡。所以，实际工作中不能只靠一种方法来检查账簿记录是否正确，还应结合其他方法一同进行。

三、结账

结账就是在会计期末计算并结转各账户的本期发生额和期末余额，将各种账目结算清楚。结账前，首先要查明本期内所发生的交易和事项是否已全部登记入账，特别是对所有已发生的各种债权债务、财产清查盘盈或盘亏，以及应记入本期的收入和费用等调整事项在结账前必须全部登记入账，不得提前或者延后结账，确保会计确认、计量、记录和报告的正确性，确保结账的有效性。

结账应于月末、季末和年末进行，因此分别称为月结、季结和年结。

1. 月结。月结是在各账户本月份最后一笔记录下面通栏划单红线，表示本月登记账簿结束；然后，在红线下结算出本月发生额和月末余额，并在摘要栏内注明“本月发生额及余额”字样；最后，再在本栏下面划一通栏红线，表示完成月度记录结束。

2. 季结。季结是在各账户本季度最后一个月的月结下面划一通栏红线，表示本季结束；然后，在红线下结算出本季发生额和季末余额，并在摘要栏内注明“本季发生额及余额”字样；最后，再在本栏下面划一通栏红线，表示完成季度记录结束。

3. 年结。年结是各账户的第四季度季结下面划一通栏红线，表示年度终了；然后，在红线下面计算填列全年的发生额和年末余额，在摘要栏内注明“本年发生额及余额”字样；在此基础上，将年初的借方余额和贷方余额抄列于“本年发生额及余额”或“本年合计”下一行的借方栏和贷方栏内，在摘要栏内注明“年初余额”字样，同时将年末借方余额和贷方余额，分别抄列于下一行的贷方栏和借方栏内，在摘要栏内注明“结转下年”字样；最后加计借方和贷方合计数，确保借方和贷方合计数相等，并在合计数下划通栏双红线，表示完成年度记录结束。需要更换新账的，应在进行年结的同时，在新账中有关账户的第一行“摘要”栏内注明“上年结转”字样，并将上年的年末余额以同方向记入新账的余额栏内。

结账的具体方法见表5－20。

表5－20　　　　**总　　账**

会计科目：原材料　　　　第　页

20××年		凭证号数	摘　要	借　方	贷　方	借或贷	余额
月	日						
1	1		年初余额 :	 :	 :	借	8 000.00 :

续表

20××年		凭证号数	摘要	借方	贷方	借或贷	余额
月	日						
1	31		本月合计 :	10 000.00 :	9 000.00 :	借	9 000.00 :
3	1		:	:	:		:
3	31		本月合计	8 000.00	9 000.00	借	8 000.00
			本季合计	31 000.00	23 000.00	借	16 000.00
12	31		: 本月合计	: 9 000.00	: 7 000.00	: 借	: 10 000.00
			本季合计	25 000.00	23 000.00	借	10 000.00
			本年合计	90 000.00	88 000.00	借	10 000.00
			年初余额	6 000.00			
			结转下年		8 000.00		
			合　　计	96 000.00	96 000.00		

思考与练习

一、名词解释

会计账簿　序时账簿　分类账簿　备查账簿　订本式账簿
活页式账簿　卡片式账簿　现金日记账　银行存款日记账　总分类账簿
明细分类账簿　三栏式账簿　数量金额式账簿　多栏式账簿　划线更正法
红字更正法　补充登记法　对账　账证核对　账账核对
账实核对　试算平衡　结账　月结　年结

二、简答题

1. 什么是账簿？设置和登记账簿有哪些作用？
2. 企业应该设置哪些会计账簿？如何设置账簿？
3. 登记账簿的规则有哪些？
4. 账簿按用途分为哪些类别？
5. 总分类账与明细分类账之间的关系是什么？
6. 账簿按外表形式分为几类？各有什么优缺点？
7. 分类账常用的格式有哪几类？

8. 错账更正有哪些方法？各适用于什么条件？如何更正错账？

9. 什么是对账？对账的内容包括哪些？

10. 账项调整包括哪些内容？如何进行账项调整？

11. 试算表有哪几种格式？怎样编制？

12. 什么是结账？结账的主要程序有哪些？

第六章

借贷记账法的应用

第一节

资金筹集业务的核算

企业是以盈利为目的的经济组织。为了实现盈利的目的，企业必须从事各种经济活动。从制造企业生产经营过程考察，其主要的生产经营过程可分为三个具体过程，即生产准备过程、产品生产过程和产品销售过程。可以根据制造企业在生产经营过程中各环节的业务特点，将其主要经济业务分为资金筹集业务、生产准备业务、产品生产业务、产品销售业务、利润形成及分配业务等。

一、资金筹集业务核算的主要内容

资金筹集业务是指企业从各种渠道筹集生产经营活动所需资金的业务，其主要核算的内容包括投资者投入资金和借入资金的核算。

从企业资金的来源看，主要包括两个部分：一是投资者投入的资本金及其增值；二是从债权人借入的资金。企业的资本金按投资主体的不同，分为国家投入资本、法人投入资本、个人投入资本和外商投入资本；按投资方式分为货币投资、实物投资和无形资产投资等。

货币投资是投资者以货币资金所进行的投资，企业应按实际收到的款项作为投资者的投资入账；实物投资是投资者以设备、材料、商品等实物资产作价投资；无形资产投资是投资者以土地使用权、专利权、商标权等无形资产作价投资。实物、无形资产投资应按照投资合同或协议约定的价值（但合同或协议价值不公允的除外）入账。

投资者按投资比例或者合同、章程的规定，分享企业利润或分担经营风险。投资者投入的资本应当保全，除法律、行政法规另有规定外，不得抽回投资。

企业在生产经营过程中，为补充生产周转资金的不足，或为购建固定资产，需要向银行、其他金融机构借入款项。企业借入的资金按偿还期限的长短分为短期借款和长期借款。借入资金业务核算的主要内容是取得借款本金、计算应承担的利息、归还本金和利息。

二、资金筹集业务核算需要设置的账户

（一）“实收资本”账户

该账户属于所有者权益类账户，用来核算投资者投入资本的增减变动及其结果。该账户贷方登记企业实际收到的投资者投入的资本；借方登记投入资本的减少额；期末贷方余额表示投入资本的实有数额。该账户按投资者设置明细分类账户。

（二）“短期借款”账户

该账户属于负债类账户，用来核算企业向银行或其他金融机构借入的期限在1年以下（含1年）的各种借款的借入与偿还情况。该账户贷方登记借入的各种短期借款；借方登记归还的借款；期末贷方余额表示尚未归还的短期借款。该账户应按借款种类和贷款人设置明细分类账户。

（三）“长期借款”账户

该账户属于负债类账户，用来核算企业向银行或其他金融机构借入的期限在1年以上（不含1年）的各种借款的借入与偿还情况。该账户贷方登记借入的长期借款；借方登记归还的长期借款；期末贷方余额表示尚未归还的长期借款。该账户按照债权人和借款种类设置明细分类账户。

三、资金筹集业务的账务处理

新民企业于20×0年1月1日注册成立，是一般纳税人，主要使用甲、乙两种材料，生产A、B两种产品。该企业20×1年发生如下经济业务：

【例6－1】 20×1年1月3日新民企业收到国家投入的货币资金100 000元，款项存入银行。

此项经济业务，涉及“银行存款”和“实收资本”两个账户。一方面企业银行存款增加，应记入“银行存款”账户的借方；另一方面企业实收资本的增加，应记入“实收资本”账户的贷方。编制会计分录如下：

借：银行存款　　　　100 000

　　贷：实收资本——国家投入资本　　　　100 000

【例6－2】 20×1年5月9日新民企业收到振华工厂作为投资投入的新设备一台，双方确认价值650 000元。

此项经济业务，涉及“固定资产”和“实收资本”两个账户。一方面企业固定资产增加，应记入“固定资产”账户的借方；另一方面企业实收资本的增加，应记入“实收资本”账户的贷方。编制会计分录如下：

借：固定资产　　650 000

　　贷：实收资本——振华工厂投入资本　　650 000

【例 6 -3】 20 ×1 年 7 月 1 日新民企业向工商银行借入 3 个月到期、年息为 10% 的短期借款 100 000 元，到期一次还本付息，借入款项存入银行。

此项经济业务，涉及“银行存款”和“短期借款”两个账户。一方面企业银行存款增加，应记入“银行存款”账户的借方；另一方面企业短期借款增加，应记入“短期借款”账户的贷方。编制会计分录如下：

借：银行存款　　100 000

　　贷：短期借款　　100 000

【例 6 -4】 20 ×1 年 10 月 1 日新民企业向银行借入的短期借款到期，归还本金 100 000元。

此项经济业务，涉及“银行存款”和“短期借款”两个账户。一方面企业银行存款减少，应记入“银行存款”账户的贷方；另一方面企业短期借款减少，应记入“短期借款”账户的借方。编制会计分录如下：

借：短期借款　　100 000

　　贷：银行存款　　100 000

企业从银行借入的短期借款所应支付的利息，一般采用按季结算的办法。借款利息支出较大的企业可以采用按月计提的方式计入各月财务费用，按季结算，于季末一次支付。有关借款利息的账务处理，将在后面有关内容中说明。

【例 6 -5】 20 ×1 年 12 月 1 日新民企业向银行借入 3 年期的一次还本付息的款项 200 000 元，已存入企业的存款账户。

此项经济业务，涉及“银行存款”和“长期借款”两个账户。一方面企业银行存款的增加，应记入“银行存款”账户的借方；另一方面企业长期借款的增加，应记入“长期借款”账户的贷方。编制会计分录如下：

借：银行存款　　200 000

　　贷：长期借款　　200 000

第二节

生产准备业务的核算

一、生产准备业务核算的主要内容

企业要进行生产活动，必须有厂房、设备和材料物资等。因此，生产准备阶段主要包括厂房设备等劳动资料的购建以及生产所需各种材料物资的采购。因此，生产准备业务的核算主要应包括固定资产购入业务的核算，材料采购业务的核算和材料采购成本的计算。通过生产准备业务，企业的资金形态由货币资金转化为储备资金和固定资金。

二、固定资产购入业务的核算

固定资产是指使用期限较长、单位价值较高，并且在使用过程中保持原有实物形态的资产。如何确认固定资产，不同时期有不同的标准，现行《企业会计准则》规定，固定资产是指同时具有以下特征的有形资产：一是为生产商品、提供劳务、出租或经营管理而持有的；二是使用寿命超过一个会计年度的。

（一）固定资产购入业务核算需要设置的账户

1. “固定资产”账户

该账户属于资产类账户，用来核算企业持有的按原价反映的固定资产的增减变动和结存情况。该账户借方登记按原价反映的固定资产的增加；贷方登记按原价反映的固定资产的减少；期末借方余额，表示现有固定资产的原价。本账户应按固定资产类别和项目设置明细分类账户。

2. “在建工程”账户

该账户属于资产类账户，用来核算企业为建造、技术改造或安装固定资产而发生的实际支出（包括安装设备的价值），并据以确定各该工程成本。借方登记企业自营建造、技术改造和安装工程发生的各项支出以及预付、补付出包工程的价款等；贷方登记已验收交付使用的固定资产的实际成本；期末借方余额，表示尚未达到预定可使用状态的在建工程的成本。本账户可按“建筑工程”“安装工程”等设置明细分类账户。

（二）固定资产购入业务的账务处理

固定资产的价值包括为购入某项固定资产达到可使用状态前所发生的一切合理的、必要的支出，包括：买价、运输费、装卸费、保险费等。

购入固定资产包括购入不需要安装的固定资产和购入需要安装的固定资产。下面分别介绍其核算方法：

1. 购入不需要安装固定资产的核算

购入不需要安装的固定资产，应按买价和支付的包装费、运输费、保险费等，借记“固定资产”账户，贷记“银行存款”等账户。下面举例来说明。

【例 6－6】 20×1 年 5 月 1 日，新民企业购入汽车一辆，价款 86 000 元，运杂费和保险费分别为 14 620 元和 4 000 元，已用银行存款支付。

此项经济业务的发生，涉及“固定资产”和“银行存款”两个账户。固定资产的买价和其他费用都构成固定资产的原价。一方面企业固定资产的增加，应记入“固定资产”账户的借方；另一方面企业银行存款的减少，应记入“银行存款”账户的贷方。编制会计分录如下：

借：固定资产	104 620	
贷：银行存款		104 620

2. 购入需要安装固定资产的核算

购入需要安装的固定资产时，应按买价、支付的包装费、运杂费等，借记“在建工程”账户。贷记“银行存款”等账户；支付安装费用时，借记“在建工程”账户，贷记“银行存款”“应付职工薪酬”等账户；安装完毕交付使用时，按买价加上包装费、运输费、安装成本等，借记“固定资产”账户，贷记“在建工程”账户。下面举例来说明。

【例6-7】 20×1年5月10日购入需要安装的设备一台，价款34 000元，运输费5 780元，包装费2 500元，发生安装费3 500元，全部款项通过银行存款支付。

固定资产的买价、运输费、包装费以及安装费等构成固定资产的价值，发生这些支出时，都应计入固定资产的安装成本。这笔经济业务，一方面使固定资产的工程成本增加；另一方面使银行存款减少；因此，应记入“在建工程”账户的借方和“银行存款”账户的贷方。工程完工后，再从“在建工程”账户的贷方转入“固定资产”账户的借方。编制会计分录如下：

（1）支付固定资产买价、税金、运输费时：

借：在建工程　　42 280

　　贷：银行存款　　42 280

（2）支付安装费时：

借：在建工程　　3 500

　　贷：银行存款　　3 500

（3）工程完工结转工程成本时：

借：固定资产　　45 780

　　贷：在建工程　　45 780

三、材料采购业务的核算

（一）材料的概念及其采购成本的构成

材料是制造企业在生产经营过程中为耗用而储存的流动资产，属于存货的一种。材料作为生产过程中必不可少的物质要素，其特点是：投入生产过程后，经过加工而改变其原有的实物形态，并构成产品的实体，或被消耗而有助于生产的进行。与此同时，其价值也就一次全部地转移到产品中去，构成产品成本的重要组成部分。

材料采购成本包括材料的买价和采购费用。买价，是指企业向供货单位按照经济合同规定支付的价款。采购费用主要包括：（1）运杂费，是材料的主要采购费用。主要包括运输费、装卸费、包装费、保险费、仓储等费用。（2）运输途中的合理损耗。（3）入库前的挑选整理费。（4）购入材料负担的税金和其他费用。因此，材料的买价、增值税和各项采购费用的发生和结算，以及材料采购成本的计算，就构成了材料采购业务核算的主要内容。

（二）材料采购业务核算需要设置的账户

1.“材料采购”账户

该账户属于资产类账户，用来核算外购材料的买价和采购费用，并据以计算材料的实际采购成本。借方登记外购材料的买价和采购费用；贷方登记入库材料的实际成本；期末借方余额表示尚未到达或尚未验收入库的在途材料的实际采购成本。该账户应按材料品种或类别设置明细分类账。需要说明的是，在企业采用实际成本进行材料日常核算时，可以设置“在途物资”账户核算尚未到达或尚未验收入库材料的成本。

2.“原材料”账户

该账户属于资产类账户，用来核算企业库存材料的增减变动及其结余情况。借方登记已验收入库材料的成本；贷方登记发出材料的成本；期末借方余额，表示库存材料的成本。该账户应按材料类别、品种和规格设置明细分类账户。

3.“应付账款”账户

该账户属于负债类账户，是用来核算企业因购买材料和接受劳务供应等经营活动而应付给供应单位款项。贷方登记应付未付的款项；借方登记已经偿付或已开出、承兑商业汇票抵付的应付账款；期末贷方余额，表示尚未支付的应付账款余额。该账户应按供应单位名称设置明细分类账户。

4.“应交税费”账户

该账户属于负债类账户，用来核算企业按照税法等规定计算应交纳的各种税费，包括增值税、消费税、所得税、土地使用税和教育费附加等。贷方登记企业计算的各种应交税费；借方登记企业实际交纳的各种税费；期末余额可能在贷方，也可能在借方。如果在贷方，表示尚未交纳的税费；如果在借方，表示多交或尚未抵扣的税费。该账户应按税费项目设置明细分类账户。在材料采购过程核算中，主要是用来核算增值税的。应在“应交税费”下设置“应交增值税”明细分类账户。

增值税是对我国境内销售货物、进口货物，或提供加工、修理修配劳务的增值额征收的一种流转税。增值税是一种价外税，不影响企业的损益，并实行进项税额抵扣法进行核算。按照纳税人经营规模和会计核算是否健全，增值税纳税人分为一般纳税人和小规模纳税人。一般纳税人增值税的计算如下：

（1）当期应纳增值税 = 当期销项税额 − 当期进项税额

（2）销项税额 = 销售额 × 增值税税率

（3）进项税额 = 购进货物或劳务的价款 × 增值税税率

增值税一般纳税人采取了基本税率（13%）再加一档低税率（9%）的模式。

小规模纳税人则采用简易的计算方法，即按照销售额和规定的征收率确定。征收率分 3%。

“应交税费——应交增值税”账户借方登记企业购买材料或接受劳务时支付的“进项税额”和当月上交的“已交税金”等；贷方登记企业销售产品或提供劳务应向购货方收取的“销项税额”等；期末借方余额，反映本期尚未抵扣的进项税额。本账户下又设多个明细账户，包括“进项税额”“销项税额”“已交税金”等。

5.“应付票据”账户

该账户属于负债类账户，用来核算企业因购买材料和接受劳务等经营活动而开出、承兑的商业汇票。贷方登记企业开出的商业汇票；借方登记到期承兑的商业汇票；期末贷方余额，表示尚未到期付款的商业汇票。该账户应按债权人分别设置明细分类账户。

6.“预付账款”账户

该账户属于资产类账户，用来核算按照合同规定向供应单位预付购料款而与供应单位发生债权的增减变动及结存情况。其借方登记预付的款项；贷方登记收到供应单位提供的材料而冲减的预付款项；期末一般为借方余额，表示企业已预付而未转销的款项。

本账户应按供货单位名称设置明细分类账户。需要说明的是，在企业预付账款不多的情况下，也可以不设置“预付账款”账户，而是通过“应付账款”账户来核算企业预付账款的情况。

（三）材料采购业务的账务处理

下面将以新民企业 20×1 年 12 月发生的经济业务为例说明企业材料采购业务的核算。

【例 6-8】 12 月 3 日，向黄河工厂购入甲材料 500 吨，单价 217 元，计 108 500 元；增值税专用发票上注明的增值税进项税额为 14 105（108 500×13%）元。款项已通过银行存款支付，材料尚未验收入库。

此项经济业务的发生，涉及“材料采购”“应交税费”和“银行存款”三个账户。企业采购成本的增加，应记入“材料采购”账户的借方，支付的进项税额，应记入“应交税费”账户的借方；银行存款的减少，应记入“银行存款”账户的贷方。编制会计分录如下：

借：材料采购——甲材料　　108 500
　　应交税费——应交增值税（进项税额）　　14 105
　　贷：银行存款　　122 605

【例 6-9】 12 月 4 日，以现金支付上项甲材料的搬运费 300 元。

此项经济业务的发生，涉及“材料采购”“库存现金”两个账户。一方面搬运费的发生属于企业采购成本的增加，应记入“材料采购”账户的借方；另一方面现金的减少，应记入“库存现金”账户的贷方。编制会计分录如下：

借：材料采购——甲材料　　300
　　贷：库存现金　　300

【例 6-10】 12 月 10 日，向长江工厂购入乙材料 200 吨，单价 195 元，计 39 000 元。增值税专用发票上注明的增值税进项税额为 5 070（39 000×13%）元。材料已验收入库。企业开出并承兑一张面值为 44 070 元、期限为 90 天的商业汇票给长江工厂。

此项经济业务的发生，涉及“材料采购”“应交税费”和“应付票据”三个账户。一方面企业采购成本的增加，应记入“材料采购”账户的借方，支付的进项税额，应记入“应交税费”账户的借方；另一方面应付票据的增加，应记入“应付票据”账户的贷方。编制会计分录如下：

借：材料采购——乙材料　　39 000
　　应交税费——应交增值税（进项税额）　　5 070
　　贷：应付票据　　44 070

【例 6-11】 12 月 15 日，企业又向黄河工厂购入甲材料 400 吨，单价 217 元，计 86 800 元；同时向长江工厂购入乙材料 300 吨，单价 195 元，计 58 500 元。增值税税率为 13%。材料已经运达企业，但尚未验收入库。全部款项均未支付。

此项经济业务的发生，计算的甲、乙材料的进项税额为 18 889（145 300×13%）元，一方要反映材料买价的增加和进项税额的发生，分别记入“材料采购”账户和“应交税费”账户的借方；另一方面要反映尚未支付的材料价款，即负债的增加，应记入“应付账款”账户的贷方。编制会计分录如下：

借：材料采购——甲材料 86 800

——乙材料 58 500

应交税费——应交增值税（进项税额） 18 889

贷：应付账款——黄河工厂 98 084

——长江工厂 66 105

【例 6－12】 12 月 16 日，用银行存款 3 500 元支付上述甲、乙两种材料的运费。

企业购入材料两种或两种以上的材料所发生的各种采购费用，对于凡是能够分清对象的，可直接计入各种材料的采购成本；不能分清有关对象的，即所发生的共同性采购费用，就要选择适当的分配标准在同批材料不同品种之间进行合理的分配，以便正确确定各种材料的采购费用。材料采购费用的分配标准一般有重量、体积和材料的买价等。材料采购费用的分配可按下列公式进行：

$$某种采购费用的分配率=\frac{某项待分配的采购费用总额}{各种材料的分配标准之和}$$

某种材料应负担的采购费用＝该种材料的分配标准×某项采购费用的分配率

【分析解答】

本题中的运费是以甲、乙两种材料的重量作为标准来分配的，具体计算如下：

$$材料运费的分配率=\frac{3\ 500}{400+300}$$

$$=5（元/吨）$$

甲材料应负担的运费＝400×5＝2 000（元）

乙材料应负担的运费＝300×5＝1 500（元）

此项经济业务的发生，涉及“材料采购”“银行存款”两个账户。一方面运费的发生属于企业采购成本的增加，应记入“材料采购”账户的借方；另一方面银行存款的减少，应记入“银行存款”账户的贷方。编制会计分录如下：

借：材料采购——甲材料 2 000

——乙材料 1 500

贷：银行存款 3 500

【例 6－13】 12 月 20 日，预付给长江工厂购买乙材料货款 50 000 元，以银行存款支付。

此项经济业务的发生，涉及“预付账款”“银行存款”两个账户。一方面预付货款的发生属于企业资产的增加，应记入“预付账款”账户的借方；另一方面银行存款的减少，应记入“银行存款”账户的贷方。编制会计分录如下：

借：预付账款——长江工厂 50 000

贷：银行存款 50 000

【例 6－14】 12 月 28 日，企业收到长江工厂发来的、前已预付货款的乙材料，材料已验收入库。随货转来发票上注明该批乙材料的价款 54 600 元（单价 195 元，数量 280 吨），增值税进项税额 7 098（54 600×13%）元，长江工厂为企业代垫运杂费 300

元，除冲销原预付款50 000元外，不足款用银行存款支付。

此项经济业务的发生，涉及“材料采购”“应交税费”“预付账款”“银行存款”四个账户。材料采购成本的增加应记入“材料采购”账户的借方；增值税进项税额的增加应记入“应交税费”账户的借方；预付货款的转销，应记入“预付账款”账户的贷方；补付的银行存款，应记入“银行存款”账户的贷方。编制会计分录如下：

借：材料采购——乙材料　　54 900
　　应交税费——应交增值税（进项税额）　　7 098
　　贷：预付账款——长江工厂　　50 000
　　　　银行存款　　11 998

【例6-15】12月30日，本月购入的材料均已到达企业并已验收入库，结转其实际采购成本。

当月购入材料的实际采购成本，需要通过编制材料采购成本计算表来确定。而材料采购成本计算表需要以“材料采购”明细分类账户为依据来计算。材料采购明细账的具体登记如表6-1和表6-2所示。材料采购成本计算表见表6-3。

甲材料的实际采购成本=108 500+300+86 800+2 000=197 600（元）

乙材料的实际采购成本=39 000+58 500+1 500+54 900=153 900（元）

此项经济业务的发生，涉及“材料采购”“原材料”两个账户。一方面企业原材料的增加，应记入“原材料”账户的借方；另一方面结转采购成本，应记入“材料采购”账户的贷方。编制会计分录如下：

借：原材料——甲材料　　197 600
　　　　　——乙材料　　153 900
　　贷：材料采购——甲材料　　197 600
　　　　　　　　——乙材料　　153 900

【例6-16】12月30日，企业用银行存款偿还前欠长江工厂乙材料的货款。

此项经济业务的发生，一方面要反映企业负债的减少，应记入“应付账款”账户的借方；另一方面反映银行存款的减少，应记入“银行存款”账户贷方。编制会计分录如下：

表6-1　　**材料采购明细账**

材料名称：甲材料

××年		凭证号数	摘要	借方			贷方
月	日			买价	运输费	合计	
		5—8	购入500吨，每吨217元	108 500		108 500	
		5—9	搬运费		300	300	
	12	5—11	购入400吨，每吨217元	86 800		86 800	
		5—12	运费		2 000	2 000	
		5—15	结转采购成本				197 600
			本月发生额	195 300	2 300	197 600	197 600

借：应付账款——长江工厂　　68 445

　　贷：银行存款　　68 445

上述【例6－8】至【例6－15】业务中除记入有关总分类账户的同时，还应分别记入“材料采购——甲材料”“材料采购——乙材料”“应付账款——长江工厂”“应付账款——黄河工厂”“原材料——甲材料”和“原材料——乙材料”等明细分类账户的借方或贷方。本例中只对“材料采购”明细账的登记加以说明。

表6－2　　　　**材料采购明细账**

材料名称：乙材料

××年		凭证号数	摘要	借方			贷方
月	日			买价	运输费	合计	
		5—10	购入200吨，每吨195元	39 000		39 000	
		5—11	购入300吨，每吨195元	58 500		58 500	
	12	5—12	运费		1 500	1 500	
		5—14	购入280吨，每吨195元	54 600	300	54 900	
		5—15	结转采购成本				153 900
			本月发生额	152 100	1 800	153 900	153 900

表6－3　　　　**材料采购成本计算表**

20×1年12月

成本项目	甲材料（900吨）		乙材料（780吨）		合计
	总成本	单位成本	总成本	单位成本	
买价	195 300	217	152 100	195	347 400
采购费用	2 300	2.56	1 800	2.31	4 100
采购成本	197 600	219.56	153 900	197.31	351 500

第三节

产品生产业务的核算

一、产品生产业务核算的主要内容

制造企业的主要经济活动是生产符合社会需要的产品。产品的生产过程同时也是生产的耗费过程。企业生产产品要发生各种生产耗费，包括生产资料中的劳动手段（例如机器设备）和劳动对象（例如材料）的耗费，以及劳动力等方面的耗费。企业在一定时期内发生的、用货币额表现的生产耗费，叫做生产费用。企业在一定时期内发生的生产费用，按其是否计入产品成本分为生产成本和期间费用。

按照生产费用计入生产成本的方式不同又分为直接费用和间接费用。直接费用可直接计入到产品的成本中，间接费用则需要通过分配计入到产品成本中。成本项目是对生产费用按经济用途的分类，成本项目一般包括直接材料、直接人工和制造费用。按照这些成本项目将所发生的生产费用归集在成本计算对象上，就构成了某一成本计算对象的生产成本。

期间费用是企业的行政管理部门为组织和管理企业的生产经营活动而发生的费用。这些费用不计入产品生产成本，而直接计入当期损益。期间费用包括销售费用、管理费用和财务费用。关于期间费用的核算将在后面的章节中进行介绍。

因此，产品生产业务中费用的发生、归集和分配，以及产品成本的形成，就构成了产品生产业务核算的主要内容。在生产过程中企业的储备资金、固定资金还有一部分生产资金就转化为生产资金，随着产成品的完工入库，生产资金又转化为成品资金。

二、产品生产业务核算需要设置的账户

为了核算和监督产品生产过程中发生的各项费用的归集和分配，并正确计算产品的生产成本，应设置以下账户：

（一）“生产成本”账户

该账户属于成本类账户，是用来核算企业进行工业性生产发生的各项费用，包括生产各种产品（包括产成品、自制半成品、提供劳务）等、自制材料、自制工具、自制设备等所发生的各种生产费用。其借方登记生产产品直接发生的原材料、燃料及动力、工资及职工福利费等直接费用和从“制造费用”账户贷方转来的间接生产费用；贷方登记生产完工并已验收入库的产成品或自制半成品等的成本；月末借方余额，表示尚未加工完成的各种在产品的生产成本。该账户按生产车间和产品种类设置明细分类账户。

（二）“制造费用”账户

该账户属于成本类账户，用来核算企业生产车间（或部门）为生产产品和提供劳务而发生的各种间接费用，包括工资及福利费用、折旧费、办公费和水电费等。其借方归集各项间接费用的发生数；贷方登记月末应该分配记入各种产品成本的间接费用；期末该账户一般没有余额。该账户应按照车间、部门和费用项目设置明细分类账户。

（三）“应付职工薪酬”账户

该账户属于负债类账户，用来核算企业根据有关规定应付给职工的各种薪酬。它包括工资、职工福利、社会保险、住房公积金等。该账户贷方登记已分配记入有关成本费用项目的职工薪酬的数额；借方登记实际发放职工薪酬的数额；该账户期末贷方余额，反映企业应付未付的职工薪酬。该账户按“工资”“职工福利”“社会保险”“住房公积金”等应付职工薪酬项目设置明细分类账户。

（四）“累计折旧”账户

该账户属于资产类账户，用来核算企业固定资产累计折旧情况，是固定资产的备抵

调整账户。该账户贷方登记按期计提的固定资产的折旧数；借方登记因出售、报废等原因引起已计提折旧的减少或转销数；期末贷方余额反映固定资产的累计折旧数。

前面曾讲述，为了反映企业固定资产原价的增减变动及其结存情况，核算中设置了"固定资产"账户。由于固定资产在其较长的使用期限内保持原有实物形态，而其价值却随着固定资产的损耗而逐渐减少。固定资产由于损耗而减少的价值就是固定资产的折旧。固定资产的折旧应该作为折旧费用计入产品成本和期间费用，这样做不仅是为了使企业在将来有能力重置固定资产，更主要的是为了实现各会计期间收入与费用的正确配比。所以为了单独核算固定资产的磨损价值，需要专门设置"累计折旧"账户进行核算。用"累计折旧"账户的贷方余额抵减"固定资产"账户的借方余额，即可求得固定资产的净值。

(五)"库存商品"账户

该账户属于资产类账户，用来核算企业库存的各种商品的成本，包括库存产成品、外购商品等。其借方登记已验收入库产成品的成本；贷方登记发出的各种产成品的生产成本；期末借方余额表示库存产成品的生产成本。"库存商品"账户应该按其种类、品种和规格设置明细分类账户。

三、产品生产业务的账务处理

下面仍以新民企业 20×1 年 12 月发生的经济业务为例说明企业产品生产业务的核算。

(一) 材料费用分配的核算

【例 6-17】 12 月 30 日，企业根据 12 月份仓库发出材料情况编制发出材料汇总表（金额保留整数，尾数差不计），见表 6-4。

表 6-4　　　　发出材料汇总表　　　　单位：元

用途	甲材料			乙材料			金额合计
	数　量（吨）	单　价	金　额	数　量（吨）	单　价	金　额	
生产产品耗用							
A 产品	147.88	219.1	32 400	408.79	195.7	80 000	112 400
B 产品	147.88	219.1	32 400	163.52	195.7	32 000	64 400
车间一般耗用	143.77	219.1	31 500				31 500
合计	439.53	219.1	96 300	572.31	195.7	112 000	208 300

由于企业购进材料的时间不同，各批材料购进的单位价格会有差异，因此在发出材料时需要确定发出材料单价的方法。其方法主要包括加权平均法、先进先出法和个别计价法等。加权平均法单价的计算公式如下：

$$加权平均单价=\frac{期初结存材料的成本+本期入库材料的成本}{期初结存材料的数量+本期入库材料的数量}$$

在本例中，假设甲材料期初结存的数量为100吨，单价215元；乙材料期初结存的数量为220吨，单价为190元，同时根据表6－4的资料计算的加权平均单价如下：

$$甲材料加权平均单价=\frac{21\ 500+197\ 600}{100+900}=219.1（元/吨）$$

$$乙材料加权平均单价=\frac{41\ 800+153\ 900}{220+780}=195.7（元/吨）$$

甲材料发出的成本 = 439.53 × 219.1 = 96 300（元）

乙材料发出的成本 = 572.31 × 195.7 = 112 000（元）

表6－4中甲、乙材料的发出单价是按照加权平均法计算出来的（其他方法将在中级财务会计中讲解）。

此项经济业务的发生，一方面使库存材料减少，应记入"原材料"账户的贷方；另一方面使生产费用增加，应按其用途分别归集，直接用于生产A产品和B产品的材料，应记入"生产成本"账户的借方，而车间一般耗用的材料，用于间接生产费用，应记入"制造费用"的借方。编制的会计分录如下：

借：生产成本——A产品	112 400	
——B产品	64 400	
制造费用	31 500	
贷：原材料——甲材料		96 300
——乙材料		112 000

（二）工资费用的核算

【例6－18】12月8月，从银行提取现金960 000元，以备发工资。

此项经济业务的发生，一方面使库存现金增加，应记入"库存现金"账户借方；另一方面使银行存款减少，应记入"银行存款"账户的贷方。编制会计分录如下：

借：库存现金	960 000	
贷：银行存款		960 000

【例6－19】12月8日，以现金960 000元支付职工工资。

此项经济业务的发生，一方面使库存现金减少，应记入"库存现金"账户的贷方；另一方面使应付工资减少，应记入"应付职工薪酬"账户的借方。编制的会计分录如下：

借：应付职工薪酬	960 000	
贷：库存现金		960 000

【例6－20】12月30日，企业结算本月份应付职工的工资。

生产工人工资	60 0000元
其中：A产品生产工人工资	240 000元
B产品生产工人工资	360 000元
车间管理人员工资	120 000元
合　计	720 000元

此项经济业务的发生，一方面使企业本月份应付职工工资的增加，应记入"应付

职工薪酬”账户的贷方；另一方面使企业的生产费用也增加。其中 A、B 产品生产工人工资是直接费用，应记入“生产成本”账户的借方，车间管理人员工资属于间接费用，应通过“制造费用”账户归集，应记入“制造费用”账户的借方。编制的会计分录如下：

借：生产成本——A 产品　　240 000
　　　　　　——B 产品　　360 000
　　制造费用　　120 000
　　贷：应付职工薪酬——工资　　720 000

【例 6 – 21】12 月 30 日，计算职工福利补助，其中，生产 A 产品工人福利补助 33 600元，B 产品工人福利补助 50 400 元，车间管理人员福利补助 16 800 元，以银行存款支付。

此项经济业务的发生，涉及“生产成本”“制造费用”“应付职工薪酬”和“银行存款”四个账户。生产产品工人的福利应记入“生产成本”账户的借方，车间管理工人的福利应记入“制造费用”账户的借方；计算的福利补助应记入“应付职工薪酬”账户的贷方。支付补助时，借记“应付职工薪酬”账户，贷记“银行存款”账户。编制会计分录如下：

借：生产成本——A 产品　　33 600
　　　　　　——B 产品　　50 400
　　制造费用　　16 800
　　贷：应付职工薪酬——职工福利　　100 800
借：应付职工薪酬——职工福利　　100 800
　　贷：银行存款　　100 800

（三）制造费用归集与分配的核算

在前面材料费用、工资费用核算中所涉及的制造费用的会计处理，这里将不再细述，下面着重说明折旧等其他费用项目涉及的制造费用的归集及其分配的核算。

【例 6 – 22】12 月 30 日，企业计提本月份生产车间厂房、机器设备等固定资产折旧，本月车间应提折旧固定资产原始价值为 8 000 000 元，机器设备的年折旧率为 9%。则：

月折旧率 = 年折旧率 ÷ 12 = 9% ÷ 12 = 0.75%

车间固定资产应计提的折旧额 = 8 000 000 × 0.75% = 60 000（元）

此项经济业务的发生，一方面使累计折旧增加，即固定资产发生了价值损耗，应记入“累计折旧”账户的贷方；车间折旧费用的增加，应记入“制造费用”账户的借方。编制会计分录如下：

借：制造费用　　60 000
　　贷：累计折旧　　60 000

【例 6 – 23】12 月 1 日，以银行存款 5 000 元支付生产车间本月的财产保险费用。

此项经济业务的发生，一方面使生产费用中的制造费用增加，应记入“制造费用”账户的借方；另一方面使银行存款减少，应记入“银行存款”账户的贷方。编制会计分录如下：

借：制造费用　　5 000

　　贷：银行存款　　5 000

【例 6－24】 12 月 18 日，以银行存款支付本月车间使用的租入固定资产租金5 000元。

此项经济业务的发生，一方面使生产费用中制造费用增加，应记入“制造费用”账户的借方；另一方面使银行存款减少，应记入“银行存款”账户的贷方。编制会计分录如下：

借：制造费用　　5 000

　　贷：银行存款　　5 000

【例 6－25】 12 月 28 日，以银行存款支付本月生产车间一般耗用的电费 1 700 元（不考虑增值税）。

此项经济业务的发生，一方面企业由于支付本月份电费使银行存款减少，应记入“银行存款”账户的贷方；另一方面生产车间一般耗用的电费增加了生产成本中的间接费用，通过“制造费用”账户归集，应记入“制造费用”账户的借方。编制会计分录如下：

借：制造费用　　1 700

　　贷：银行存款　　1 700

【例 6－26】 12 月 30 日，按 A、B 生产工人工资比例分配本月发生的制造费用240 000元。

制造费用也是产品成本的组成部分，在生产过程中发生的制造费用属于间接生产费用，应先对其进行归集，期末，再将当期发生的制造费用按照一定的标准分配到各种产品成本中去。制造费用的分配标准主要包括：生产工人的工资、生产工时和机器工时。其具体的分配方法如下：

$$制造费用分配率=\frac{待分配的制造费用总额}{制造费用的分配标准之和}$$

某种产品应负担的制造费用＝某种产品制造费用的分配标准×制造费用分配率

则，本例计算如下：

$$制造费用分配率=\frac{240\ 000}{240\ 000+360\ 000}=0.4$$

A 产品应负担的制造费用＝240 000×0.4＝96 000（元）

B 产品应负担的制造费用＝360 000×0.4＝144 000（元）

制造费用的分配可通过编制制造费用分配表来进行，如表 6－5 所示。

将分配的结果记入产品成本时，一方面使产品间接生产费用增加，应记入“生产成本”账户的借方，另一方面使公司的制造费用减少，应记入“制造费用”账户的贷方。编制会计分录如下：

借：生产成本——A 产品　　96 000

——B 产品　　144 000
贷：制造费用　　240 000

表 6－5　　**制造费用分配表**　　单位：元

产品名称	分配标准（生产工人工资）	制造费用	
		分配率	分配金额
A 产品	240 000	0.4	96 000
B 产品	360 000	0.4	144 000
合计	600 000		240 000

（四）期末完工产品生产成本的计算与结转

制造企业进行产品生产成本的计算，首先按成本项目及时地归集、分配一定时期内企业生产过程中发生的各项费用，如材料费用、工资费用、折旧费用等；其次按一定种类的产品汇总生产费用，以计算出各种产品的成本；最后，将各种产品的成本在完工产品与期末在产品之间进行分配和归集，计算出完工产品的成本，生产费用计入产品成本。

关于期末完工产品成本的计算，包括以下三种情况：

1. 期末生产的产品在本期全部未完工，则本期发生的生产费用合计加上期初的在产品成本全部作为期末在产品成本，不需要计算完工产品成本；

2. 在期末没有在产品的情况下，将“生产成本”明细账户中按成本项目归集的费用加以汇总，就是该种产品的总成本。其计算公式如下：

期末完工产品成本＝期初在产品成本＋本期发生的生产费用合计

3. 如果期末有在产品，对于“生产成本”明细账户所归集的生产费用，就需要在本期完工产品和期末在产品之间进行分配，最后计算出完工产品的总成本和单位成本。

本期完工产品成本＝期初在产品成本＋本期发生的生产费用合计－期末在产品成本

【例 6－27】本月投产的 A 产品 1 000 件全部完工，并已验收入库。投产的 B 产品 1 000件，完工 800 件，并已验收入库，计算并结转本月完工产品的生产成本。A、B 产品的月初在产品资料如表 6－6 所示。本月 A、B 产品发生的生产费用数据从【例 6－17】至【例 6－25】业务中取得。B 产品期末在产品单位成本：直接材料 50 元，直接人工 300 元，制造费用 200 元。完工产品成本的计算如表 6－7、表 6－8“生产成本”明细账所示。

表 6－6　　**期初在产品资料**　　单位：元

产品名称	直接材料	直接人工	制造费用	合　计
A	24 000	100 000	30 000	154 000
B	12 000	80 000	96 000	188 000
合　计	36 000	180 000	126 000	342 000

则A、B产品完工产品的计算如下：

A产品：由于A产品1 000件期末全部完工，没有在产品，所以其总成本就是月初在产品成本与本月发生生产费用合计数。按成本项目计算如下：

A产品完工产品成本：

直接材料 = 24 000 + 112 400 = 136 400（元）

直接人工 = 100 000 + 273 600 = 373 600（元）

制造费用 = 30 000 + 96 000 = 126 000（元）

合　　计　　636 000（元）

B产品：由于B产品投产的1 000件产品尚有200件未完工，所以应将其月初在产品成本与本月发生生产费用合计数，按照一定的方法在完工产品和期末在产品之间进行分配。根据前面给定的期初资料以及本月产品生产业务的发生情况，按成本项目计算如下：

B产品月末在产品成本：

直接材料 = 200 × 50 = 10 000（元）

直接人工 = 200 × 300 = 60 000（元）

制造费用 = 200 × 200 = 40 000（元）

合　　计　　110 000（元）

B产品完工产品成本：

直接材料 = 12 000 + 64 400 − 10 000 = 66 400（元）

直接人工 = 80 000 + 410 400 − 60 000 = 430 400（元）

制造费用 = 96 000 + 144 000 − 40 000 = 200 000（元）

合　　计　　696 800（元）

表6－7　　生产成本明细分类账

产品名称：A产品

××年		凭证号数	摘要	借方			
月	日			直接材料	直接人工	制造费用	合计
			期初在产品成本	24 000	100 000	30 000	154 000
			领用材料	112 400			112 400
			分配生产工人工资		240 000		240 000
			提取福利费		33 600		33 600
			分配制造费用			96 000	96 000
			本期发生额	112 400	273 600	96 000	482 000
			结转完工产品成本	136 400	373 600	126 000	636 000

表 6－8　　生产成本明细分类账

产品名称：B 产品

××年		凭证号数	摘　　要	借　　方			
月	日			直接材料	直接人工	制造费用	合计
			期初在产品成本	12 000	80 000	96 000	188 000
			领用材料	64 400			64 400
			分配生产工人工资		360 000		360 000
			提取福利费		50 400		50 400
			分配制造费用			144 000	144 000
			本期发生额	64 400	410 400	144 000	618 800
			结转完工产品成本	66 400	430 400	200 000	696 800
			期末在产品成本	10 000	60 000	40 000	110 000

根据表 6－7、表 6－8 所列生产成本明细账中的资料，编制产品成本计算单，如表 6－9 所示。

表 6－9　　产品成本计算单

成本项目	A 产品（1 000 件）		B 产品（800 件）		合计
	总成本	单位成本	总成本	单位成本	
直接材料	136 400	136.40	66 400	83	202 800
直接人工	373 600	373.60	430 400	538	804 000
制造费用	126 000	126	200 000	250	326 000
产品生产成本	636 000	636	696 800	871	1 332 800

A、B 产品的完工入库，一方面使库存商品增加，应记入“库存商品”账户的借方；另一方面使生产成本减少，应记入“生产成本”账户的贷方。编制会计分录如下：

借：库存商品——A 产品　　　　636 000
　　　　　　——B 产品　　　　696 800
　贷：生产成本——A 产品　　　　636 000
　　　　　　　——B 产品　　　　696 800

第四节

产品销售业务的核算

一、产品销售业务核算的主要内容

产品的销售过程，是产成品价值的实现过程。在产品销售过程中，企业一方面将生产的产品销售出去，以满足社会消费的需要；另一方面，按照销售价格从购买单位收回货币资金，以保证再生产资金的需要。因此，在销售过程中企业确认销售收入的实现、办理结算、收回销货款；计算并结转销售成本；计算销售税金；支付销售费用；确定销售业务成果，就构成了销售业务核算的内容。通过产品销售过程，企业的资金又从成品资金转化为货币资金。

二、产品销售业务的会计核算

（一）销售收入的确认

由于销售收入确认，计量的合理、准确与否，直接影响到企业经营成果能否得到准确的报告。所以，按照2006年颁布的《企业会计准则第14号——收入》准则的要求，销售商品的收入同时满足下列条件的，才能予以确认：

1. 企业已将商品所有权上的主要风险和报酬转移给购货方；
2. 企业既没有保留通常与所有权相联系的继续管理权，也没有对已售出的商品实施有效控制；
3. 收入的金额能够可靠计量；
4. 相关的经济利益很可能流入企业；
5. 相关的已发生或将发生的成本能够可靠地计量。

（二）产品销售业务核算需要设置的账户

1. “主营业务收入”账户

该账户属于损益类账户，用来核算企业销售商品和提供劳务等所取得的主营业务收入。其贷方登记企业取得的产品销售收入；借方登记销货退回、折让的发生额和在期末转入“本年利润”账户的数额；期末结转后本账户无余额。本账户应按主营业务的种类设置明细分类账户。

2. “主营业务成本”账户

该账户属于损益类账户，用来核算企业确认销售商品、提供劳务等主营业务收入时结转的成本。其借方登记已销售产品的生产成本；贷方登记期末结转到“本年利润”账户借方的成本数额；结转后本账户余额。本账户应按主营业务的种类设置明细分类账户。

3. “销售费用”账户

该账户属于损益类账户，用来核算企业销售商品和材料、提供劳务的过程中发生的各种费用，包括包装费、运输费、装卸费、广告费、展览费以及为销售本企业商品而专设的销售机构的职工薪酬、折旧费等。其借方登记发生的各种销售费用；贷方登记期末转入“本年利润”账户的数额；结转后本账户无余额。本账户应按费用项目设置明细分类账户。

4.“税金及附加”账户

该账户属于损益类账户，用来核算企业经营活动中发生的消费税、城市维护建设税、资源税和教育费附加等相关税费。其借方登记企业按规定计算的税金及附加；贷方登记期末转入“本年利润”账户借方的数额；结转后本账户无余额。本账户应按各项税费的种类开设明细分类账户。

5.“应收账款”账户

该账户属于资产类账户，是用来核算企业因销售产品或提供劳务而向购货单位或者接受劳务单位收取的款项（包括为购货单位代垫的运费）。其借方登记企业在销售过程中形成的应收款项；贷方登记收回的应收款项；期末借方余额表示尚未收回的应收款项。本账户按债务单位名称设置明细分类账户。

6.“应收票据”账户

该账户属于资产类账户，用来核算企业因销售产品或提供劳务而收到的商业汇票，包括商业承兑汇票和银行承兑汇票。其借方登记企业收到的商业汇票；贷方登记到期兑付的商业汇票；期末借方余额表示尚未到期的商业汇票。本账户按开出、承兑商业汇票的单位设置明细分类账户。

7.“预收账款”账户

该账户属于负债类账户，用来核算企业销售产品根据合同向购买单位预收的款项。其贷方登记企业预收的款项；借方登记发货后与购买单位结算的款项；期末贷方余额表示已预收尚未结算的款项。本账户按购货单位名称设置明细分类账户。需要说明的是，在企业预收账款不多的情况下，也可以不设置“预收账款”账户，而是通过“应收账款”账户来核算企业预收账款的情况。

8.“其他业务收入”账户

该账户属于损益类账户，用来核算企业除主营业务以外的其他经营活动实现的收入，如材料销售、固定资产出租收入等。其贷方登记企业取得的其他收入数；借方登记期末转入“本年利润”账户的收入数，期末结转后本账户无余额。本账户应按其他业务的种类设置明细分类账户。

9.“其他业务成本”账户

该账户属于损益类账户，用来核算企业确认的除主营业务活动以外的其他经营活动所发生的支出，包括销售材料的成本、出租固定资产的折旧费、出租包装物的摊销额等。其借方登记发生的其他业务成本；贷方登记期末结转到“本年利润”账户借方的成本数额；结转后本账户余额。本账户应按其他业务成本的种类设置明细分类账户。

（三）产品销售业务的账务处理

本章所有销售业务核算仍以新民企业 20×1 年 12 月发生的经济业务为例来说明（新民企业适用的增值税税率为 13%）。

【例 6-28】 12 月 14 日，企业向红河工厂销售 A 产品 500 件，每件售价 720 元，计货款 360 000 元，增值税销项税额 46 800（360 000×13%）元，以银行存款为对方代垫运费 1 000 元，全部款项均未收到。

此项经济业务的发生，涉及“应收账款”“主营业务收入”“应交税费”“银行存款”四个账户。应收账款的增加，应记入“应收账款”账户的借方；销售收入的增加，应记入“主营业务收入”账户的贷方；销项税额的增加，应记入“应交税费”账户的贷方；为对方代垫的运费，使银行存款减少，应记入“银行存款”账户的贷方。编制会计分录如下：

借：应收账款——红河工厂　　407 800
　　贷：主营业务收入　　360 000
　　　　应交税费——应交增值税（销项税额）　　46 800
　　　　银行存款　　1 000

【例 6-29】 12 月 20 日，收到红河工厂所欠的款项 422 200 元，存入银行。

此项经济业务的发生，一方面使银行存款增加，应记入“银行存款”账户的借方；另一方面使应收货款减少，应记入“应收账款”账户的贷方。编制的会计分录如下：

借：银行存款　　422 200
　　贷：应收账款——红河工厂　　422 200

【例 6-30】 12 月 21 日，向通达工厂销售 B 产品 400 件，每件售价 800 元，计货款 320 000 元，增值税销项税额 41 600（320 000×13%）元，款项通过银行收讫。

此项经济业务的发生，涉及“银行存款”“主营业务收入”“应交税费”三个账户。银行存款的增加，应记入“银行存款”账户的借方；销售收入的增加，应记入“主营业务收入”账户的贷方，销项税额的增加，应记入“应交税费”账户的贷方。编制会计分录如下：

借：银行存款　　361 600
　　贷：主营业务收入　　320 000
　　　　应交税费——应交增值税（销项税额）　　41 600

【例 6-31】 12 月 24 日，新民企业采用商业汇票结算方式向南通公司销售 B 产品 300 件，每件售价 800 元，计货款 240 000 元，增值税销项税额 31 200（240 000×13%）元，收到南通公司签发的一张 6 个月期限的商业承兑汇票。

此项经济业务的发生，涉及“应收票据”“主营业务收入”“应交税费”三个账户。应收票据的增加，应记入“应收票据”账户的借方；销售收入的增加，应记入“主营业务收入”账户的贷方，销项税额的增加，应记入“应交税费”账户的贷方。编制会计分录如下：

借：应收票据　　271 200
　　贷：主营业务收入　　240 000

应交税费——应交增值税（销项税额） 31 200

【例6-32】12月11日，根据合同预收兴华公司购货款60 000元，存入银行。

此项经济业务的发生，一方面使银行存款增加，应记入"银行存款"账户的借方；另一方面预收款项增加，应记入"预收账款"账户的贷方。编制会计分录如下：

借：银行存款 60 000

贷：预收账款——兴华公司 60 000

【例6-33】12月28日，本月预收兴华公司货款的A产品80件，现已发货，发票注明的价款57 600元，增值税销项税额7 488（57 600×13%）元，原预收款不足，其差额部分当即收到存入银行。

此项经济业务的发生，涉及"预收账款""主营业务收入""应交税费""银行存款"四个账户。由于结算引起预收账款的减少，应记入"预收账款"账户的借方；销售收入的增加，应记入"主营业务收入"账户的贷方；销项税额的增加，应记入"应交税费"账户的贷方；由于预收款的不足，差额补收的银行存款，应记入"银行存款"账户的借方。编制会计分录如下：

借：预收账款——兴华公司 60 000

银行存款 5 088

贷：主营业务收入 57 600

应交税费——应交增值税（销项税额） 7 488

【例6-34】12月30日，结转已销售的A产品580件和B产品700件的实际生产成本。单位销售成本的计算也可以采用原材料发出单价的计价方法，即加权平均法、先进先出法等。在本例中，为简化核算，假设"库存商品——A"明细分类账户和"库存商品——B"明细分类账户均没有期初余额，则销售成本的计算如下（A、B产品的单位生产成本见表6-9）：

A产品的销售成本=580×636=368 880（元）

B产品的销售成本=700×871=609 700（元）

此项经济业务的发生，一方面使销售成本增加，应记入"主营业务成本"账户的借方；另一方面使库存商品减少，应记入"库存商品"账户的贷方。编制会计分录如下：

借：主营业务成本 978 580

贷：库存商品——A产品 368 880

——B产品 609 700

【例6-35】12月25日，以银行存款支付产品广告费20 000元。

此项经济业务的发生，一方面使销售费用增加，应记入"销售费用"账户的借方；另一方面使银行存款减少，应记入"银行存款"账户的贷方。编制会计分录如下：

借：销售费用 20 000

贷：银行存款 20 000

【例6-36】12月30日，依据税法规定，计算企业本月销售产品应缴纳的城市维护建设税2 600元，教育费附加880元，另外B产品应缴纳的消费税为8 000元（假设

B 产品为应税消费品）。

此项经济业务的发生，一方面使销售税金增加，应记入“税金及附加”账户的借方；另一方面使应交税费增加，应记入“应交税费”账户的贷方。编制会计分录如下：

借：税金及附加　11 480
　　贷：应交税费——应交城市维护建设税　2 600
　　　　　　　——应交教育费附加　880
　　　　　　　——应交消费税　8 000

【例 6－37】 12 月 5 日，销售一批原材料，价款 20 000 元，增值税额 2 600（20 000 ×13%）元，款项收到存入银行。

此项经济业务的发生，涉及“银行存款”“其他业务收入”“应交税费”三个账户。银行存款的增加，应记入“银行存款”账户的借方；销售材料收入的增加，应记入“其他业务收入”账户的贷方；销项税额的增加，应记入“应交税费”账户的贷方。编制会计分录如下：

借：银行存款　22 600
　　贷：其他业务收入　20 000
　　　　应交税费——应交增值税（销项税额）　2 600

【例 6－38】 12 月 30 日，结转上述销售原材料的成本 17 500 元。

此项经济业务的发生，一方面使销售材料的成本增加，应记入“其他业务成本”账户的借方；另一方面使库存原材料成本减少，应记入“原材料”账户的贷方。编制会计分录如下：

借：其他业务成本　17 500
　　贷：原材料　17 500

【例 6－39】 12 月 30 日，计提经营租出固定资产的折旧费 2 500 元。

此项经济业务的发生，一方面使租出固定资产折旧费用增加，应记入“其他业务成本”账户的借方；另一方面使累计折旧数额增加，应记入“累计折旧”账户的贷方。编制会计分录如下：

借：其他业务成本　2 500
　　贷：累计折旧　2 500

第五节

利润形成及其分配业务的核算

一、利润形成及其分配业务核算的主要内容

利润又称财务成果，是指企业在一定时期内全部经营活动在财务上所实现的最终成果。企业作为独立的经济实体，其生产经营活动的主要目的就是要不断地提高企业的盈

利水平，而利润（或亏损）又是综合反映企业在一定时期生产经营成果的重要指标。对于企业实现的利润，还要按照有关规定合理地进行分配，因此，财务成果业务核算的主要内容是确定企业实现的利润以及对利润的分配。对于制造企业而言，除生产产品并销售的主营业务以外，还会发生一些诸如销售材料、出租固定资产等其他业务，以及对外投资业务、非营业活动业务等。这些业务都会形成损益，也构成了企业财务成果形成及利润分配业务核算的一部分内容。

二、利润形成的核算

（一）利润的构成

从利润的构成内容看，不仅包括在销售业务核算中涉及的主营业务收支、其他业务收支的核算，也包括管理费用、财务费用、投资收益这些营业活动中的损益，同时还要包括那些与生产经营活动没有直接关系的利得和损失。因此利润一般包括收入减去费用后的净额、直接记入当期利润的利得和损失。利润的具体构成包括以下几部分：

1. 营业利润

营业利润 = 营业收入 − 营业成本 − 营业税金及附加 − 销售费用 − 管理费用 − 财务费用 − 资产减值损失 + 公允价值变动收益（ − 公允价值变动损失） + 投资收益（ − 投资损失）

营业收入 = 主营业务收入 + 其他业务收入

营业成本 = 主营业务成本 + 其他业务成本

资产减值损失是指企业计提各项资产减值准备所形成的损失。

公允价值变动收益（或损失）是指企业交易性金融资产等公允价值变动形成的记入当期损益的利得（或损失）

投资收益（或损失）是指企业以各种方式对外投资所取得的收益（或发生的损失）。

2. 利润总额

利润总额 = 营业利润 + 营业外收入 − 营业外支出

营业外收入是指计入当期损益的利得，是指企业发生的与其日常活动没有直接关系的各项利得；营业外支出是指计入当期损益的损失，是指企业发生的与其日常活动没有直接关系的各项损失。

3. 净利润 = 利润总额 − 所得税费用

（二）利润形成核算需要设置的账户

在前述的销售业务中，已阐述了主营业务收支和其他业务收支业务的会计核算，下面将继续说明财务成果构成中其他项目的会计核算，包括管理费用、财务费用、营业外收支、投资收益等项目。而公允价值变动损益、资产减值损失等涉及的相关业务的核算将在后续的中级财务会计学课程中讲解。

1. “管理费用”账户

该账户属于损益类账户，用来核算企业为组织和管理企业生产经营活动所发生的各项费用，主要包括董事会和行政管理部门在企业经营活动中发生的或者应由企业统一负担的公司经费（如行政管理部门职工的工资及福利费、办公费、差旅费等）、业务招待费、咨询费。还有企业生产车间和行政管理部门发生的固定资产修理费用等后续支出也在本账户核算。其借方登记发生的各项管理费用；贷方登记期末转入“本年利润”账户的数额；期末一般没有余额。该账户应按费用项目设置明细分类账户。

2. “财务费用”账户

该账户属于损益类账户，用来核算企业为筹集生产经营所需资金而发生的筹资费用，包括利息支出（减利息收入）、汇兑损益以及相关的手续费等。其借方登记发生的各项财务费用；贷方登记期末转入“本年利润”账户的数额；期末一般没有余额。该账户应按费用项目设置明细分类账户。

3. “应付利息”账户

该账户属于负债类账户，用来核算企业按照合同约定应支付的利息，包括分期付息到期还本的长期借款、企业债券等的应付利息。其贷方登记计算的应付利息；借方登记实际支付的利息；期末贷方余额，表示应付未付的利息。本账户按债权人设置明细分类账户。

4. “投资收益”账户

该账户属于损益类账户，用来核算企业确认的投资收益或投资损失，包括购买股票取得股利或出售股票发生的损益、购买债券取得利息或出售债券发生的损益。其贷方登记实现的投资收入；借方登记发生的投资损失；期末将投资收入或投资损失分别转入“本年利润”账户贷方或借方，结转后本账户无余额。该账户应按投资项目设置明细分类账户。

5. “营业外收入”账户

该账户属于损益类账户，用来核算企业发生的与企业生产经营活动无直接关系的各项利得，包括非流动资产处置利得、罚没利得、盘盈利得、债务重组利得、政府补助、捐赠利得等。其贷方登记发生的各项营业外收入；借方登记期末转入“本年利润”账户贷方的数额；结转后本账户无余额。该账户应按营业外收入项目设置明细分类账户。

6. “营业外支出”账户

该账户属于损益类账户，用来核算企业发生的与企业生产经营活动无直接关系的各项损失，包括非流动资产处置损失、罚没损失、盘亏损失、债务重组损失、捐赠支出等。其借方登记发生的各项营业外支出；贷方登记期末转入“本年利润”账户借方的数额；结转后本账户无余额。该账户应按营业外支出项目设置明细分类账户。

7. “所得税费用”账户

该账户属于损益类账户，用来核算企业确认的应从当期利润总额中扣除的所得税费用。其借方登记按照税法规定计算确定的当期应交所得税；贷方登记期末结转到“本年利润”账户借方的数额；期末结转后无余额。本账户可按“当期所得税费用”和“递延所得税费用”设置明细分类账户。

8. “本年利润”账户

该账户属于所有者权益类账户，用来核算企业在本年度实现的净利润（或发生的净亏损）额。其贷方登记期末各收入账户的转入数；借方登记各支出账户的转入数；期末将收入与费用相抵后，若收入大于费用，即为贷方余额，表示本期实现的净利润；若收入小于费用，即为借方余额，表示本期发生的亏损。在本年度的1—11月份，该账户的余额保留在本账户，不予转账，表示截至本期末本年度累计实现的净利润或发生的累计亏损；年末，应将本年实现的净利润（或亏损额）全部转入“利润分配——未分配利润”账户的贷方（或借方），结转后本账户无年末余额。

（三）利润形成业务的账务处理

财务成果业务核算继续以新民企业20×1年12月发生的经济业务为例来说明。

【例6-40】 12月15日，企业管理部门一般消耗领用原材料2 520元。

此项经济业务的发生，一方面使管理部门原材料费用增加，应记入“管理费用”账户的借方；另一方面使库存原材料减少，应记入“原材料”账户的贷方。编制会计分录如下：

借：管理费用　　2 520

　　贷：原材料　　2 520

【例6-41】 12月30日，企业结算本月应付公司管理人员工资18 000元。

此项经济业务的发生，一方面使管理人员工资费用增加，应记入“管理费用”账户的借方；另一方面使应付职工薪酬增加，应记入“应付职工薪酬”账户的贷方。编制会计分录如下：

借：管理费用　　18 000

　　贷：应付职工薪酬——工资　　18 000

【例6-42】 12月30日，计提企业管理部门使用的固定资产折旧24 000元。

此项经济业务的发生，一方面使管理部门固定资产的折旧费用增加，应记入“管理费用”账户的借方；另一方面使累计折旧额增加，应记入“累计折旧”账户的贷方。编制会计分录如下：

借：管理费用　　24 000

　　贷：累计折旧　　24 000

【例6-43】 12月30日，本月短期借款的本金为100 000元，年利率为8%，计提本月短期借款利息为8 000（100 000×8%）元。

此项经济业务的发生，一方面使企业的短期借款利息费用增加，应记入“财务费用”账户的借方；另一方面使负债应付利息增加，应记入“应付利息”账户的贷方。编制会计分录如下：

借：财务费用　　8 000

　　贷：应付利息　　8 000

【例6-44】 12月28日，企业在一项交易中因对方违约而取得罚款收入20 000元存入银行。

此项经济业务的发生，一方面使企业银行存款增加，应记入“银行存款”账户的借方；另一方面使企业的营业外收入增加，应记入“营业外收入”账户的贷方。编制会计分录如下：

借：银行存款　　20 000

　　贷：营业外收入　　20 000

【例 6-45】 12 月 29 日，企业开出转账支票一张，向希望工程捐款 5 000 元。

此项经济业务的发生，一方面使企业的捐赠支出增加，应记入“营业外支出”账户的借方；另一方面使企业的银行存款减少，应记入“银行存款”账户的贷方。编制会计分录如下：

借：营业外支出　　5 000

　　贷：银行存款　　5 000

【例 6-46】 12 月 15 日，对外投资取得利息收入 155 000 元，存入银行。

此项经济业务的发生，一方面使企业的银行存款增加，应记入“银行存款”账户的借方；另一方面使企业的投资收益增加，应记入“投资收益”账户的贷方。编制会计分录如下：

借：银行存款　　155 000

　　贷：投资收益　　155 000

【例 6-47】 12 月 18 日，企业出售一台旧设备，原价 60 000 元，已提折旧 20 000 元，以银行存款支付清理费用 2 000 元，设备出售的价款 55 000 元，存入银行。

此项经济业务属于固定资产清理业务，需要通过“固定资产清理”账户进行核算。该账户属于资产账户，用来核算因出售、报废、毁损、对外投资等原因转出固定资产的价值以及在清理过程中发生的相关税费、出售资产的收入以及清理中发生的变价收入等。出售固定资产转入清理时，应按固定资产的净值借记“固定资产清理”账户，按已提折旧借记“累计折旧”账户，按固定资产的原价贷记“固定资产”账户；发生的清理费用应借记“固定资产清理”账户，贷记“银行存款”等账户；取得的固定资产出售的价款应借记“银行存款”账户，贷记“固定资产清理”账户；固定资产清理后的净收益（或净损失）应借记（或贷记）“固定资产清理”账户，贷记（或借记）“营业外收入”账户（或“营业外支出”账户）。编制会计分录如下：

（1）将固定资产转入清理：

借：固定资产清理　　40 000

　　累计折旧　　20 000

　　贷：固定资产　　60 000

（2）支付清理费用：

借：固定资产清理　　2 000

　　贷：银行存款　　2 000

（3）取得出售设备的价款：

借：银行存款　　55 000

　　贷：固定资产清理　　55 000

（4）结转清理净收益 33 000（55 000 - 20 000 - 2 000）元：

借：固定资产清理　　33 000

　　贷：营业外收入　　33 000

【例 6-48】 企业将各损益账户（不含所得税）的本月发生额转入“本年利润”账户，计算本期利润总额。

将各收入类账户的本期发生额转入“本年利润”账户的贷方。编制的会计分录如下：

借：主营业务收入	977 600	
其他业务收入	20 000	
投资收益	155 000	
营业外收入	53 000	
贷：本年利润		1 205 600

将各成本、费用、支出类账户的本期发生额转入“本年利润”账户的借方。编制的会计分录如下：

借：本年利润	1 087 580	
贷：主营业务成本		978 580
其他业务成本		20 000
营业税金及附加		11 480
销售费用		20 000
管理费用		44 520
财务费用		8 000
营业外支出		5 000

经过上述结转后，将“本年利润”账户的本期贷方发生额合计减去本期借方发生额合计，可计算出本期实现的利润为 163 020 元（1 205 600 - 1 087 580）。

【例 6-49】 12 月 31 日，企业按规定计算本期应交所得税（假定没有纳税调整项目），所得税税率为 25%。

所得税是按照国家税法规定，对企业某一经营年度实现的经营所得，按规定的所得税税率计算缴纳的一种税款。企业所得税一般实行按季（或月）预缴，年终清算的办法。其计算公式如下：

应纳所得税额 = 应纳税所得额 × 适用所得税税率

应纳税所得额 = 利润总额 +（-）纳税调整项目

纳税调整项目主要是由于税法与会计的相关规定不同而造成的，纳税调增项目主要包括根据税法规定，企业已经计入当期费用但超过税法规定不允许扣除项目（如超过税法规定的标准工资支出、业务招待费支出等）；纳税调减项目主要包括根据税法规定允许弥补的亏损和准予免税的项目（如五年内未弥补的亏损和国债的利息收入等）。由于纳税调整项目的计算比较复杂，在会计学原理课程中，为了简化核算的需要，一般对纳税调整项目不予考虑。同时，由于所得税会计核算的复杂性，在这里为了简化，不考虑递延所得税的核算。其相关的内容将在中级财务会计课程中讲解。

则：本期应交所得税 = 163 020 × 25% = 40 755（元）

此项经济业务的发生，一方面使企业承担的所得税费用增加，应记入“所得税费用”账户的借方；另一方面使企业的应交所得税负债增加，应记入“应交税费”账户的贷方。编制会计分录如下：

借：所得税费用　　40 755

　　贷：应交税费——应交所得税　　40 755

企业净利润 = 163 020 - 40 755 = 122 265（元）

【例 6 - 50】 将“所得税费用”账户的本期发生额由其贷方转入“本年利润”账户的借方。

此项经济业务的发生，是将本期所发生的所得税费用转入“本年利润”账户，所得税费用的结转，表明费用的减少，记入“所得税费用”账户的贷方；同时记入“本年利润”账户的借方。编制会计分录如下：

借：本年利润　　40 755

　　贷：所得税费用　　40 755

三、利润分配的核算

企业实现的净利润是企业最终获得的净收益，需要按照有关法规的规定进行分配。

（一）利润分配的程序

企业当年实现的净利润，首先是弥补以前年度的亏损，然后按以下顺序进行分配：

1. 提取法定盈余公积。一般按照当年实现净利润的 10% 比例提取。

2. 向投资者分配利润或股利。即将可供投资者分配的利润又作如下分配：

（1）支付优先股股利；

（2）提取任意盈余公积；

（3）支付普通股股利；

（4）转作资本（股本）的普通股利。

3. 未分配利润。企业本年实现的净利润加上年初未分配利润和其他转入（如用盈余公积弥补亏损）后的余额，即为企业本年度的可供分配利润。经过上述分配后，即为年末的未分配利润。

（二）利润分配核算需要设置的账户

1. “利润分配”账户

该账户属于所有者权益类账户，用来核算企业利润的分配（或亏损的弥补）和历年利润分配（或亏损弥补）后的余额。其借方登记分配的利润数，如提取的盈余公积金、应付股利以及本年亏损的结转等；贷方登记用盈余公积弥补的亏损额以及年末从“本年利润”账户借方转入的本年度实现净利润数；平时借方余额表示累计利润分配数，年末贷方余额表示累计的未分配利润数，若为借方余额表示累计未弥补的亏损数。“利润分配”账户通常按企业利润分配的内容设置相应的明细分类账户。一般设置“提取法定盈余公积”“提取任意盈余公积”“应付股利”“盈余公积补亏”“未分配利润”等明细分类账户。

2. “盈余公积”账户

该账户属于所有者权益类账户，用来核算企业盈余公积的提取、使用和结存情况。其贷方登记从净利润中提取的盈余公积；借方登记盈余公积的使用，如转增资本，弥补亏损等；期末贷方余额表示盈余公积的结存数。该账户应按“法定盈余公积”“任意盈余公积”设置明细分类账户。

3. “应付股利”账户

该账户属于负债类账户，用来核算企业应付给投资者的现金股利或利润。其贷方登记企业计算的应支付给投资者的股利或利润；借方登记已支付的股利或利润；期末贷方余额表示应付未付的股利或利润。该账户应按投资者设置明细分类账户。

（三）利润分配业务的账务处理

下面仍以新民企业20×1年12月发生的有关经济业务为例来说明。

【例6-51】12月31日，企业本年度实现的净利润为804 000元，予以结转。

此项经济业务的发生，一方面使利润分配中的未分配利润增加，应记入“利润分配——未分配利润”账户的贷方；另一方面因结转净利润使本年实现的净利润减少，应记入“本年利润”账户的借方。编制会计分录如下：

借：本年利润　　804 000
　　贷：利润分配——未分配利润　　804 000

【例6-52】12月31日，按照本年实现净利润804 000元的10%提取法定盈余公积80 400（804 000×10%）元。

此项经济业务的发生，一方面使利润分配增加，应记入“利润分配——提取法定盈余公积”账户的借方；另一方面使盈余公积增加，应记入“盈余公积”账户的贷方。编制会计分录如下：

借：利润分配——提取法定盈余公积　　80 400
　　贷：盈余公积——法定盈余公积　　80 400

【例6-53】12月31日，企业决定向投资者分配利润578 880元。

此项经济业务的发生，涉及“利润分配”和“应付股利”两个账户。利润分配的增加，应记入“利润分配——应付股利”账户的借方；应付利润负债的增加，应记入“应付股利”账户的贷方。编制会计分录如下：

借：利润分配——应付股利　　578 880
　　贷：应付股利　　578 880

【例6-54】12月31日，将“利润分配”账户下其他明细分类账户期末余额转入“利润分配——未分配利润”明细账户。

此项经济业务的发生，是“利润分配”账户各明细分类账户之间的转账。编制会计分录如下：

借：利润分配——未分配利润　　659 280
　　贷：利润分配——提取法定盈余公积　　80 400
　　　　　　　　——应付股利　　578 880

思考与练习

一、名词解释

实收资本	短期借款	长期借款	材料采购	生产成本
直接费用	间接费用	成本项目	财务费用	管理费用
销售费用	营业外支出	在建工程	投资收益	营业外收入
制造费用	利润分配	成本项目	产品成本	固定资产
本年利润	累计折旧			

二、简答题

1. 企业筹集资金有哪些渠道？如何进行筹集资金的核算？
2. 简述材料采购业务的核算内容。
3. 材料采购业务核算需要设置哪些账户？各账户的核算内容是什么？
4. 简述采购业务的账务处理。
5. 材料采购成本包括哪些内容，如何计算材料的采购成本？
6. 简述产品生产业务的核算内容。
7. 产品生产业务核算需要设置哪些账户？各账户的核算内容是什么？
8. 简述产品生产业务的账务处理。
9. 简述产品制造成本的构成及计算方法。
10. 简述销售业务的核算内容。
11. 销售业务核算需要设置哪些账户？各账户的核算内容是什么？
12. 简述销售业务的账务处理。
13. 简述利润及利润分配业务的核算内容。
14. 利润及利润分配业务核算需要设置哪些账户？各账户的核算内容是什么？
15. 简述利润及利润分配业务的账务处理。

三、业务核算题

（一）东方公司20×6年7月份发生如下经济业务：

1. 收到宏丰公司投入的设备一台，该设备原值140 000元，双方确定价值是135 000元。

2. 7月1日从银行取得借款50 000元，期限6个月，年利率为8%，利息每季度末结算一次，所得借款存入银行。

3. 收到国家投入的货币资金100 000元，已存入银行。

4. 收到某企业投入商标权一项，双方确认的价值为60 000元。

5. 用银行存款归还短期借款的本金50 000元。

要求：

1. 根据上述经济业务编制会计分录。

2. 该企业本月有关账户的期初余额为“实收资本”账户为300 000元，“短期借款”账户为30 000元。开设“实收资本”和“短期借款”两个总分类账户（采用“T”字账户），并根据资料及分录进行登记，结出本期发生额及余额。

（二）东方公司20×6年8月份发生如下经济业务：

1. 从外地工厂购入甲材料一批50吨，单价1 000元，价款50 000元，增值税进项税额8 500元，全部款项用银行存款支付。

2. 上述甲材料运达企业并已验收入库，以现金支付其运杂费300元。

3. 向某公司赊购乙材料20吨，单价5 000元，价款100 000元，增值税税率为13%，材料已运达企业并已验收入库。

4. 开出转账支票支付到期的商业汇票款50 000元。

5. 购入甲材料100吨，单价1 000元，乙材料100吨，单价5 000元。增值税率为13%，全部款项尚未支付。

6. 上述材料运达企业，验收入库时，以现金支付入库前的挑选整理费用共计1 200元，按材料的重量比例计入甲、乙材料的采购成本。

7. 以银行存款购入生产设备一台，设备价款60 000元，增值税额7 800元，运费800元，保险费1 000元。设备运回后立即投入使用。

8. 购入乙材料20吨，单价5 000元，增值税率13%，对方代垫运杂费1 500元，全部款项尚未支付，材料尚在运输途中。

9. 结转上述已验收入库材料的实际采购成本。

要求：

1. 根据上述资料，编制会计分录。

2. 开设“材料采购”总分类账户（采用“T”字账）和“材料采购”明细分类账户，并根据会计分录登记所设账户，结出本期发生额和期末余额。

（三）东方公司20×6年9月份发生以下各项经济业务：

1. 生产车间生产A产品领用甲材料5 600元，乙材料2 400元；生产B产品领用甲材料4 400元，乙材料1 600元。

2. 结算本月份应付职工工资，按用途归集如下：

A产品生产工人工资	12 000元
B产品生产工人工资	10 000元
车间管理人员工资	4 000元
管理部门人员工资	6 000元

3. 计提本月份固定资产折旧2 700元，其中，车间使用的固定资产折旧1 900元，管理部门使用的固定资产折旧800元。

4. 车间报销办公费及其他零星开支600元，以现金支付。

5. 车间管理人员张明报销差旅费420元，原预支500元，余额退回现金。

6. 将本月发生的制造的费用总额按生产工人工资的比例分配，计入A、B两种产品成本中去。

7. 本月生产A产品100件，B产品80件，均已全部制造完成，并验收入库，按其实际生产成本入账。

要求：

1. 根据上述业务编制会计分录。

2. 开设并登记“生产成本”“制造费用”总分类账户（用“T”字账户）及其明细分类账户。

3. 列示制造费用的分配过程。

（四）东方公司20×6年10月份发生如下经济业务：

1. 接到银行转来的进账通知单，上月的销货款95 000元已收妥入账。

2. 以现金支付产品的包装费13 000元。

3. 销售产品一批，价款300 000元，增值税税款39 000元，用银行存款代垫运费2 500元，全部款项暂未收到。

4. 经计算本月应负担的城市维护建设税38 800元。

5. 销售产品一批，价款200 000元，增值税税率13%，收到对方签发并承兑的银行承兑汇票一张。

6. 接到银行通知，到期的商业承兑汇票70 000元款已如数收到。

7. 销售产品开具的增值税专用发票注明售价100 000元，增值税税款13 000元。全部款项收到对方签发的转账支票一张。

8. 结转本月已销产品的实际成本320 000元。

9. 计提销售机构固定资产的折旧1 700元。

10. 结转销售机构人员工资1 500元，计提职工福利费150元。

要求：

1. 根据上述经济业务编制会计分录。

2. 计算企业本月营业利润。

（五）东方公司20×6年11月份发生如下经济业务：

1. 以银行存款向税务机关缴纳上月的增值税54 000元和所得税70 000元。

2. 用现金从税务机关购入印花税票400元。

3. 以银行存款支付本季度短期借款利息12 000元（其中，已计提10 000元）。

4. 以银行存款支付产品的广告费2 000元。

5. 交易中对方违约，公司获取罚款收入5 000元，存入银行。

6. 以银行存款支付因违约发生的罚款支出3 000元。

7. 经计算，本月应交城市维护建设税3 400元。

8. 本月所销售产品的售价400 000元，增值税税款52 000元，全部款项收存银行。

9. 经计算，本月已销售产品的成本270 000元，予以结转。

10. 月末将本月应计入损益的收入予以结转。

11. 月末将本月应计入损益的费用予以结转。

12. 按照利润总额的25%计算本月应交纳的所得税。

13. 月末结转本月的所得税费用。

14. 按照本月实现的净利润的10%提取盈余公积。

15. 经计算，应向投资者分配利润50 000元。

16. 以银行存款支付上年度向投资者分配的利润280 000元。

要求：根据上述经济业务编制会计分录。

（六）东方公司20×6年12月发生下列经济业务：

1. 2日收到国家投入的货币资金150 000元存入银行。

2. 5日向银行取得借款50 000元，期限为6个月，年利率为7.2%，利息每季度结算一次，所得借款存入银行。

3. 8日购入A材料10吨，货款20 000元，运费800元，装卸搬运费200元，增值税进项税额2 600元，货款已于上月预付20 000元，当即用银行存款补付差额款。材料已验收入库。

4. 结转入库A材料的实际采购成本。

5. 10日购入下列A、B、C三种材料，实际成本64 000元，增值税进项税额为8 320元，款项尚未支付。

A材料	10吨	单价2 000元	计20 000元
B材料	40吨	单价　700元	计28 000元
C材料	20吨	单价　800元	计16 000元
			合计64 000元

6. 10日以银行存款支付A、B、C三种材料的运费及装卸费2 800元（按重量分配）。

7. 10日A、B、C三种材料验收入库，并结转入库材料的实际成本66 800元。

8. 15日仓库发出材料，发料情况如表6－10所示：

表6－10　　单位：元

项　目	A材料	B材料	C材料	合计
生产产品耗用				
甲产品	14 000	5 000	3 800	22 800
乙产品	10 000	8 000	6 000	24 000
车间一般耗用	7 000	3 000		10 000
厂部一般耗用	3 000		1 000	4 000
合计	34 000	16 000	10 800	60 800

9. 15日结算本月应付职工工资，其中：

生产工人工资	
甲产品工人工资	18 000元
乙产品工人工资	16 000元
车间管理人员工资	7 000元
行政管理工资	5 000元
合计	46 000元

10. 15日开出现金支票一张从银行提取现金46 000元，当即支付工资。

11. 18日以银行存款支付10日的购料款及增值税额。

12. 18日张亮报销差旅费750元，张亮出差时预借差旅费1 000元，余款退回现金。

13. 20日开出转账支票一张购买办公用品3 200元，交厂部使用。

14. 20日从银行提取现金，并以库存现金支付离退休人员的工资4 500元。

15. 21日收到购买单位偿付的前欠货款18 000元。

16. 25日销售乙产品一批，售价100 000元，增值税的销项税额13 000元，代垫运费1 200元，已向银行办理托收手续。

17. 28日以银行存款支付广告费1 500元。

18. 29日销售甲产品，货款120 000元，增值税销项税15 600元，收到面值135 600元，期限4个月的商业承兑汇票一张。

19. 31日计提本月负担的短期借款利息300元。

20. 31日计提本月固定资产的折旧费，其中车间使用固定资产应计提折旧5 200元，厂部使用固定资产应计提折旧1 800元。

21. 31日计算并分配结转本月发生的制造费用（按生产工时比例分配，其中甲产品的工时6 000小时，乙产品的工时为4 000小时）。

22. 本月甲产品投入200件全部完工，乙产品投入150件，完工100件，50件为期末在产品，31日结转甲、乙产品入库的实际成本（其中50件乙产品在产品单位成本为：直接材料150元、直接人工100元、制造费用59元）。

23. 31日结转本月已售产品的生产成本44 000元。

24. 31日按照规定计算出本月应负担的税金7 600元。

25. 31日结转各损益账户，计算本月的利润总额。

26. 31日按利润总额的25%计算本月应交所得税。

27. 31日按本月实现净利润的10%提取法定盈余公积。

28. 31日向投资者分配利润150 000元。

29. 本年度实现的净利润为356 000元，予以结转。

30. 将利润分配其他明细账户的发生额转入“利润分配——未分配利润”账户的借方。

要求：

1. 根据上述资料编制会计分录。

2. 根据有关分录登记“生产成本”“制造费用”“管理费用”总分类账（“T”字账）及甲、乙产品生产成本明细账。

第七章
财产清查

第一节
财产清查的意义和种类

一、财产清查的意义

（一）财产清查的概念

在会计日常工作中，企业对发生的所有交易或事项都要采用专门的会计方法进行账务处理，并登记到有关的账簿中。特别是对发生的货币资金、存货、固定资产等实物资产的增减变动，以及债权债务的产生与结算等重要会计事项，更要采用严密的方法及时进行会计处理，以确保账簿记录能够正确反映以上这些事项的增减变动和余额的真实情况。但是在实际工作中，账簿的登记与货币资金、存货、固定资产等实物资产以及往来款项等的保管与使用等是由单位不同部门分工负责的，为了保证会计部门的账簿登记情况与实物资产以及往来款项的保管或使用部门管理的各种资产的实际情况之间相一致，就需要采用一定的方法，定期或不定期地对各种财产实际存在情况进行清查盘点，并与账簿的记录情况进行核对，以查明账实是否相符。以上过程在会计上就被称为财产清查。

财产清查是通过对货币资金、存货、固定资产等实物资产和债权、债务的往来款项等进行盘点和核对，查明其实有数与账存数是否相符以及账实不符的原因，并调整账面记录，从而保证账实相符的一种会计核算专门方法。

财产清查这种专门的会计核算方法，其根本目的就在于查明账实不符的情况及其形成原因，进而采取适当的方法，进行妥善处理。实际工作中，导致账实不符的原因很多，归纳起来主要有以下几个方面：

1. 工作人员疏忽或失误致使财产物资数量变化和损失。财产物资在收发过程中，由于计量、检验器具不准确而发生的品种、数量、质量上的差错。

2. 管理不善或工作人员失职造成财产物资数量变化和损失。财产物资损坏、变质或短缺，以及货币资金、往来款项出现差错。

3. 财产物资管理制度执行不严导致财物数量变化和损失。财产物资在增减变动过程中，由于手续不全或计算、登记方面发生错误。

4. 财产物资保管人员贪污盗窃、营私舞弊造成财产物资损失。

5. 客观自然条件影响或意外事故所造成财产物资数量损失。财产物资在运输、保管、收发过程中，数量上发生自然升溢或自然损耗变化，以及由于洪水、地震等自然灾害造成财产物资非常损失。

6. 在结算过程中，由于存在未达账项以及会计凭证或会计账簿出现的漏记、重记、错记而造成的账账不符、账实不符。

（二）财产清查的作用

财产清查是进行会计核算，实行会计监督的重要内容，对于保证企业单位财产物资安全完整，提供客观真实的会计信息具有重要作用。

1. 确保核算资料的真实可靠。通过财产清查，可以查明各项财产物资的实有数额，确定实有数额与账面数额的差异，分析差异产生的原因，以便进行会计处理，并采取相应措施，做到账实相符，确保会计核算资料的真实性。

2. 健全财产物资的管理制度。通过财产清查，可以查明各项财产物资的保管情况，检查有无损失浪费、残损霉变、呆滞积压、非法挪用、贪污盗窃等问题，以便采取措施，改善管理，建立健全各项财产物资管理制度，堵塞财产物资管理方面的漏洞，确保财产物资的安全、完整。

3. 挖掘潜力，促进财产物资的有效使用。通过财产清查，可以查明各项财产盘盈、盘亏的原因和责任，分析财产物资的储备、利用情况和各项财产物资占用资金的合理性，从而找出财产物资管理中存在的问题，促进各单位充分挖掘财产物资的潜力，加速资金周转，提高资金使用效率。

4. 保证核算制度的贯彻执行。在财产清查中，对于债权债务等往来结算账款，也要与对方逐一核对清楚，对于各种应收、应付账款应及时结算，已确认的坏账要按照规定处理，避免长期拖欠和长年挂账，共同维护结算纪律和商业信用。

5. 完善监管，促使企业遵守财经纪律。通过财产清查，可以检查单位人员遵守财经纪律和会计制度方面存在的问题，查明内部控制制度的贯彻执行情况，采取措施，加强管理，促使企业人员自觉维护财经纪律，遵守会计制度和企业内部财务管理制度。

二、财产清查的种类

财产清查种类很多，可以按照清查的范围、时间和对象等标志进行分类。

（一）按照财产清查的范围分类

财产清查按照清查的范围大小，可以分为全面清查和局部清查。

1. 全面清查。全面清查是对所有实物资产、货币资金、往来款项进行全面的盘点和核对。全面清查的对象一般包括：单位自有的固定资产、库存材料和物资、在产品、产成品、库存商品、工程物资等实物资产；库存现金、银行存款、其他货币资金、有价证券等货币资金；各种往来结算款项等；在途材料、商品物资和在途货币资金等；接受其他单位委托代为加工、保管的财产物资等。全面清查的特点是清查范围广、内容多、工作量大。因此，一般只有当存在以下几种情况时，才需要进行全面清查。

（1）年终决算之前，需要进行全面清查。

（2）单位撤销、合并以及改变隶属关系时，需要进行全面清查，以明确经济责任。

（3）开展资产评估、清产核资等活动，需要进行全面清查，摸清家底，以便按照需要组织资金的供应。

2. 局部清查。局部清查是根据管理要求和有关规定对部分实物资产、货币资金、往来款项进行盘点和核对。企业对于流动性较大的财产物资，如材料、在产品、产成品、库存商品等，除年度全面清查外，还应根据实际情况在年度内轮流盘点或重点抽查；对于各种贵重物资应当每个月盘点一次；对于银行存款和银行借款，至少每月应同银行核对一次；对于债权债务至少每年核对一次。

（二）按照财产清查的时间分类

财产清查按照清查的时间不同，可以分为定期清查和不定期（临时）清查。

1. 定期清查。定期清查是指按计划在规定时间对实物资产、货币资金、往来款项进行的清查。定期清查通常在年末、季末、月末结账时进行。定期清查的对象和范围根据实际需要决定，可以是全面清查，也可以是局部清查。一般情况下，年终决算前进行全面清查，季末和月末结账前进行局部清查。

2. 不定期清查。不定期清查是指事先并没有计划安排，根据实际需要所进行的临时性清查。一般当存在以下几种情况时，才需要进行不定期清查。

（1）更换财产物资和现金的保管人员时，要对有关人员所保管的财产物资和现金进行清查，分清经济责任。

（2）单位撤销、合并或改变隶属关系时，要对本单位的各项实物资产、货币资金、往来款项进行清查，以摸清家底。

（3）发生意外损失或自然灾害导致财产物资受损时进行，查明损失情况。

不定期清查可以是全面清查，也可以是局部清查。

（三）按照财产清查的对象分类

财产清查按照清查的对象不同，可以分为实物财产清查、货币资金清查、往来款项清查。

1. 实物财产清查。实物财产清查是指对各项实物财产从数量、质量上进行的清查，如对原材料、在产品、产成品、包装物、低值易耗品、固定资产等进行的清查，都属于实物财产清查。

2. 货币资金清查。货币资金清查是指对现金的实地盘点和对本单位银行存款与银行对账单进行的核对，以及对其他货币资金和有价证券进行的核查。

3. 往来款项清查。往来款项清查是指对各项应收预付、应付预收款项进行的清查。

第二节

财产清查的程序和方法

一、财产清查的程序

财产清查工作涉及面广，工作复杂，责任重大，必须按一定程序进行。财产清查的一般工作程序包括三个步骤：财产清查准备阶段、财产清查实施阶段、财产清查结果处理阶段。

（一）财产清查准备阶段

在财产清查前，需要做好各项准备工作，以便有条不紊地顺利开展财产清查工作。

1. 成立财产清查小组，制定清查计划。财产清查工作应由专门人员负责并经授权后进行。因此，需要成立清查小组，具体负责财产清查的组织及具体清查工作。清查小组应由单位领导、会计部门、财产物资的保管部门、管理及使用部门人员组成。清查小组应根据财产清查目的、任务做好宣传动员工作，制定财产清查计划，确定财产清查的方式、范围、对象、日期，配备必要的人员、合理分工，并在清查过程中，做好组织和督促工作，及时处理清查过程中出现的问题。清查结束后，要及时总结，对出现的问题提出处理意见和改进措施，并上报权力部门审批处理。

2. 财产清查前业务准备。就是要求各业务部门根据财产清查计划，相互密切配合，积极做好各方面的准备工作，使财产清查工作能够顺利进行。

（1）会计人员应在清查前将全部已经发生的经济业务登记入账，结出总分类账户和明细分类账户余额，并核对相符，为财产清查做好账簿资料准备。

（2）财产物资使用和保管人员需将有关财产物资实物账簿登记齐全并结出余额，为账实核对做好账簿资料准备。同时应进行财产物资的整理和实物卡片的登记，标明财产物资品名、规格、计量单位和结存数量等，为实物盘点做好准备。

（3）财产清查人员需准备必要的度量衡器具和盘点、核对、记录用的表单，如“盘点登记表”“账实对比表”“账款调节表”等，以便顺利开展清查工作。

（二）财产清查实施阶段

财产清查准备工作做好后，应由清查小组根据清查对象特点及目的和清查计划，对清查范围内的各项财产物资，采取相应的清查方法实施具体的清查、盘点和核对。它直接关系到财产清查工作的结果。所以，在具体实施时，应注意抓重点、抓难点。对发现的问题要及时解决，对清查工作的进度和质量进行认真地检查、监督，以确保整个清查工作能按时、保质、保量地完成。

（三）财产清查结果处理阶段

财产清查实施阶段结束后，应对清查结果进行处理。对清查中出现的各种问题，如财产物资的盘盈、盘亏、毁损等应查明原因，明确经济责任，提出处理意见，呈报上级有关领导部门审批处理；对于各种积压呆滞物资和长期不清的往来款项，应查明原因，及时组织处理；对于财产物资在管理上存在的问题，应认真总结经验教训，提出改进措施，保护财产的安全，提高管理水平。

二、财产清查的方法

财产清查是确定其实存数，查明实存数与其账存数是否相符的一种专门方法。因此，进行财产清查，首先要清查其实存数量和金额，确定其账存数量和金额，有了实存数量和金额与其账存数量和金额进行比较，便可以查明实存数与其账存数是否相符。

（一）清查财产物质实存数的方法

对于各项财产物质实存数量的清查，因其实物形态、体积重量、堆放方式等的不同，一般采用实地盘点法或技术推算法。

1. 实地盘点法。实地盘点法也称实地盘存法，是通过实地逐一点数或用计量器具确定实存数量的一种方法。包括直接盘点和重点抽查。例如，逐台清点有多少台机床，用秤计量库存多少吨钢材等。这种方法适用范围较广，大部分财产物资的实存数清查都可以采用这种方法。

2. 技术推算法。技术推算法是指对被清查的财产物资，通过量方、计尺等技术推算确定财产物资实存数量的一种方法。这种方法适用于堆存量大、价廉体重、难以逐一清点的物资，如露天堆放的原煤、沙石等，不便于逐一过磅、点数的，可以在抽样盘点的基础上，进行技术推算，从而确定其实存数量。

（二）清查财产物资金额的方法

在清查对象的实存数量确定后，就要进一步确定其金额。当有些财产物质没有实存数量只有金额时，可直接确定其金额。

对于各项财产物质实存金额的清查，一般采用账面价值法、评估确认法、协商议价法和查询核实法等。

1. 账面价值法。账面价值法是根据财产物质的账面单位价值来确定实存金额的方法，即根据各项财产物质的实存数量乘以账面单位价值，计算出各项财产物质的实存金额。

2. 评估确认法。评估确认法是根据资产评估的价值确定财产物质实存金额的方法。这种方法根据资产的特点，由专门的评估机构依据资产评估方法对有关的财产物质进行评估，以评估确认的价值作为财产物资实存金额。这种方法适用于企业改组、隶属关系改变、联营、单位撤销、清产核资等情况。

3. 协商议价法。协商议价法是根据涉及资产利益的有关各方，按照互惠互利原则，参考目前市场价格，协商确定财产物资的实存金额的方法。这种方法根据协商议价作为财产物资的价值，适于企业联营投资，或以资产对外投资时采用。

4. 查询核实法。查询核实法是依据账簿记录，以一定的查询方式，清查财产物资、货币资金、债权债务数量及其价值量的方法。查询核实法通常采用发函索取账单的方式，并根据查询结果进行分析，来确定有关财产物资、货币资金、债权债务数量及其价值量，以便核对账簿记录的真实性、正确性。这种方法适用于债权债务、出租出借的财产物资以及外埠存款的查询核实。

（三）货币资金的清查

1. 库存现金的清查。库存现金的清查，是通过实地盘点的方法，确定库存现金的实有数额，然后与现金日记账进行核对，查明账实是否相符。清查前，出纳员应将现金收、付款凭证全部登记入账。清查时，出纳人员必须在场，以明确责任，也便于及时查明现金盘盈、盘亏的原因。现钞应逐张查点，一切借条、收据不准抵充现金，查明库存现金是否超过限额，有无坐支现金问题，然后将清查结果编制成“库存现金盘点报告表”，同时查明盈亏原因并提出处理意见，由负责盘点人和出纳员共同签字盖章。现金盘点报告表的格式如表 7－1 所示。

表 7－1 库存现金盘点报告表

单位名称： 年 月 日

实存金额	账存金额	对比结果		备注
		盘盈（长款）	盘亏（短款）	

负责人： 盘点人： 出纳员：

2. 银行存款的清查。银行存款清查采取查询核实的方法进行。具体清查方法是，对已经发生的银行存款收付业务全部入账，结出账面余额，并确认余额的正确性。在此基础上，将企业银行存款日记账与银行对账单进行核对，查清未达账项，然后根据未达账项对银行存款日记账余额与银行对账单余额加以调节，查明两者是否一致相符，以确定银行存款余额的正确性和完整性。

所谓未达账项是指在开户银行和企业单位之间，对于同一款项的收付业务，因凭证传递时间和记账时间不一致，发生一方已经入账而另一方尚未入账的会计事项。开户银行与本单位之间的未达账项有四种类型：

（1）企业已经入账而银行尚未入账的收入事项。例如，在销售业务中，企业收到转账支票存入银行，企业已编制记账凭证，登记银行存款日记账，但银行尚未入账。

（2）企业已经入账而银行尚未入账的支付事项。例如，在采购业务中，企业开出转账支票支付货款，并已编制记账凭证，登记银行存款日记账，而银行尚未入账。

（3）银行已经入账而企业尚未入账的收入事项。例如，外地某单位通过银行汇给企业款项，银行已收到并入账，而收款凭证没有到达企业，企业尚未收款入账。

（4）银行已经入账而企业尚未入账的支付事项。例如，银行根据企业贷款，向企业收取银行借款利息，而银行的计息凭证没有到达企业，企业尚未付款记账。

上述任何一种未达账项的发生，都会造成开户银行与本单位账面余额的不一致。所以未达账项必须调节，否则无法进行银行存款余额与银行对账单余额的核对。具体调节方法是：将银行存款日记账与银行对账单逐笔核对，找出未达账项。企业的银行存款日记账与银行的对账单进行核对时，对于企业与银行双方都已记账的每笔收付业务，均作“√”标记。核对完毕，无标记的款项即为未达账项。根据未达账项编制银行存款余额调节表，检查银行存款日记账记录的正确性。

银行存款余额调节表的编制方法主要是在双方（企业和开户行各为一方）现有银行存款账面余额的基础上，各自加减未达账项进行调节，然后检查经过调节后的账面余额是否相等，用等式表示为：

企业银行存款日记账余额＋银行已收入账企业尚未入账账项－银行已付入账企业尚未入账账项＝银行对账单余额＋企业已收入账银行尚未入账账项－企业已付入账银行尚未入账账项

现举例说明银行存款余额调节表的编制方法。

【例7－1】某单位20×1年10月31日银行存款日记账余额为1 720 000元，银行对账单余额为1 380 000元。经逐笔核对，发现如下未达账项：

（1）企业于月末送存银行存款支票一张，金额240 000元，企业已经入账，银行未入账。

（2）企业于月末开出转账支票232 000元，持票人尚未到银行办理转账手续，银行未入账。

（3）企业委托银行收取的货款，银行已收到并入账，而企业尚未收到银行的收款通知，企业未入账，货款金额96 000元。

（4）银行根据有关凭证代企业支付，从企业存款中支付水电费428 000元，企业尚未收到银行付款通知，企业未入账。

根据上述未达账项，编制银行存款余额调节表，见表7－2。

表7－2 **银行存款余额调节表**

20×1年10月31日 单位：元

项目	金额	项目	金额
单位银行存款日记账余额	1 720 000	银行对账单余额	1 380 000
加：银行已收入账，企业尚未入账	96 000	加：企业已收入账，银行尚未入账	240 000
减：银行已付入账，企业尚未入账	428 000	减：企业已付入账，银行尚未入账	232 000
调节后的银行存款余额	1 388 000	调节后的银行存款余额	1 388 000

（四）存货的清查

1. 存货盘存制度。存货盘存制度是指存货账面结存数的确定方法，包括“实地盘存制”和“永续盘存制”两种。企业单位可以根据存货管理的实际需要和存货的具体特点，分别采用不同的方法，以达到确定账实，查明问题，分析原因，堵塞漏洞，提高经营管理水平的目的。

（1）实地盘存制。实地盘存制是指对各项存货的账面记录，平时只登记收入数，不登记发出数。月末结账时，根据实地盘点的结存数倒推发出数，并据以登记入账的一种盘存制度。实地盘存制下，本期发出数的计算公式为：

本期发出数 = 期初结存数 + 本期增加数 - 期末实存数

实地盘存制实际上是一种“以存计耗”“以存计销”的存货盘存制度。实地盘存制的核算工作比较简单，但手续不够严密，不能通过账簿记录随时反映和监督各项存货的收发结存情况。存货管理中，对于多发少发、毁损、盗窃、丢失的存货，账面上无法反映，而将其全部隐藏在倒推的发出数中，挤入了成本费用，削弱了对库存物资的监督和控制，影响成本计算的正确性，而且还会掩盖存货管理上存在的问题。因此，一般对价值低、品种多、数量大、交易频繁的存货以及鲜活商品使用实地盘存制。

（2）永续盘存制。永续盘存制，又称账面盘存制，是指对各项存货的收入数和发出数，必须平时根据原始凭证，在有关账簿中进行连续登记，并随时结出账面结存数额的一种存货盘存制度。

永续盘存制需要平时记录存货的收入和发出数额，核算工作量较大，但有利于加强财产物资管理。因为通过财产物资明细账，可以随时掌握各种存货的收入、发出和结存情况。同时，还可以将明细账上的结存数与最高和最低库存限额比较，评价库存物资材料的合理性，判别是积压还是储备不足，以便采取措施，调整库存数额，加速资金周转。在实际工作中，除特殊情况外，企业一般都应采用永续盘存制。

在永续盘存制下，仍须定期进行实物盘点，其目的在于查明账实是否相符以及账实不符的原因，以便加强对各项财产物资的管理，保护企业财产物资安全。

2. 存货的实物清查。存货的实物清查包括对原材料、在产品、产成品、库存商品、低值易耗品、包装物、委托加工物资等进行的清查。对于这类财产的清查，通常可以按实物特点，如体积、形态、数量、重量及堆垛方式不同，逐一进行点数或量尺、过秤。在清点中，对于包装完整的商品、物资，可按大件清点，必要时可抽查细点。有些堆垛笨重的商品，点数、过秤确有困难的，也可采用技术测算的方法，以确保清查质量。在财产清查过程中，实物保管人员与盘点人员必须同时在场清查，以明确经济责任。清查盘点的结果，应及时登记在“盘存表”上，其格式如表 7 – 3 所示，并由盘点人和实物保管人签字或盖章。

表 7 – 3　　**盘　存　表**

单位名称：　　盘点时间：

财产类别：　　存放地点：　　编号：

编号	名称	计量单位	数量	单价	金额	备注

盘点人签章：________　　保管人签章：________

盘存表是记录实物盘点结果的书面文件，也是反映存货实有数额的原始凭证。为了进一步查明盘点结果同账簿余额是否一致，还应根据“盘存表”和账簿记录编制“实存账存对比表”，其格式如表7－4所示。实存账存对比表上所确定的各种实物的实存同账存之间的差异，既是经批示后调整账簿记录的凭证，也是分析差异原因，查明责任的依据。

表7－4　　实存账存对比表

单位名称：　　　　年　月　日

编号	类别及名称	计量单位	单价	实存		账存		对比结果				备注
								盘盈		盘亏		
				数量	金额	数量	金额	数量	金额	数量	金额	

单位负责人签章：　　　　制表人签章：

（五）固定资产清查

固定资产的清查是指对房屋、建筑物、机器设备等进行的清查。固定资产清查的方法与存货清查的方法、步骤大体相同，通常都采用实地盘点法。清查时，一般按固定资产类别进行，例如分别清查房屋、建筑物、通用设备、专用设备等。首先，在清查前，应将固定资产总账与其所属明细账进行核对，保证固定资产总账余额同固定资产明细账余额核对相符；其次，进行实地盘点，按照固定资产明细账或卡片上所列明的固定资产类别、固定资产名称等内容与固定资产实物进行核对，确认账实是否相符；最后，根据清查结果编制“固定资产盘盈盘亏登记表”，如表7－5所示。

表7－5　　固定资产盘盈盘亏登记表

年　月　日

编号	类别	固定资产名称	计量单位	盘盈			盘亏			毁损			原因
				数量	重置价值	累计折旧	数量	原价	累计折旧	数量	原价	累计折旧	

盘点人：　　　　实物保管：

（六）往来款项的清查

往来款项的清查，包括对各种应收、应付、预收、预付款项的清查。往来款项清查与银行存款清查相同，也是采用查询核实的方法。清查时，首先将各项应收、应付等往来款项正确、完整地登记入账；其次逐个编制一式两联的对账单，送交对方单位进行核对。对方核对相符后，在第一联上加盖财务专用章后退回。如果对方单位核对中发现数字不一致，应在回单上加以说明，再退回发出单位，作为进一步核对的依据。发出单位收到对方的回单后，对错误的账目应及时查明原因；最后根据清查结果编制“往来款项清查报告单”，并按规定的手续和方法进行处理。通过往来款项的清查，促使及时回收应收款项，按时偿还应付款项，对呆账也要及时处理。“往来款项清查报告单”一般格式如表7－6所示。

表7－6 往来款项清查报告单

年 月 日

明细分类账户		清查结果		不符的原因分析				
单位名称	金额	相符	不相符	未达账项	拖欠款项	争执款项	无法收回	其他

负责人： 制单：

第三节

财产清查结果的账务处理

一、财产清查结果处理程序

财产清查结果一般有三种情况：一是账面数和实存数相符；二是账面数大于实存数即盘亏；三是账面数小于实存数即盘盈。对于通过财产清查发现盘盈、盘亏问题，应认真调查研究，分析原因，明确责任，并按有关规定和程序处理；对于在清查中发现的积压物资，要尽早处理，以加速资金周转，提高资金利用率；对于未使用和不需用的固定资产也应采取措施，积极处置；对于拖欠时间较长的应收、应付款项应查明拖欠原因，及时解决，如果对方确实出现了关停并转的情况，应及时做坏账处理；对于管理上和会计核算上所出现的问题，应认真总结经验教训，提出改进意见和措施，进一步加强财务管理，提高管理水平。具体处理程序分两步进行。

第一步，核准上报清查结果，请求处理意见，同时根据清查结果编制记账凭证，登记入账，保证账实相符。各单位在清查中发现的盘盈、盘亏和毁损，应当核准数字，调查分析发生差异的原因，明确经济责任，提出相应的处理意见，并按规定的程序，报请有关部门审批，请求处理。同时根据已查明的财产物资盘盈、盘亏和损失的数额，编制记账凭证，据以登记有关账簿，通过调整账簿记录，使各项财产物资的账存数和实存数保持一致相符，进而使编制的会计报表反映各项财产物资的真实情况。

第二步，根据审批意见，进行会计处理。由于财产清查发现的问题要上报审批，按照审批意见相应处理。因此，在审批之后，应当根据批准的处理意见和处理结果，编制记账凭证，记入有关账簿，完成财产清查的会计处理工作。

二、财产清查结果的会计处理

为了核算和监督企业在清查财产过程中查明的各种财产盘盈、盘亏和毁损的价值，应设置“待处理财产损溢”账户，该账户下设“待处理流动资产损溢”和“待处理固定资产损溢”两个明细账户。“待处理财产损溢”账户的借方登记盘亏和毁损的各种材料、库存商品、固定资产等，以及报经批准处理的财产盘盈的转销数额；贷方登记盘盈的各种材料、库存商品、固定资产等，以及报经批准处理的财产盘亏、毁损的转销数额。该账户余额如果在借方，反映企业尚未处理的各种财产的净损失；如果余额在贷方，反映企业尚未处理的各种财产的净盘盈数。企业清查的各种财产损溢，应及时查明原因，并根据企业的管理权限，报请决策管理机构批准，会计人员按批准的处理意见，进行会计处理。“待处理财产损溢”账户年末应处理完毕，不留余额。

（一）货币资金清查结果的账务处理

库存现金是企业流动性最强的资产，收支频繁，很容易出现差错。所以企业应建立库存现金的盘点制度，加强对现金的清查。通过清查，发现现金短款，应在查明原因前，借记“待处理财产损溢——待处理流动资产损溢”账户，贷记“库存现金”账户；如果发现现金长款，借记“库存现金”账户，贷记“待处理财产损溢——待处理流动资产损溢”账户 。待查明原因后区别情况按规定予以处理，属于有关人员责任造成现金短缺，应由责任人赔偿的部分，通过“其他应收款”账户进行核算，借记“其他应收款——××（责任人）”账户，贷记“待处理财产损溢——待处理流动资产损溢”账户，收到现金，借记“库存现金”账户，贷记“其他应收款——××（责任人）”账户；对无法查明原因的现金溢缺，经过批准后作“营业外收入”账户或“管理费用”账户处理。

【例 7－2】某企业进行现金清查，发现现金短缺 170 元。

批准前，编制会计分录如下：

借：待处理财产损溢——待处理流动资产损溢　　170
　　贷：库存现金　　170

经核查，现金短缺属于出纳员责任造成，应由出纳员赔偿。

编制会计分录如下：

借：其他应收款——××（出纳员）　　170
　　贷：待处理财产损溢——待处理流动资产损溢　　170

【例 7－3】某企业进行现金清查，发现现金溢余 280 元。

批准前，编制会计分录如下：

借：库存现金　　280
　　贷：待处理财产损溢——待处理流动资产损溢　　280

经核查，现金溢余原因不明，无法查清，报经批准作营业外收入处理。编制会计分录如下：

借：待处理财产损溢——待处理流动资产损溢　　280
　　贷：营业外收入　　280

银行存款的清查中编制的银行存款余额调节表的目的，只是检查账簿记录的正确性。在双方记账都不发生错误的前提下，调节后的存款余额应该相等。该数额就是企业银行存款的实有数额。如果调解后的存款仍不相等，表明双方在记账方面存在错误，应该进一步查明错账的原因，并及时进行更正。对于银行已经入账而本单位尚未入账的账项和本企业入账而银行尚未入账的账项，均不做账务处理，待以后业务凭证到达后，再做账务处理。对于长期悬置的未达账项，应该及时查阅凭证、账簿等有关资料，查明原因，及时和银行联系，予以解决。

（二）存货清查结果的会计处理

存货清查若出现盘亏或盘盈情况，应查明原因。根据各种原因和报经批准的处理意见，进行相应的会计处理，具体如下：

1. 存货盘盈。发生盘盈的存货，应及时办理存货入账手续，并查明原因。按盘盈存货的计划成本或重置成本，借记“原材料”等存货账户，贷记“待处理财产损溢——待处理流动资产损溢”账户。如查明是由于收发计量或核算上的误差等原因造成的，经有关部门批准后，冲减管理费用，借记“待处理财产损溢——待处理流动资产损溢”账户，贷记“管理费用”账户。

2. 存货盘亏。发生盘亏的存货，在报经批准以前，应按其成本（计划或实际成本）转入“待处理财产损溢——待处理流动资产损溢”账户。报经批准后，再根据造成盘亏和毁损的原因和处理意见，分别情况处理。

（1）属于自然损耗产生的定额内损耗，经批准后转作管理费用；

（2）属于计量收发差错和管理不善等原因造成的存货短缺或毁损，应先扣除残料价值、可以收回的保险赔偿和过失人的赔偿，然后将损失记入管理费用；

（3）属于自然灾害或意外事故造成的存货毁损，应先扣除残料价值和可以收回的保险赔偿，然后将净损失转作营业外支出。

【例 7－4】某企业存货清查时，发现 A 材料盘亏 100 千克，单价 30 元。

批准前，编制会计分录如下：

借：待处理财产损溢——待处理流动资产损溢	3 000	
贷：原材料		3 000

批准后，根据不同情况和批准意见作以下相应的处理。

（1）若属于定额内损耗，报经批准，列作管理费用。

编制会计分录如下：

借：管理费用	3 000	
贷：待处理财产损溢——待处理流动资产损溢		3 000

（2）若属于保管人员责任造成损失，应由责任人赔偿。

借：其他应收款——××（责任人）	3 000	
贷：待处理财产损溢——待处理流动资产损溢		3 000

【例 7－5】某企业存货清查中，发现 B 材料短缺 72 千克，单价 100 元。

批准前，编制会计分录如下：

借：待处理财产损溢——待处理流动资产损溢	7 200	
贷：原材料		7 200

经查明，上述 B 材料短缺属于非常损失，保险公司同意赔偿 4 000 元，其余部分报经有关部门批准，列入营业外支出，编制会计分录如下：

借：其他应收款——保险公司　4 000
　　营业外支出——非常损失　3 200
　　贷：待处理财产损溢——待处理流动资产损溢　7 200

【例 7-6】 某企业进行财产清查，C 材料盘盈 150 千克，单价 5 元。

批准前，编制会计分录如下：

借：原材料　750
　　贷：待处理财产损溢——待处理流动资产损溢　750

经查明，上项 C 材料盘盈属于计量不准所致，报经审批予以处理，计入管理费用。编制会计分录如下：

借：待处理财产损溢——待处理流动资产损溢　750
　　贷：管理费用　750

（三）固定资产清查结果的账务处理

固定资产清查若出现盘盈、盘亏情况，应查明原因，并根据具体情况进行会计处理。盘盈的固定资产，按同类或类似固定资产的重置价值，减去按新旧程度估算的耗损价值后的数额，借记“固定资产”账户，贷记“待处理财产损溢——待处理固定资产损溢”账户，如果同类或类似固定资产不存在活跃市场，按该项固定资产的预计未来现金流量的现值，作为固定资产和待处理财产损溢的入账价值。报经批准后，借记“待处理财产损溢——待处理固定资产损溢”账户，贷记“营业外收入”账户。盘亏的固定资产，按固定资产净额，借记“待处理财产损溢——待处理固定资产损溢”账户，按已提折旧，借记“累计折旧”账户，按该项固定资产已计提的减值准备，借记“固定资产减值准备”账户；按固定资产原值，贷记“固定资产”账户。

【例 7-7】 某企业对固定资产进行盘点，发现一台使用中的机器设备尚未入账，该机器设备八成新，该型号机器设备存在活跃市场，市场价格为 800 000 元。

本例中，由于盘盈的固定资产存在活跃市场，因此，该公司盘盈的固定资产入账价值为：800 000×80% = 640 000（元）。账务处理如下：

（1）盘盈时：

借：固定资产　640 000
　　贷：待处理财产损溢——待处理固定资产损溢　640 000

（2）盘盈固定资产报经批准后处理，编制会计分录如下：

借：待处理财产损溢——待处理固定资产损溢　640 000
　　贷：营业外收入——固定资产盘盈　640 000

【例 7-8】 某企业在固定资产清查中，发现短缺一台设备，账面价值 60 000 元，已提折旧 32 000 元。

批准前，编制会计分录如下：

借：待处理财产损溢——待处理固定资产损溢　28 000
　　累计折旧　32 000
　　贷：固定资产　60 000

经查明，上项盘亏设备属于非常损失，编制会计分录如下：

借：营业外支出——非常损失　　28 000

　　贷：待处理财产损溢——待处理固定资产损溢　　28 000

（四）往来款项清查结果的会计处理

在往来款项清查中，查明确实无法收回的应收款项和无法支付的应付款项，不通过“待处理财产损溢”账户核算。企业应当根据应收款项收回的可能性的大小，提取坏账准备，记入“管理费用”账户核算；待实际发生坏账时，冲销坏账准备。坏账是指无法收回的应收款项，坏账准备是应收款项的备抵账户。

对确实无法支付的应付款项，报经批准后，列作“营业外收入”账户，借记“应付账款”账户，贷记“营业外收入”账户。

【例 7-9】 某企业在财产清查中，发现一笔应收账款 27 000 元已超过规定年限，应转为坏账处理。编制会计分录如下：

借：坏账准备　　27 000

　　贷：应收账款　　27 000

【例 7-10】 某企业在财产清查中，发现一笔应付账款 39 000 元，因对方单位已撤销，无法支付，应予核销。

编制会计分录如下：

借：应付账款　　39 000

　　贷：营业外收入　　39 000

思考与练习

一、名词解释

财产清查　全面清查　永续盘存制　实地盘存制　银行存款余额调节表
局部清查　定期清查　不定期清查　未达账项　待处理财产损溢
账面价值法　评估确认法　协商议价法　查询核实法

二、简答题

1. 试述财产清查的含义和作用。
2. 财产清查如何进行分类？
3. 财产清查方法及其适用性有哪些？
4. 概述财产清查的基本程序和清查前的准备工作。
5. 什么是实地盘存制和永续盘存制？两者各有什么优点和缺点？
6. 简述都有哪些财产物资的清查方法？
7. 什么是未达账项？如何编制银行存款余额调节表？
8. 试述财产清查结果的处理程序。
9. 说明财产清查结果的会计处理业务有哪些？

第八章

财务会计报告

第一节 概　　述

财务会计报告是会计核算工作的结果，是指企业对外提供的反映企业某一特定日期财务状况和某一会计期间经营成果、现金流量的文件，是财务会计部门提供财务会计信息资料的一种重要手段，所以编制财务会计报告是财务会计工作的一项重要内容。

一、编制财务会计报告的意义

会计核算，虽然可以提供反映会计主体经营活动和财务收支情况的会计信息，但是，反映在会计凭证和会计账簿上的会计资料还比较分散，不集中、不概括，不便于理解和利用，很难符合国家宏观经济管理的要求，更难以满足投资者、债权人等会计信息使用者了解该单位财务状况和经营成果的需要，也难以满足该单位内部加强经营管理的需要。因此，有必要在日常会计核算的基础上，根据会计信息使用者的需要，定期对日常会计核算资料进行加工处理和分类，通过编制财务会计报告，可以总括、综合、清晰明了地反映会计主体的财务状况和经营成果以及财务收支情况。

1. 财务会计报告所提供的会计信息，是投资者、债权人、银行、供应商等会计信息使用者了解企业的财务状况、经营成果和经济效益，进而了解投资风险和投资报酬，货款或借款能否按期收回等情况的主要来源，是投资者进行投资决策、贷款者决定贷款去向、供应商决定销售策略的重要依据，也是国家经济管理部门制定宏观经济管理政策、经济决策重要的信息来源。

2. 财务会计报告所提供的会计信息，还是企业内部管理人员了解企业经营状况和经营成果的重要经济信息来源。企业决策人员可以根据报表所反映的情况总结经验，制定改善经营管理的措施，不断提高企业的经济效益。

二、财务会计报告的内容

财务会计报告主要包括对外报送的会计报表、报表附注和其他需要披露的资料。

（一）对外报送的财务报表

对外报送的财务报表，由主表、附表两部分组成。其中主表包括资产负债表、利润表、现金流量表和所有者权益变动表。附表根据各行业的特点编制，企业的附表包括利润分配表和所有者权益增减变动表、资产减值准备明细表、应交增值税明细表等。

（二）报表附注

附注是对在资产负债表、利润表、现金流量表和所有者权益变动表中列示项目的文字描述或明细资料，以及对未能在这些报表中列示项目的说明等。附注应当披露财务报表的编制基础，相关信息应当与资产负债表、利润表、现金流量表和所有者权益变动表等报表中列示的项目相互参照。其披露的内容有：

1. 财务报表的编制基础。

2. 遵循会计准则的声明。

3. 重要会计政策的说明，包括财务报表项目的计量基础和会计政策的确定依据。

4. 重要会计估计的说明，包括下一会计期间内可能导致资产、负债账面价值重大调整的会计估计的确定依据等。

5. 会计政策和会计估计变更以及差错更正的说明。

6. 对已在资产负债表、利润表、现金流量表和所有者权益变动表中列示的重要项目的进一步说明，包括终止经营税后利润的金额及其构成情况等。

7. 或有和承诺事项、资产负债表日后非调整事项、关联方关系及其交易等需要说明的事项。此外企业应当在附注中披露在资产负债表日后、财务报告报出日前提议或宣布发放的股利总额和每股股利金额。

三、财务会计报告的分类

企业编制的会计报表，可以根据不同的编报时期，按经济内容、用途或作用、数据形态等进行分类。

1. 会计报表按编报时间，可以分为月度会计报表（月报）、季度会计报表（季报）、半年度会计报表（半年报）和年度会计报表（年报）。月报是在每一月份终了时编制，用以反映企业某一月份的财务状况和经营成果；季报是在每一季度终了时编制，用以反映企业某一季度的财务状况及经营成果；半年报是在每个会计年度的前6个月结束后编制，用以反映企业半年内的财务状况、经营成果和现金流量；年报又称决算报表，是在每个年度终了时编制，用以反映企业某一年内的财务状况及经营活动情况。半年度、季度和月度财务会计报告统称为中期财务会计报告。

2. 会计报表按编制单位，可以分为个别会计报表、合并会计报表和汇总会计报表。

个别会计报表是指独立核算的基层单位，根据本单位的账簿记录和有关资料编制的会计报表。合并会计报表是指以母公司和子公司组成的企业集团为会计主体，以母公司和子公司单独编制的个别会计报表为基础，由母公司编制的综合反映企业集团财务状况、经营成果及现金流量的会计报表。汇总会计报表是指上级主管部门根据所属基层单位上报的个别会计报表连同本级的会计报表经简单汇总编制的会计报表。

3. 会计报表按反映企业资金运动状态，可分为静态报表和动态报表。静态报表是反映某一特定日期企业资产、负债和所有者权益状况的会计报表，如资产负债表。动态报表是反映某一时期内企业经营成果和现金流入与流出情况的会计报表，如利润表、现金流量表等。

4. 会计报表按反映的经济内容，可以分为反映企业财务状况和反映企业经营成果的会计报表。反映企业财务状况的会计报表一般是指资产负债表和现金流量表；反映企业经营成果及其分配情况的会计报表一般是指利润表。

5. 会计报表按服务（报送）对象，可以分为外部会计报表和内部会计报表。外部会计报表是企业根据会计制度的规定定期向政府有关部门、投资者、债权人等报送的会计报表，如资产负债表、利润表和现金流量表就是要求定期对外报送的会计报表；内部会计报表是为满足企业内部经济管理的需要，自行设计并填制的，向企业内部各职能部门提供的会计报表，一般不对外公开，如成本费用表。

6. 会计报表按主次关系，可以分为主表和附表。主表如资产负债表、利润表和现金流量表；所有者权益变动表、附表如资产减值准备明细表、分部报表、应交增值税明细表等。

四、财务会计报告的编制要求

为了确保财务会计报表的质量，充分发挥报表的作用，在编制报表时，应符合以下要求：

（一）数字真实

会计核算应当以实际发生的经济业务为依据，如实反映财务状况和经营成果。报表所提供会计信息的数据应具有可靠性，不应是有意伪造的数据。报表中项目的数字主要来源于账簿记录，即账簿记录是编制会计报表的主要依据。为了保证会计报表数字的真实可靠，账簿记录就必须真实完整。

（二）内容完整

报表必须按照规定的报表种类、格式和内容来编制，不应漏编、漏报报表，也不应漏填、漏列报表项目。对不同会计期间应当编报的各种会计报表，都应该编报齐全；对于应当填列的报表项目，都必须填列齐全。如果有的项目无数字填列，应在金额栏用一横线划去，以表示此项目无数字填报。报表中需要加以说明的项目，应在报表附注中用文字简要说明，以便报表使用者理解和利用。

（三）计算准确

各种报表中项目的金额主要是来自日常的账簿记录，但并不完全是账簿数字的简单转抄。有些报表项目的金额需要对有关会计科目的期末余额进行分析、计算整理后才能填列，而且报表项目之间也存在着一定的数量勾稽关系。所以，要求采用正确的计算方法，保证计算结果准确。计算准确并不排除谨慎性原则的运用，即在有不确定因素的情况下做出所要求的预计时，进行谨慎判断，以便不抬高资产或收益，也不过分压低费用。例如，应收账款的可收回程度等，就可实行谨慎性原则。

（四）编报及时

会计信息的报告如果不适当地拖延，就可能失去其效用。所以，报表必须按规定的期限和程序，及时编制，及时报送，以便报表使用者及时了解编报单位的财务状况和经营成果，也便于有关部门及时进行汇总。为了及时编制报表，会计部门应当科学地组织好日常的会计核算工作，认真做好记账、算账、对账和财产清查等编表前的各项准备工作。同时，要加强与企业内部各有关部门的协作，相互配合，使日常核算工作能均衡有序地进行，报表能顺利编制完成，及时报送。

（五）指标可比

企业财务报表中的经济指标，口径应当尽可能一致，计算方法一致，以便于报表使用者比较企业不同时期的财务状况和经营成果，有利于报表使用者用来比较不同企业的财务状况和经营成果。因此，企业在不同时期的报表指标和同类型企业之间的报表指标，应当尽可能口径一致。如果确实需要变动，应该把变动和变动的影响告诉报表使用者。这意味着，报表的编报单位应当把编制会计报表所采用的会计政策以及这些政策中的变更和变更的影响告诉使用者。在了解这些以后，报表使用者才能够鉴别同一个企业在不同时期以及不同的企业间财务状况和经营成果之间的差别。

第二节

资产负债表

资产负债表是反映企业在某一特定日期财务状况的报表。某一特定日期是指编制报表这一天，如月末、季末、年末，因此说资产负债表是静态报表。财务状况主要是指企业资产、负债、所有者权益的总额、构成以及各项目之间的合理组合。资产负债表根据“资产 = 负债 + 所有者权益”公式，依照一定的分类标准和一定的次序，把企业在某一特定日期的资产、负债和所有者权益项目予以适当排列编制而成。

资产负债表总括反映企业一定日期的财务状况，揭示了资产、负债、所有者权益这三个会计要素之间的内在联系和平衡关系。通过资产负债表，可以了解企业在某一特定日期拥有或控制的经济资源及其分布情况，从而观察其资源的使用情况；通过资产负债表中反映的企业在某一特定日期的负债总额及其结构，可以计算分析企业的长短期偿债能力；通过资产负债表中提供的所有者权益总额及其结构，可以进行资本结构的分析，从而为进行长期投资决策提供重要依据。

一、资产负债表的格式

资产负债表主要是由表头、基本部分和补充资料组成。

表头包括有报表名称、编制单位、日期、金额单位组成。

基本部分分为左右两侧，左侧为资产、右侧为负债和所有者权益。资产按照流动性大小排列，先是流动资产然后是非流动资产；右侧按照权益先后顺序排列，先是负债然后是所有者权益；负债按偿还期长短排列，先是流动负债然后是长期负债。资产负债表的格式如表 8－1 所示。

（一）资产类项目

资产类项目按其流动性的大小，或按资产变现能力的强弱，分为流动资产和非流动资产两类，并分项列示。

流动资产项目包括现金及各种存款、应收账款、预付账款、其他应收款、存货等。

非流动资产项目包括长期股权投资、固定资产、无形资产和其他资产等。

（二）负债类项目

负债类项目按其承担经济义务期限的长短，分为流动负债和长期负债两类，并分项列示。

流动负债项目包括应付账款、预收账款、应付职工薪酬、应交税费、应付利润、其他应付款、预提费用等。

长期负债项目主要包括长期借款。

（三）所有者权益类项目

所有者权益类项目按其来源划分，一般分为实收资本、盈余公积、未分配利润等项目。

上述资产类项目金额合计数与负债和所有者权益类项目金额合计数必须相等。

二、资产负债表的编制方法

资产负债表基本部分的各项目都有“年初余额”和“期末余额”两个栏目，是一种比较资产负债表，下面说明其各项目的填制。

（一）“年初余额”的填列方法

资产负债表中“年初余额”栏目各项目数字。应该根据上年末资产负债表“期末余额”栏内数字填列。如果出现本年度资产负债表项目与上年度资产负债表项目不一致时，按调整后的数字填列。

（二）“期末余额”的填列方法

“期末余额”是指会计主体某一个会计期末的数字，即月末、季末或年末。资产负债表各项目“期末余额”的数字来源可以通过以下方式取得：

1. 直接根据总分类账户的余额填列。这些账户有应收票据、应收股利、应收利息、固定资产清理、工程物资、短期借款、应付票据、应付职工薪酬、应交税费、实收资本、资本公积、盈余公积等。

2. 根据几个账户的余额分析计算填列。如“货币资金”根据“库存现金”“银行存款”“其他货币资金”账户余额合计填列；“存货”根据“在途物资”“原材料”“库存商品”“周转材料”“委托加工物资”“生产成本”账户余额合计数加或减“材料成本差异”“存货跌价准备”等形成；“未分配利润”根据“本年利润”账户余额减去“利润分配”相关余额形成。

3. 根据几个明细账户的余额分析计算填列。如“应收账款”根据“应收账款”和“预收账款”明细账的借方余额合计减去“坏账准备”账户余额填列；“预收账款”根据“应收账款”和“预收账款”明细账的贷方余额填列；“应付账款”根据“应付账款”和“预付账款”明细账贷方余额合计填列；预付账款根据“应付账款”和“预付账款”明细账借方余额合计填列。

4. 根据总分类账户和明细分类账户的余额分析计算填列。如“一年内到期的长期负债”，根据“长期借款”明细账中反映的将在一年内到期的部分分析填列；应付债券、长期应付款也是如此。

5. 根据有关账户余额与其备抵账户余额相减后填列。如“长期股权投资”项目根据“长期股权投资”账户余额与“长期股权投资减值准备”账户余额相减后填列；“持有至到期投资”项目根据“持有至到期投资”账户余额与“持有至到期投资减值准备”账户余额相减后填列；“可供出售金融资产”项目根据“可供出售金融资产”账户余额与“可供出售金融资产减值准备”账户余额相减后填列；“固定资产”项目根据“固定资产”账户余额与“固定资产减值准备”“累计折旧”账户余额相减后填列；“无形资产”项目根据“无形资产”账户余额与“无形资产减值准备”“累计摊销”账户余额相减后填列；“在建工程”项目根据“在建工程”账户余额与“在建工程减值准备”账户余额相减后填列等。

【例 8－1】 A 公司 20×1 年末资产负债表情况如表 8－1 所示，20×2 年年末各账户余额如表 8－2 所示。

表 8－1 **资 产 负 债 表**

编制单位：A 公司 20×1 年 12 月 31 日 单位：元

资　　产	行次	期末余额	年初余额	负债和所有者权益（或股东权益）	行次	期末余额	年初余额
流动资产：				流动负债：			
货币资金		200 000		短期借款		60 000	
交易性金融资产		50 000		交易性金融负债			
应收票据		30 000		应付票据		20 000	
应收账款		20 000		应付账款		30 000	
预付款项		8 000		预收款项		10 000	
应收利息		2 000		应付职工薪酬		9 000	
应收股利				应交税费		8 000	
其他应收款		10 000		应付利息			

续表

资　产	行次	期末余额	年初余额	负债和所有者权益（或股东权益）	行次	期末余额	年初余额
存货		180 000		应付股利		3 000	
其中：消耗性生物资产				其他应付款		1 000	
一年内到期的非流动资产				一年内到期的非流动负债		9 000	
其他流动资产				其他流动负债			
流动资产合计		500 000		流动负债合计		150 000	
非流动资产：				非流动负债：			
可供出售金融资产				长期借款		250 000	
持有至到期投资				应付债券			
长期应收款				长期应付款		50 000	
长期股权投资		50 000		专项应付款			
投资性房地产				预计负债			
固定资产		1 000 000		递延所得税负债			
在建工程		165 000		其他非流动负债			
工程物资		35 000		非流动负债合计		300 000	
固定资产清理				负债合计		450 000	
生产性生物资产				所有者权益（或股东权益）			
油气资产				实收资本（或股本）		1 350 000	
无形资产		190 000		资本公积		50 000	
开发支出				减：库存股			
商誉				盈余公积		105 000	
长期待摊费用		103 400		未分配利润		45 000	
递延所得税资产		6 600		所有者权益（或股东权益）合计		1 550 000	
其他非流动资产		0					
非流动资产合计		1 500 000					
资产总计		2 000 000		负债和所有者权益（或股东权益）总计		2 000 000	

表 8－2　　资产、负债及所有者权益账户资料

单位：元

账户名称	借方余额	贷方余额	说　明
库存现金	5 850		
银行存款	187 600		
其他货币资金	18 000		
交易性金融资产	84 000		

续表

账户名称	借方余额	贷方余额	说　　明
应收票据	58 500		其中到期前已贴现 30 000
应收账款	93 600		
坏账准备		468	
预付账款	30 000	5 000	
应收利息	7 542		
其他应收款	10 000		
材料采购	72 000		
原材料	66 000		
包装物	4 000		
低值易耗品	12 000		
产成品	50 400		
自制半成品	12 500		
生产成本	37 500		
委托加工物资	5 000		
分期收款发出商品	12 000		
待摊费用	3 000		
存货跌价准备		400	
一年内到期的非流动资产	58 000		
长期股权投资	50 000		
固定资产	1 050 000		其中融资租入固定资产 400 000
累计折旧		360 000	
固定资产减值准备		40 000	
在建工程	175 000		
工程物资	35 000		
无形资产	200 000		
无形资产减值准备		10 000	
长期待摊费用	180 000		
短期借款		180 000	
应付票据		46 800	
应付账款	10 000	70 200	
预收账款	5 000	36 000	
其他应付款		2 400	
应付职工薪酬		1 66 440	
应交税费		26 800	
递延所得税资产	6 600		

续表

账户名称	借方余额	贷方余额	说　　明
应付股利		59 600	
其他流动负债		6 800	
预提费用		5 400	
长期借款		340 000	其中一年内到期的借款 140 000
长期应付款		46 000	其中一年内到期的应付款 23 000
实收资本（股本）		1 050 000	
资本公积		20 000	
盈余公积		56 000	其中公益金 7 500
本年利润		289 118	
利润分配	278 334		

根据 A 公司 20×2 年 12 月 31 日资产、负债及所有者权益各账户资料，编制资产负债表，见表 8－3。

表 8－3　　　　资产负债表

编制单位：A 公司　　　　20×2 年 12 月 31 日　　　　单位：元

资　　产	行次	期末余额	年初余额	负债和所有者权益（或股东权益）	行次	期末余额	年初余额
流动资产：				流动负债：			
货币资金		211 450	200 000	短期借款		180 000	60 000
交易性金融资产		84 000	50 000	交易性金融负债			
应收票据		58 500	30 000	应付票据		46 800	20 000
应收账款		98 132	20 000	应付账款		75 200	30 000
预付款项		43 000	80 00	预收款项		41 400	10 000
应收利息		7 542	2 000	应付职工薪酬		166 440	9 000
应收股利				应交税费		26 800	8 000
其他应收款		10 000	10 000	应付利息			
存货		271 000	180 000	应付股利		59 600	3 000
其中：消耗性生物资产				其他应付款		2 400	1 000
一年内到期的非流动资产		58 000		一年内到期的非流动负债		163 000	9 000
其他流动资产				其他流动负债		6 800	
流动资产合计		841 624	500 000	流动负债合计		768 440	150 000
非流动资产：				非流动负债：			
可供出售金融资产				长期借款		200 000	250 000
持有至到期投资				应付债券			

续表

资　产	行次	期末余额	年初余额	负债和所有者权益（或股东权益）	行次	期末余额	年初余额
长期应收款				长期应付款		23 000	50 000
长期股权投资		50 000	50 000	专项应付款			
投资性房地产				预计负债			
固定资产		850 000	1 000 000	递延所得税负债			
在建工程		175 000	165 000	其他非流动负债			
工程物资		35 000	35 000	非流动负债合计		223 000	300 000
固定资产清理				负债合计		991 440	450 000
生产性生物资产				所有者权益（或股东权益）			
油气资产				实收资本（或股本）		1 250 000	1 350 000
无形资产		190 000	190 000	资本公积		20 000	50 000
开发支出				减：库存股			
商誉				盈余公积		56 000	105 000
长期待摊费用		180 000	103 400	未分配利润		10 784	45 000
递延所得税资产		6 600	6 600	所有者权益（或股东权益）合计		1 336 784	1 550 000
其他非流动资产		0	0				
非流动资产合计		1 486 600	1 500 000				
资产总计		2 328 224	2 000 000	负债和所有者权益（或股东权益）总计		2 328 224	2 000 000

第三节

利　润　表

利润表是反映企业在一定时期内利润或者亏损实际形成的会计报表。企业在一定时期内所实现的财务成果可以有利润和亏损两种形式。

利润表提供企业一定时期全部收入、全部支出以及收支相抵后的财务成果情况，可用来检查企业利润计划的完成情况，分析企业利润增减变动的原因；利润表提供的会计信息还可用来评价企业的经营效率，评估投资报酬，判断企业资本是否保全；通过利润表会计信息，也可以预测企业未来一定时期的盈利趋势。

一、利润表的格式

利润表由表头和基本部分组成。表头部分主要列明报表的名称、编制单位、编制时间和金额单位。基本部分的格式有单步式和多步式两种。我国采用多步式结构。

多步式利润表把企业净利润的形成过程分为几个步骤，每个步骤都形成净利润的一部分；同时各步骤按构成要素进行细分，表明其数字的来源。

单步式利润表，是将本期所有收入列在一起，然后再将所有费用列在一起，两部分相减一次计算得出当期净利润。单步式利润表格式，见表 8－4。

表 8－4　　利润表（单步式）

编制单位：A 公司　　20×2 年度　　单位：元

项　　目	行　　次	本 月 数	本年累计数
一、收入			
主营业务收入			
其他业务收入			
投资收益			
营业外收入			
补贴收入			
收入合计			
二、费用			
主营业务成本			
营业税金及附加			
其他业务成本			
营业费用			
管理费用			
财务费用			
营业外支出			
所得税费用			
费用合计			
三、净利润			

二、利润表的编制方法

利润表分设“本年数”栏和“上年数”栏。利润表“上年数”栏反映各项目的上年实际发生数。利润表“本年数”栏是反映各项目自年初起至报告期末止的累计实际发生数。表中各项目主要根据损益类账户的发生额直接填列，个别项目根据损益类账户发生额分析计算填列，具体编制方法归纳如下：

1. 报表中的本月数根据损益类账户本月发生额填列。如销售费用、管理费用、财务费用、营业税金及附加、资产减值损失、所得税费用、营业外支出、营业外收入等项目，根据各相应的账户本期发生额直接填列。

公允价值变动损益、投资收益项目是根据“公允价值变动损益”及“投资收益”账户的发生额分析填列的，如为损失，以“－”号填列；营业收入根据主营业务收入和其他业务收入填列。营业成本根据主营业务成本和其他业务成本填列。

2. 报表中的本年累计数根据年初起至年末止的累计发生数填列。

3. 报表中间各步骤的余额根据以上各项目计算填列。营业利润、利润总额、净利润等项目，根据各有关项目内容计算填列。

【例 8-2】A 公司 20×2 年度损益类账户的发生额，见表 8-5。

表 8-5　　损益类账户资料

单位：元

科目名称	借方发生额	贷方发生额	科目名称	借方发生额	贷方发生额
主营业务收入		2 000 000	其他业务收入		110 000
主营业务成本	1 500 000		其他业务成本	70 000	
营业税金及附加	3 600		营业外收入		50 000
销售费用	18 000		营业外支出	15 000	
管理费用	136 000		投资收益		25 000
财务费用	43 000		所得税	101 400	

根据 A 公司 20×2 年度损益类账户资料编制利润表，见表 8-6。

表 8-6　　利润表（多步式）

编制单位：A 公司　　20×2 年度　　单位：元

项　目	行次	本年金额	上年金额
一、营业收入		2 110 000	
减：营业成本		1 570 000	
营业税金及附加		3 600	
销售费用		18 000	
管理费用		136 000	
财务费用		43 000	
资产减值损失			
加：公允价值变动损益（损失以“-”号填列）			
投资收益（损失以“-”号填列）		25 000	
其中：对联营企业和合营企业的投资收益			
二、营业利润（亏损以“-”号填列）		364 400	
加：营业外收入		50 000	
减：营业外支出		15 000	
其中：非流动资产处置损失			
三、利润总额（亏损总额以“-”号填列）		399 400	
减：所得税费用		101 400	
四、净利润（净亏损以“-”号填列）		298 000	
五、每股收益			
（一）基本每股收益			
（二）稀释每股收益			

第四节

现金流量表

一、现金流量表的概念和作用

现金流量表是反映企业在一定会计期间现金和现金等价物流入和流出的会计报表。

编制现金流量表中的现金是指“现金”和“现金等价物”的含义。这里的现金是指广义的现金，包括企业库存现金、可以随时用于支付的存款。具体包括：

（一）库存现金

库存现金是指企业持有可随时用于支付的现金，与会计核算中“库存现金”账户所包含的内容一致。

（二）银行存款

银行存款是指企业存在银行或其他金融机构、随时可以用于支付的存款，与会计核算中“银行存款”账户所包括的内容基本一致。存在银行或其他金融机构的款项中不能随时支取的定期存款，不作为现金流量表中的现金，但提前通知银行或其他金融机构便可支取的定期存款，则包括在现金流量表的现金范围内。

（三）其他货币资金

其他货币资金是指企业存在金融企业具有特定用途的资金，如外埠存款、银行本票存款、银行汇票存款、信用证保证金存款、信用卡存款、支付宝、微信等，与会计核算中“其他货币资金”账户所包括的内容一致。

现金等价物是指企业持有的期限短、流动性强、易于转换为现金、价值变动风险很小的投资。现金等价物虽然不是现金，但其支付能力与现金的差别不大，可视为现金。一项投资被认为现金等价物，必须同时具备四个条件：期限短、流动性强，易于转换为已知金额的现金、价值变动风险很小。对于企业而言，一般是指购买在三个月或更短时间内即到期或即可转换为现金的债券投资。

现金流量表主要提供企业有关现金流量方面的信息，以便会计信息使用者了解和评价企业获取现金和现金等价物的能力，据以预测企业未来现金流量。企业的现金流转情况在很大程度上影响着企业的资金周转和经济发展。企业现金充足，可以随时购入所需的材料物质和支付费用等，保证企业生产经营活动正常进行。反之，则影响企业的正常生产经营活动，重者则危及企业的生存。现金流量表的具体作用表现在：

1. 现金流量表能够按项目反映企业的现金流入和现金流出。现金流量表将现金流量划分为经营活动、投资活动和筹资活动所产生的现金流量，并按流入现金和流出现金分项反映。现金流量表有助于报表使用者评价企业的支付能力、偿债能力。将现金流量表同企业的资产负债表、利润表结合起来，可以用以评价企业偿债能力和支付能力。

2. 现金流量表有助于报表使用者预测企业未来现金流量。通过现金流量表，可以了解企业现金的来源和用途，了解企业经营活动、投资活动和筹资活动产生的现金流量，通过逐项分析可以预测企业未来获取现金或支付现金的能力。

3. 现金流量表有助于报表使用者分析企业的收益情况。通过编制现金流量表，可以了解企业经营活动、投资活动、筹资活动的现金流量，将经营活动产生的现金流量与净利润进行比较，可以了解企业收益的质量情况。

二、现金流量的分类

现金流量是指企业一定时期的现金及现金等价物流入和流出的数量。现金有不同的收入来源，也有不同的支出用途，按照企业会计准则的规定，现金流量分为经营活动产生的现金流量、投资活动产生的现金流量和筹资活动产生的现金流量。现金净流量是指现金流入和现金流出的差额。现金净流量可能是正数，也可能是负数，正数为净流入，负数则为净流出。现金净流量反映了企业各类活动形成的现金流量的最终结果。

（一）经营活动产生的现金流量

经营活动是指企业投资和筹资活动以外的所有交易和事项。各类企业经营活动范围因其行业特点不同而有差异，对于工商企业来说，经营活动主要包括销售商品、提供劳务、购买商品、接受劳务、经营性租赁、广告宣传、推销商品、支付税费等。经营活动产生的现金流量是企业通过经营资产创造出来的。

（二）投资活动产生的现金流量

投资活动是指企业长期资产的购建和不包括在现金等价物范围内的投资及其处置活动。这里的长期资产是指固定资产、无形资产、在建工程、其他资产等持有期限在一年或一个营业周期以上的资产。

（三）筹资活动产生的现金流量

筹资活动是指导致企业资本及债务规模和构成发生变化的活动。这里的资本包括实收资本、资本溢价。与资本有关的现金流入和流出项目，包括吸收投资、发行股票、分配利润等。“债务”，是指企业对外举债所借入的款项，如发行债券、向金融企业借入款项以及偿还债务等。

（四）其他项目现金流量的分类

其他项目是指日常活动之外，不经常发生的项目，如灾害损失、保险赔偿、捐赠等。对于这些项目，应归类到上面相关类别中单独设项反映。如对于灾害损失和保险赔偿，若能够确定属于固定资产等长期资产的损失，则列入投资活动产生的现金流量。否则，列入经营活动产生的现金流量。捐赠收入和支出可以列入经营活动产生的现金流量。

三、现金流量表的结构

现金流量表主要由正表和补充资料两大部分构成。正表包括六项内容：一是经营活动产生的现金流量；二是投资活动产生的现金流量；三是筹资活动产生的现金流量；四是汇率变动对现金的影响；五是现金及现金等价物净增加额；六是期末现金及现金等价物余额。补充资料包括三项内容：一是将净利润调节为经营活动现金流量；二是不涉及现金收支的重大投资和筹资活动；三是现金及现金等价物净变动情况。现金流量表格式见表 8－7。

表 8－7　　现 金 流 量 表

编制单位：A 公司　　20×2 年度　　单位：元

项　　目	行次	本年金额	上年金额
一、经营活动产生的现金流量			
销售商品、提供劳务收到的现金	1		
收到的税费返还	3		
收到的其他与经营活动有关的现金	8		
经营活动现金流入小计	9		
购买商品、接受劳务支付的现金	10		
支付给职工以及为职工支付的现金	12		
支付的各项税费	13		
支付其他与经营活动有关的现金	18		
经营活动现金流出小计	20		
经营活动产生的现金流量净额	21		
二、投资活动产生的现金流量			
收回投资收到的现金	22		
取得投资收益收到的现金	23		
处置固定资产、无形资产和其他长期资产收回的现金净额	25		
处置子公司及其营业单位收到的现金净额			
收到其他与投资活动有关的现金	28		
投资活动现金流入小计	29		
购建固定资产、无形资产和其他长期资产支付的现金	30		
投资支付的现金	31		
取得与子公司及其他营业单位支付的现金净额			
支付其他与投资活动有关的现金	35		
投资活动现金流出小计	36		
投资活动产生的现金流量净额	37		
三、筹资活动产生的现金流量			
吸收投资收到的现金	38		
取得借款收到的现金	40		
收到其他与筹资活动有关的现金	43		
筹资活动现金流入小计	44		
偿还债务支付的现金	45		
分配股利、利润或偿付利息支付的现金	46		
支付其他与筹资活动有关的现金	52		
筹资活动现金流出小计	53		
筹资活动产生的现金流量净额	54		
四、汇率变动对现金的影响	55		
五、现金及现金等价物净增加额	56		
加：期初现金及现金等价物余额			
六、期末现金及现金等价物余额			
补充资料	行次	本年金额	上年金额
1．将净利润调节为经营活动现金流量：			
净利润	57		

续表

补充资料	行次	本年金额	上年金额
加：资产减值准备	58		
固定资产折旧、油气资产折耗、生产性生物资产折旧	59		
无形资产摊销	60		
长期待摊费用摊销	61		
处置固定资产、无形资产和其他长期资产的损失（收益以"－"号填列）	66		
固定资产报废损失（收益以"－"号填列）	67		
公允价值变动损失（收益以"－"号填列）			
财务费用（收益以"－"号填列）	68		
投资损失（收益以"－"号填列）	69		
递延所得税资产减少（增加以"－"号填列）			
递延所得税负债增加（减少以"－"号填列）			
存货的减少（增加以"－"号填列）	71		
经营性应收项目的减少（增加以"－"号填列）	72		
经营性应付项目的增加（减少以"－"号填列）	73		
其他	74		
经营活动产生的现金流量净额	75		
2. 不涉及现金收支的重大投资和筹资活动：			
债务转资本	76		
一年内到期的可转换公司债券	77		
融资租入固定资产	78		
3. 现金及现金等价物净变动情况：			
现金的期末余额	79		
减：现金的期初余额	80		
加：现金等价物的期末余额	81		
减：现金等价物的期初余额	82		
现金及现金等价物净增加额	83		

第五节

所有者权益变动表

一、所有者权益变动表的涵义

所有者权益变动表是反映构成所有者权益的各组成部分当期的增减变动情况的报表。

二、所有者权益变动表的作用

通过所有者权益变动表，不仅可以全面反映一定时期所有者权益总额的增减变动情况，还可以提供所有者权益增减变动的重要结构信息，让报表使用者准确理解所有者权益增减变动的根源。

三、所有者权益变动表的结构

所有者权益变动表上，企业至少应当单独列示反映下列信息的项目：（1）综合收益总额；（2）会计政策变更和差错更正的累计影响金额；（3）所有者或其他权益工具持有者投入资本和向所有者分配利润等；（4）提取的盈余公积；（5）实收资本或资本公积、盈余公积、未分配利润等的期初余额和期末余额及其调节情况。

所有者权益变动表以“矩阵式”的格式列示：一方面，列示导致所有者权益变动的交易或事项，即所有者权益变动的来源，对一定时期所有者权益的变动情况进行全面反映；另一方面，按照所有者权益各组成部分（即实收资本、其他权益工具、资本公积、其他综合收益、盈余公积、未分配利润和库存股）列示交易或事项对所有者权益各部分的影响。我国所有者权益变动表的格式见表8－8。

表8－8　　所有者权益变动表　　会企04表

编制单位：乙股份有限公司　　20×2年度　　单位：元

项目	本年金额										上年金额
	实收资本（或股本）	其他权益工具			资本公积	减：库存股	其他综合收益	盈余公积	未分配利润	所有者权益合计	
		优先股	永续债	其他							
一、上年年末余额											
加：会计政策变更											
前期差错更正											
二、本年年初余额											
三、本年增减变动金额（减少以“—”号填列）											
（一）综合收益总额											
（二）所有者投入和减少资本											
1. 所有者投入的普通股											
2. 其他权益工具持有者投入资本											
3. 股份支付计入所有者权益的金额											
4. 其他											
（三）利润分配											
1. 提取盈余公积											
2. 对所有者（或股东）的分配											

续表

项目	本年金额										上年金额
	实收资本（或股本）	其他权益工具			资本公积	减：库存股	其他综合收益	盈余公积	未分配利润	所有者权益合计	
		优先股	永续债	其他							
3. 其他											
（四）所有者权益内部结转											
1. 资本公积转增资本（或股本）											
2. 盈余公积转增资本（或股本）											
3. 盈余公积弥补亏损											
4. 设定收益计划变动额结转留存收益											
5. 其他综合收益结转留存收益											
6. 其他											
四、本年年末余额											

四、所有者权益变动表的编制

（一）所有者权益变动表项目的填列方法

所有者权益变动表各项目均需填列“本年金额”和“上年金额”两栏。

所有者权益表变动表“上年金额”栏内各项数字，应根据上年度所有者权益变动表“本年金额”内所列数字填列。上年度所有者权益变动表规定的各个项目的名称和内容同本年度不一致的，应对上年度所有者权益变动表各项目的名称和数字按照本年度的规定进行调整，填入所有者权益变动表的“上年金额”栏内。

所有者权益变动表“本年金额”栏内各项数字一般应根据“实收资本（或股本）”“其他权益工具”“资本公积”“其他综合收益”“盈余公积”“利润分配”“库存股”“以前年度损益调整”科目的发生额分析填列。

企业的净利润及其分配情况作为所有者权益变动的组成部分，不需要单独编制利润分配表列示。

（二）所有者权益变动表主要项目说明

1. “上年年末余额”项目，反映企业上年资产负债表中实收资本（或股本）、其他权益工具、资本公积、库存股、其他综合收益、盈余公积、未分配利润的年末余额。

2. “会计政策变更”“前期差错更正”项目，分别反映企业采用追溯调整法处理的会计政策变更的累计影响金额和采用追溯重述法处理的会计差错更正的累计影响金额。

3. “本年增减变动金额”项目：

（1）“综合收益总额”项目，反映净利润和其他综合收益扣除所得税影响后的净额相加后的合计金额。

（2）“所有者投入和减少资本”项目，反映企业当年所有者投入的资本和减少的资本。

“所有者投入普通股”项目，反映企业接受普通股投资者投入形成的实收资本（或股本）和资本溢价或股本溢价。

“其他权益工具持有者投入资本”项目，反映企业接受其他权益工具持有者投入形成的实收资本（或股本）和资本公积，应根据“实收资本”“资本公积”等科目发生额分析填列。

“股份支付计入所有者权益的金额”项目，反映企业处于等待期中的权益结算的股份支付，当年计入资本公积的金额。

（3）利润分配项目，反映企业当年的利润分配金额。

（4）“所有者权益内部结转”项目，反映企业构成所有者权益的组成部分之间的增减变动情况。

“资本公积转增资本（或股本）”项目，反映企业以资本公积转增资本或股本的金额。

“盈余公积转增资本（或股本）”项目，反映企业以盈余公积转增资本或股本的金额。

“盈余公积弥补亏损”项目，反映企业以盈余公积弥补亏损的金额。

“设定收益计划变动额结转留存收益”项目，反映企业设定收益计划变动额转增留存收益的金额。

“其他综合收益结转留存收益”项目，反映企业其他综合收益结转为留存收益的金额。

思考与练习

一、名词解释

财务会计报告	会计报表	会计报表附注	财务情况说明书
中期财务会计报告	资产负债表	利润表	现金流量表
动态报表	静态报表	现金及现金等价物	所有者权益变动表

二、简答题

1. 什么是财务会计报告？其基本构成包括哪些内容？
2. 财务会计报告的作用是什么？如何对财务会计报告进行分类？
3. 编制财务会计报告的基本要求和准备工作包括哪些内容？

4. 说明资产负债表的结构、内容和编制方法。
5. 说明利润表的结构、内容和编制方法。
6. 现金流量表中现金及现金等价物的内涵是什么?
7. 说明现金流量表的结构、内容和编制方法。
8. 简述所有者权益变动表的结构、内容和编制方法。

第九章

会计核算组织程序

第一节

概　　述

一、会计核算组织程序的意义

会计核算就是在对日常经济业务的逐层加工、汇总和综合的过程中，首先进行核算资料的收集及初步分类，即填制会计凭证。接下来是登记账簿，也是分类整理核算资料的过程。最后编制会计报表，是对核算资料的再加工。如前所述，填制会计凭证、登记账簿、编制会计报表都是会计核算的重要方法，它们都有特定的目的、原则和手段。但它们不是孤立的，而是相互联系的：编制会计报表的资料主要来源于账簿，会计报表的内容对账簿的种类、格式和记录内容又有制约作用；账簿的登记依据是会计凭证，账簿的种类、格式又决定着会计凭证的种类和格式。凭证、账簿、报表三者之间相互联系、相互制约的关系，三者之间以及各种凭证之间、账簿之间、报表之间的配合，决定着会计核算资料的全面性、综合性、及时性。因此，每一个单位都应根据实际情况，进行科学的设计和合理组织会计凭证、账簿、会计报表及其传递程序，这便形成了各种会计核算组织程序。

会计核算组织程序也叫财务处理程序或会计核算形式，它是指凭证组织、账簿组织与记账程序有机结合的方法和步骤。凭证组织是指凭证的种类、格式和各种凭证之间的相互关系；账簿组织是指账簿的种类、格式和各种账簿之间的相互关系；记账程序是指运用一定的记账方法，从填制审核会计凭证、登记账簿直至编制会计报表的工作程序。

会计报表为报表使用者提供用以进行管理和决策所需的会计信息，管理和决策的要求决定会计报表的种类、项目、格式及编报日期等；会计账簿既是日常经济活动管理的详细档案资料，又是编制会计报表的直接依据，经营管理和编制会计报表的要求，决定了会计账簿的种类、格式及其应记录的内容；会计凭证既是记录经济业务的证据，又是登记账簿的根据，登记账簿的要求决定会计凭证的种类、格式和记录的内容。将会计报表、会计账簿和会计凭证三者有机地组织起来，形成恰当的会计核算组织程序，是会计核算工作的重要内容。

由于会计凭证、账簿、报表的种类、格式不同，尤其是登记总分类账簿的程序不同，形成了不同的会计核算组织程序。选用适当的会计核算组织程序，对于科学地组织本单位的会计核算工作具有重要意义。

第一，可以使会计数据的整个处理过程有条不紊地进行，确保会计记录正确、及时、完整，会计信息相关、可靠；

第二，可以减少不必要的会计核算环节和手续，迅速编制报表，节约人力、物力和财力，提高会计核算的工作效率；

第三，对会计核算工作的分工协作、责任划分，充分发挥会计工作的监督职能；

第四，建立合理适用的会计核算形式，对于保证会计核算的工作质量，为企业的经营管理提供准确的财务资料。

二、会计核算组织程序的要求

在会计核算工作中，会计凭证、账簿和报表彼此之间按一定形式相互联系，就形成了不同的会计核算组织程序。合理科学的会计核算组织程序不仅可以提高会计工作效率，而且能够保证会计工作的质量。企事业单位科学地组织会计核算工作，合理选择会计核算组织程序，都应符合以下要求：

第一，适合本单位所属行业特点，并与单位生产与经营管理规模、交易或事项的繁简程度相适应，并且有利于会计工作的分工协作和内部控制；

第二，适应会计资料使用者的要求，正确、及时、完整地提供本单位的各种财务会计信息，有助于投资者、债权人、政府及其有关部门和社会公众等作出经济决策；

第三，适应提高会计核算工作质量和效率的要求，力求简化核算手续，减少记账工作量，节约账务处理费用。

三、会计核算组织程序的种类

我国会计核算组织程序按照适用单位规模的不同可分为：小规模单位会计核算组织程序和大中型单位会计核算组织程序。其中常见的小规模单位会计核算组织程序主要包括：记账凭证核算组织程序、日记总账核算组织程序、多栏式日记账核算组织程序；大中型单位会计核算组织程序主要包括：科目汇总表核算组织程序、汇总记账凭证核算组织程序等；而分录日记账核算组织程序适合计算机操作的特殊会计核算组织程序。

各种会计核算组织程序既有相同点，又有各自的特点。各种会计核算组织程序的基本共性模式如图 9－1 所示。

图 9－1　会计核算组织程序的基本模式

各种会计核算组织程序的主要区别是登记总账的依据或方法不同。企业、事业单位可以结合生产规模、经营管理特点，根据财务会计核算、提供会计信息的要求采用适当的会计核算组织程序。

第二节

小规模单位会计核算组织程序

一、记账凭证核算组织程序

（一）记账凭证核算组织程序的特点

记账凭证核算形式是根据记账凭证直接登记总账的会计核算程序。在记账凭证核算形式下，账簿可采用三栏式现金日记账、银行存款日记账和三栏式总分类账；明细分类账格式根据实际需要可采用三栏式、多栏式、数量金额式。记账凭证可采用收款凭证、付款凭证和转账凭证等专用记账凭证，也可采用通用记账凭证。

（二）记账凭证核算形式的基本内容

记账凭证核算形式的基本内容或基本步骤包括：

1. 根据原始凭证或原始凭证汇总表编制收款凭证、付款凭证和转账凭证。
2. 根据收款凭证、付款凭证逐笔登记现金日记账和银行存款日记账。
3. 根据原始凭证或原始凭证汇总表和记账凭证逐笔登记明细账。
4. 根据记账凭证逐笔登记总分类账。

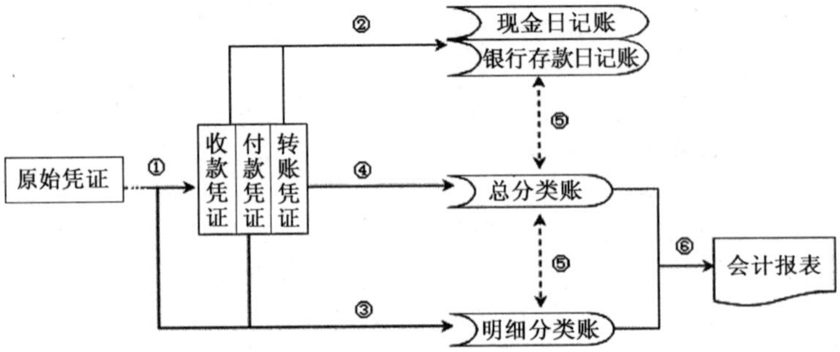

图 9－2　记账凭证核算组织程序

5. 月终，将总分类账与现金日记账、银行存款日记账核对相符，总账与各种明细账核对相符。

6. 月终，根据总分类账和有关明细分类账资料编制会计报表。

记账凭证核算组织程序步骤见图9－2。

(三) 记账凭证核算组织程序的评价及适用范围

记账凭证核算组织程序与其他会计核算组织程序的区别是根据记账凭证登记总账，它是会计核算组织程序中最基本的会计核算组织程序。由于是根据记账凭证直接登记总账，因而简单易懂，便于掌握。但是，当企事业单位业务量较大，记账凭证较多时，逐笔登记总账将增加登记工作量，因此，这种程序适用于规模小、业务量少、记账凭证不多的企事业单位。

二、日记总账核算形式

(一) 日记总账核算形式的特点

日记总账核算组织程序是设置日记账，并以所有经济业务编制的记账凭证为依据直接登记日记总账的会计核算组织程序。

日记总账核算组织程序下，记账凭证多采用收款凭证、付款凭证、转账凭证，也可采用通用记账凭证。现金、银行存款日记账可以采用收、付、余三栏式的日记账簿，也可采用收、付栏设有对方科目的多栏式日记账簿。明细账的格式可根据各单位的实际情况及管理要求，分别采用三栏式、多栏式和数量金额式等。

(二) 日记总账核算组织程序的基本内容

日记总账核算组织程序的基本内容或基本步骤包括：

1. 根据原始凭证填制各种记账凭证。
2. 根据收、付款凭证登记现金日记账和银行存款日记账。
3. 根据原始凭证和各种记账凭证登记各种明细分类账。
4. 根据各种记账凭证及现金日记账、银行存款日记账登记日记总账。

日记总账格式见表9－1。

表9－1　　日　记　总　账

年		凭证		摘　要	发生额	现　金		银行存款		应收账款		材　料		…
月	日	字	号			借方	贷方	借方	贷方	借方	贷方	借方	贷方	
				发生额合计 及月末余额										

5. 月末，将现金日记账、银行存款日记账和各明细分类账的余额与总分类账的有

关账户余额核对。

6. 根据日记总账和各种明细分类账编制会计报表。

日记总账核算组织程序步骤见图9－3。

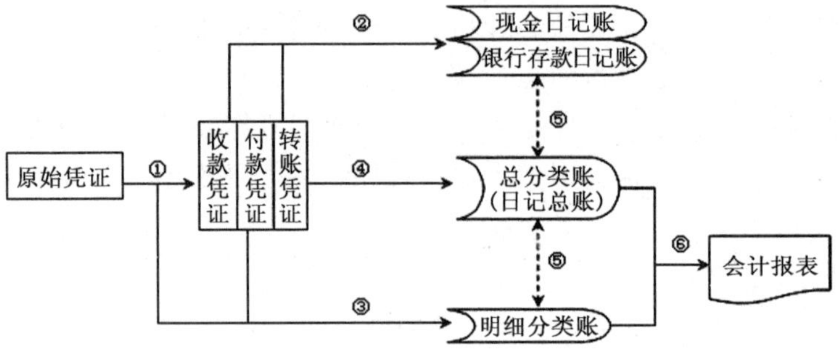

图9－3　日记总账核算组织程序

（三）日记总账核算组织程序的评价及适用范围

日记总账核算组织程序与其他会计核算组织程序的区别，是根据记账凭证直接登记日记总账。将日记账与分类账结合在一起，使记账手续简化，并且便于检查记账的正确性。日记总账将全部会计科目都集中在一张账页上，可以反映每一经济业务所记录的账户对应关系，为检查分析经济业务提供方便，而且根据日记总账编制会计报表可以简化编表工作。但是，如果企事业单位的业务量较大，运用的会计科目较多时，账页过长，记账容易串行，也不便于会计人员分工。这种核算组织程序适用于规模小、业务简单、使用会计科目较少的单位。

三、多栏式日记账核算组织程序

（一）多栏式日记账核算组织程序的特点

多栏式日记账会计核算组织程序，是根据收款凭证和付款凭证登记多栏式现金日记账和银行存款日记账。月终，根据多栏式现金日记账、银行存款日记账和转账凭证登记总分类账的一种会计核算组织程序。它与其他会计核算组织程序的区别在于登记总账的依据是多栏式日记账和转账凭证。

在多栏式日记账会计核算组织程序下，仍需设置收款凭证、付款凭证和转账凭证。在账簿的设置上，日记账要设置多栏式，包括多栏式现金收入日记账和现金支出日记账，多栏式银行存款收入日记账和银行存款支出日记账四种。其他有关总分类账和明细分类账的设置与格式同前面记账凭证会计核算组织程序基本一致。多栏式日记账的格式，见表9－2、表9－3。

采用多栏式日记账会计核算组织程序，平时根据收款凭证和付款凭证逐日逐笔登记多栏式现金、银行存款收入和支出日记账，月末根据多栏式日记账“收入合计栏”的本月发生额记入“库存现金”或“银行存款”总分类账的借方，并根据收入栏下各专栏对应账户的本月发生额记入有关总分类账户的贷方；根据多栏式日记账“支出合计栏”的本月发生额记入“库存现金”或“银行存款”总分类账的贷方，并根据支出栏下各专栏对应账户的本月发生额记入有关总分类账户的借方。对于现金、银行存款之间的相互划转数，因为已分别包括在现金日记账和银行存款日记账的收入和支出合计栏内，所以不必再根据“库存现金”“银行存款”专栏合计数登记总分类账，以免重复。对于转账业务可直接根据转账凭证登记总分类账，如果转账业务多也可以根据转账凭证填制转账凭证科目汇总表，再根据科目汇总表登记总分类账。

表 9－2　　现金收入日记账

年		凭证号数	摘　要	贷方科目			收入合计
月	日			银行存款	应收账款	……	

表 9－3　　现金支出日记账

年		凭证号数	摘　要	借方科目				收入合计
月	日			银行存款	应付账款	物资采购	……	

注：银行存款收入日记账和银行存款支出日记账与上述现金收入日记账和现金支出日记账的格式基本相同。

（二）多栏式日记账会计核算形式的基本内容

1. 根据原始凭证或原始凭证汇总表填制记账凭证。
2. 根据收款凭证和付款凭证逐笔登记多栏式现金日记账和多栏式银行存款日记账。
3. 根据原始凭证或原始凭证汇总表和记账凭证登记各种明细分类账。
4. 根据多栏式日记账和转账凭证登记总分类账。
5. 月终，将总分类账与各种明细分类账的余额进行核对。
6. 月终，根据总分类账和有关明细分类账的资料编制会计报表。

多栏式日记账核算组织程序，见图 9－4。

（三）多栏式日记账核算组织程序的评价及适用范围

采用这种会计核算组织程序，可以简化总分类账的登记工作，但转账业务仍需要根据转账凭证逐笔过入总分类账，则其工作量较大。一般适用于规模小，业务量少，收、付款业务较多而转账业务较少的单位。

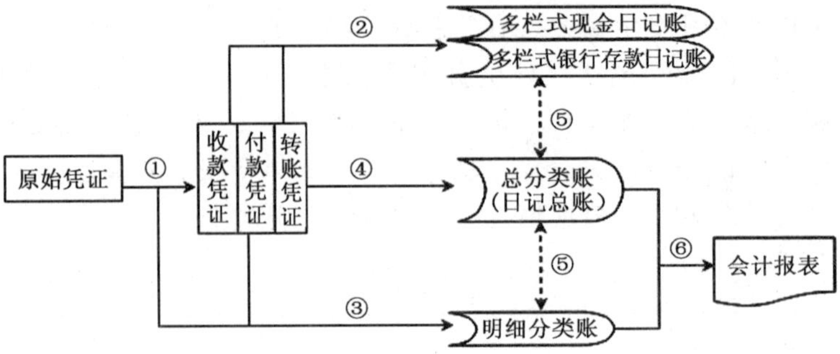

图 9－4　多栏式日记账会计核算组织程序

第三节

大中型单位会计核算组织程序

一、科目汇总表核算组织程序

(一) 科目汇总表核算组织程序的特点

科目汇总表核算组织程序是根据记账凭证定期编制科目汇总表，根据科目汇总表登记总账的会计核算组织程序。

按科目汇总表核算组织程序，除了设置收款凭证、付款凭证和转账凭证外，还需设置科目汇总表，其他各种账簿的设置与格式同记账凭证核算组织程序基本相同。企业根据记账凭证定期（5—10 天）编制科目汇总表，将同类科目的借方金额相加，计算出每一会计科目的本期借方发生额，并填入科目汇总表相应借方栏内；将同类科目的贷方金额相加，计算出每一会计科目的本期贷方发生额，并填入科目汇总表相应贷方栏内；然后计算出所有科目的借方发生额合计和贷方发生额合计，并进行试算平衡。经过试算平衡正确无误，即可据以登记总账。科目汇总表格式见表 9－4。

表 9－4　　**科 目 汇 总 表**

年　月　日至　日　　　　第　号

会计科目	总账页数	本期发生额		记账凭证起始号数
		借　方	贷　方	
合　计				

(二) 科目汇总表核算组织程序的基本内容

科目汇总表核算组织程序的基本内容或基本步骤包括：

1. 根据原始凭证或原始凭证汇总表编制收款凭证、付款凭证和转账凭证。

2. 根据收款凭证和付款凭证逐日逐笔登记现金日记账和银行存款日记账。

3. 根据原始凭证或原始凭证汇总表和记账凭证逐笔登记明细账。

4. 根据记账凭证定期编制科目汇总表。

5. 根据科目汇总表登记总账。

6. 月终，将总账与现金日记账、银行存款日记账核对相符，将总账与各种明细账核对相符。

7. 月终，根据总账和有关明细账的资料编制会计报表。

科目汇总表核算组织程序步骤见图 9－5。

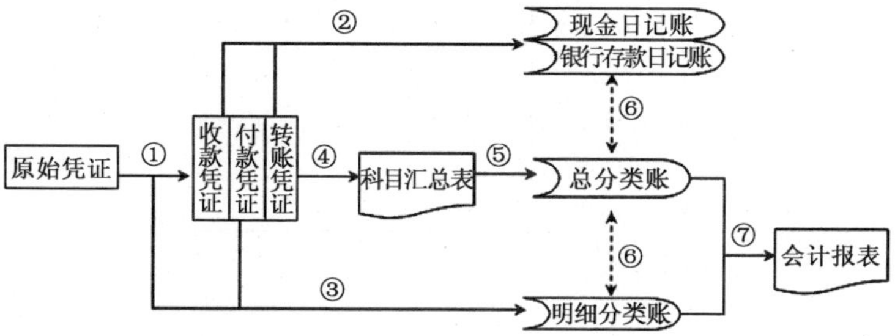

图 9－5　科目汇总表核算组织程序

(三) 科目汇总表核算组织程序的评价及适用范围

科目汇总表核算组织程序是根据科目汇总表登记总账，能够减少登记总账的工作，科目汇总也比较简单，而且科目汇总表还起着试算平衡的作用。但是，按照相同科目归类编制的科目汇总表只反映各科目的本期借方发生额和本期贷方发生额，不能反映各个科目的对应关系及经济业务的来龙去脉，不便于分析、检查经济活动情况，不便于查对账目。科目汇总表核算组织程序一般适用于业务量较大、记账凭证较多的企事业单位。

二、汇总记账凭证核算组织程序

(一) 汇总记账凭证核算组织程序的特点

汇总记账凭证核算组织程序是根据记账凭证定期编制汇总记账凭证，根据汇总记账凭证登记总分类账的会计核算组织程序。

在汇总记账凭证会计核算组织程序下，除了设置收款凭证、付款凭证和转账凭证外，还应分别设置汇总收款凭证、汇总付款凭证和汇总转账凭证，会计账簿的设置与格式同记账凭证核算组织程序基本一致。

汇总收款凭证是根据现金、银行存款的收款凭证，分别按现金、银行存款科目的借方设置，并按相对应的贷方科目归类汇总。月终，计算出汇总收款凭证的合计数，据以分别记入总账现金、银行存款账户的借方，以及各对应账户的贷方。

汇总付款凭证是根据现金、银行存款的付款凭证，分别按现金、银行存款科目的贷方设置，并按相对应的借方科目归类汇总。月终，计算出汇总付款凭证的合计数，据以分别记入总账现金、银行存款账户的贷方，以及各对应账户的借方。

汇总转账凭证是根据汇总期内全部转账凭证，分别按每一科目的贷方设置，按相对应的借方科目归类汇总。月终，计算出汇总转账凭证的合计数，据以分别记入总账应贷账户的贷方，以及各对应账户的借方。为了便于编制汇总转账凭证，平时填制转账凭证，应编制一借一贷的会计分录。在汇总期内，如果某一贷方科目的转账凭证较少，也可以不编制汇总转账凭证，而直接根据转账凭证登记总账。汇总记账凭证格式见表9－5、表9－6、表9－7。

表9－5　　**汇总收款凭证**

借方科目：　　20××年5月　　编号：

贷方科目	金　　额				总账页数	
	1—10日	11—20日	21—31日	合　计	借　方	贷　方

会计主管　　记账　　审核　　填制

表9－6　　**汇总付款凭证**

贷方科目：　　20××年5月　　编号：

借方科目	金　　额				总账页数	
	1—10日	11—20日	21—31日	合　计	借　方	贷　方

会计主管　　记账　　审核　　填制

表9－7　　**汇总转账凭证**

贷方科目：　　20××年5月　　编号：

借方科目	金　　额				总账页数	
	1—10日	11—20日	21—31日	合　计	借　方	贷　方

会计主管　　记账　　审核　　填制

（二）汇总记账凭证核算组织程序的基本内容

汇总记账凭证核算组织程序的基本内容或基本步骤包括：

1. 根据原始凭证或原始凭证汇总表编制收款凭证、付款凭证和转账凭证。

2. 根据收款凭证和付款凭证逐日逐笔登记现金日记账和银行存款日记账。

3. 根据原始凭证或原始凭证汇总表和收款凭证、付款凭证、转账凭证逐笔登记明细账。

4. 根据收款凭证、付款凭证和转账凭证定期分别编制汇总收款凭证、汇总付款凭证和汇总转账凭证。

5. 根据汇总收款凭证、汇总付款凭证和汇总转账凭证登记总账。

6. 月终，将总账与现金日记账、银行存款日记账核对相符，总账与各种明细账核对相符。

7. 月终，根据总账和有关明细账资料编制会计报表。

（三）汇总记账凭证核算组织程序的评价及适用范围

汇总记账凭证核算组织程序与其他会计核算组织程序的区别，主要是根据记账凭证编制汇总记账凭证，并以此作为登记总分类账的依据。这种核算组织程序可以将日常发生的大量记账凭证分散在平时整理，通过汇总归类，月末一次记入总分类账，能够减轻登记总账的工作量，为及时编制会计报表提供方便。

汇总记账凭证是按照科目对应关系归类、汇总编制的，能够明确地反映账户之间的对应关系，便于经常分析检查经济活动的发生情况。但是，汇总记账凭证按每一贷方科目归类汇总，不考虑经济业务的性质和类型，不利于会计核算工作的分工，而且编制汇总记账凭证的工作量也较大。这种会计核算组织程序适用于生产规模较大、交易和事项较多的企事业单位。汇总记账凭证核算组织程序见图 9－6。

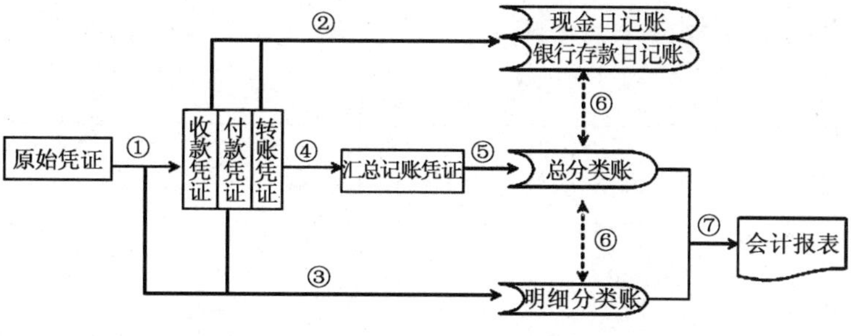

图 9－6　汇总记账凭证核算组织程序

第四节

特定条件下会计核算组织程序

一、分录日记账核算组织程序的特点

分录日记账核算组织程序是将所有的经济业务按照所涉及的科目，以分录的形式记入日记账，再根据日记账的记录过入总分类账的核算组织程序。分录日记账核算组织程序的基本步骤见图 9－7。

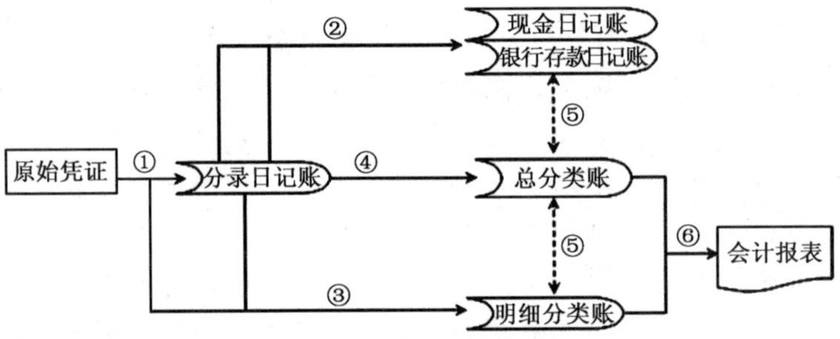

图 9－7　分录日记账核算组织程序

二、分录日记账核算组织程序的基本内容

分录日记账核算组织程序的基本内容或基本步骤包括：

1. 根据原始凭证填制分录日记账。分录日记账的格式见表 9－8。

表 9－8　　　　**分 录 日 记 账**

20××年		摘　要	过账符号	借　方	贷　方
月	日				

2. 根据原始凭证和分录日记账登记现金日记账和银行存款日记账。当经济业务发生后，将经济业务发生的时间记入日期栏，把有关账户的名称填在摘要栏，借方账户紧靠在左边登记，然后，较前者向右移一格，登记贷方账户，再把相应的金额记入左边（借方）和右边（贷方）的金额栏。在账户名称的下一行写上说明，简明扼要地概括出所记经济业务的有关资料。

3. 根据原始凭证或分录日记账登记各种明细分类账。明细账的格式根据各单位的

实际情况及管理要求，分别采用三栏式、数量金额式和多栏式等。

4. 根据分录日记账过入总分类账。总分类账可采用借、贷、余三栏式。此外，还需增设“过账符号”栏。日记账中的过账符号栏记录用以指明其借、贷方记录已过入的账户；总分类账中的过账符号则表明其有关记录是从日记账那里过来的。过账时，是把每笔分录的借方和贷方转抄到相应的总分类账户。

5. 月末，将总分类账的余额与明细分类账有关余额核对。

6. 月末，根据总分类账和明细账的资料编制会计报表。

三、分录日记账核算组织程序的评价及适用范围

分录日记账核算组织程序的特点是在将经济业务记入总分类账以前，对经济业务进行分析，并进行序时登记的列表式记录。这种核算组织程序可以通过一本普通日记账反映一定期间的全部经济业务，而且便于采用计算机操作。如果企事业单位采用手工操作，这种核算组织程序就不利于对经济业务进行分类、汇总，而且原始凭证与起记账凭证作用的分录日记账相分离。它只适用于采用计算机操作的企事业单位。

思考与练习

一、名词解释

会计核算组织程序　记账凭证核算组织程序　日记总账　日记总账核算组织程序　科目汇总表核算组织程序　汇总记账凭证核算组织程序　科目汇总表　汇总记账凭证　分录日记账核算组织程序　多栏式日记账会计核算组织程序

二、简答题

1. 会计核算组织程序有哪些意义和要求？
2. 会计核算组织程序的种类主要有哪些？
3. 小规模单位手工操作有哪些会计核算组织程序？
4. 大型单位手工操作有哪些会计核算组织程序？
5. 简述记账凭证核算组织程序的特点、优缺点和适用范围。
6. 简述记账凭证核算组织程序的会计核算组织程序。
7. 简述日记总账核算组织程序的评价及适用范围。
8. 简述多栏式日记账核算组织程序的特点、优缺点和适用范围。
9. 简述科目汇总表核算组织程序的特点、优缺点和适用范围。
10. 简述汇总记账凭证核算组织程序的特点、优缺点和适用范围。
11. 简述分录日记账核算组织程序评价及适用范围。

第十章 会计工作组织

第一节 会计工作组织的意义和要求

会计工作组织就是指如何组织会计工作。从广义来讲，凡是与组织会计工作有关的一切事情都可以概括进来。从狭义来讲，会计工作组织主要应该包括会计人员的配备、会计机构的设置、会计制度的制定、会计信息系统的设立、会计法规的制定与执行，以及会计档案的保管。科学地组织会计工作，对全面、高质量地完成会计任务，充分发挥会计在经济管理中的作用具有重要意义。

会计工作是一项严密细致的经济管理工作。会计为经营管理所提供的会计信息，要经过凭证、账簿、报表等一系列相应的程序和方法对数据进行记录、计算、分类、汇总、分析、检查等。会计数据的传输、加工在各种手续、各个步骤之间存在着密切的联系。在实际工作中，往往由于某种手续的遗漏或者某道工作程序的脱节，或者某一数字的差错，而造成会计信息不正确、不及时，从而贻误工作，甚至导致决策失误。科学地组织会计工作，使会计工作按照预先规定的方法和处理程序有条不紊地进行，可以有效地防止手续的遗漏、工作程序的脱节和数字的差错。即使出现上述问题，也能尽快查出和纠正。

会计工作是一项综合性的经济管理工作。它和其他经营管理工作有着十分密切的联系，并在加强科学管理、提高效率的共同目标下，相互补充，相互促进，相互影响。科学地组织会计工作，能使会计工作同其他经济管理工作更加协调，共同完成经济管理任务。因此，科学地组织会计工作，要遵循以下几项要求：

一、按国家的统一要求组织会计工作

在社会主义市场经济条件下，会计所提供的会计信息，既要满足有关各方了解会计主体财务状况、经营成果、财务状况变动的需要和加强内部经营管理的需要，同时还应当符合国家宏观经济管理的要求。据此，会计工作要由国家统一管理，按照“统一领导，分级管理”的原则建立会计工作的管理体制。《中华人民共和国会计法》（以下简称《会计法》）明确规定国务院财政部门管理全国的会计工作。地方各级人民政府的财政部门管理本地区的会计工作。各企事业单位和行政机关等组织会计工作，必须符合国家会计工作的统一要求。

二、根据各单位生产经营管理的特点来组织会计工作

国家对组织会计工作的统一要求只是一般的原则规定，每个会计主体的经济活动范围、业务内容不同，对会计信息的要求也有差别，各个单位必须结合实际情况和具体要求，加以贯彻和落实。因此，对会计机构的设置和会计人员的配备，以及对统一会计法规的执行等方面，都要结合本单位业务经营的特点和经营规模的大小等具体情况，做出切合实际的安排并规定具体实施办法。

三、协调同其他经济管理工作的关系

会计工作是一项综合性的经济管理工作，它既有独立的工作内容和范围，又与其他经济管理工作有着十分密切的联系。各单位发生的经济业务，都要通过会计予以反映和监督。会计工作同其他经济管理工作之间既有分工，又有协作，在组织会计工作时，要同其他各项经济管理工作互相协调、互相配合，共同完成任务。

四、不断提高会计工作质量，讲求工作效率，节约费用

会计信息应当符合国家宏观经济管理的要求，满足有关各方了解本单位财务状况、经营成果和财务状况变动的需要，满足本单位内部经营管理的需要。为了提供会计信息，会计人员要将日常发生的、大量的、错综复杂的经济业务，通过确认、计量、记录、报告等一系列程序和手续，将其转换为供有关各方利用的会计信息，这是一项要求严密而又细致的工作，需要精心设计，科学组织。会计信息质量不高，就会出现差错或遗漏，甚至不良的后果。因此，要求严密地组织会计工作，细致地规定和执行各项会计手续和工作程序，在保证会计工作质量的同时，也要注意提高会计工作效率，尽量节约会计工作时间和费用，要防止机构重叠、手续繁杂、重复劳动等不合理现象的发生。

第二节

会计法规和档案制度

一、会计法规

会计法规是管理会计工作的各种法律、法令、条例、规则、章程、制度等规范性文件的总称。它是以一定的会计理论为基础，根据国家的财经方针、政策，将会计工作所应遵循的各项原则和方法用法规的形式肯定下来，保证会计工作按照一定的目标进行。

（一）会计法规的意义和种类

会计是一项综合性的经济管理工作，为了保证会计工作的顺利进行，会计任务的全面完成，会计工作必须做到有法可依，有章可循。制定和执行会计法规可以使会计工作符合预定的目标，有利于在经济活动中具体贯彻财经方针和政策，执行财经纪律；有了完善的会计法规，便能保障会计人员依法行使职权，充分发挥会计人员的作用；有了完善的会计法规，会计工作才能有法可依，有章可循，从而保证会计工作有组织、有秩序地进行。

我国会计法规按各法规之间的相互关系，可分为三个层次：第一层次是基本法，即《中华人民共和国会计法》（以下简称《会计法》），它是会计工作的最高层次的规范，是指导会计工作的根本法，是制定其他会计法规的依据。该法由全国人民代表大会常务委员会制定，以国家主席令颁布。第二层次是会计准则，它是根据《会计法》的要求制定，对所有设在中华人民共和国境内的单位的会计核算工作均有约束力的规范，它由财政部制定，报国务院批准后颁发，具体又分为基本准则和具体准则。第三层次是由基层单位自行制定或委托社会会计服务机构制定的内部会计制度，它仅对具体使用单位有约束力。三个层次的关系是：会计法统驭会计准则，会计准则统驭会计制度。

会计法规按其内容可分为三类：第一类是关于会计的基本法规，如《中华人民共和国会计法》；第二类是有关会计业务的法规，包括会计业务处理所应遵守的基本规则，一般原则，具体方法、手续、程序等，如《企业会计准则》《会计人员工作规则》《会计档案管理办法》等；第三类是有关会计机构和会计人员的法规，包括对会计机构的设置，会计人员的配备、职责、技术职称、任免和奖惩等方面的规定，如《会计人员职权条例》《会计专业职务试行条例》和《总会计师条例》等。

（二）《会计法》

《会计法》是为了加强会计工作，保障会计人员依法行使职权，维护社会主义市场经济秩序，发挥会计工作在维护国家财政制度和财务制度、加强经济管理、提高经济效益中的作用而制定的，是我国会计工作经验和会计理论研究成果的概括和总结。《会计法》是一项重要的经济法规，是会计工作的基本法，是制定其他一切会计法规、制度、办法、手续、程序等的法律依据，涉及会计工作的各个方面。《会计法》于 1985 年

1月21日第六届全国人民代表大会常务委员会第九次会议通过，1985年5月1日起施行。1993年12月29日，第八届全国人民代表大会常务委员会第五次会议通过了《关于修改中华人民共和国会计法的决定》，自公布之日起施行。1999年10月31日，第九届全国人民代表大会常务委员会第十二次会议修订，2017年11月4日第十二届全国人民代表大会常务委员会第三十次会议修正。现行的《会计法》主要包括以下内容：

1. 总则部分。

（1）明确指出《会计法》的立法目的是规范会计行为，保证会计资料真实、完整，加强经济管理和财务管理，提高经济效益，维护社会主义市场经济秩序；（2）明确了《会计法》的适用范围是国家机关、社会团体、企业、事业单位、个体工商户和其他组织；（3）规定了单位负责人对本单位会计工作和会计资料的真实性、完整性负责；（4）会计工作的管理体制，如总则中规定：国务院财政部门管理全国的会计工作，地方各级人民政府的财政部门管理本地区的会计工作；（5）国家实行统一会计制度，由国务院财政部门制定并公布。

2. 规定了会计核算的内容和要求。《会计法》规定了会计核算的基本内容，如款项和有价证券的收付；财物的收发、增减和使用；债权债务的发生和结算；收入、费用、成本的计算，等等。为了保证会计信息的质量，《会计法》规定了对填制会计凭证、登记会计账簿、编制财务报表等会计核算全过程的基本要求。这是保证会计信息符合国家宏观经济管理的要求，满足有关各方了解企业财务状况和经营成果的需要，满足企业加强内部经营管理需要的重要条件。

3. 公司、企业会计核算的特别规定。主要针对公司、企业会计核算的特殊性和重要性，强调了公司、企业会计核算中对会计要素确认、计量、记录的基本要求和公司、企业会计核算的禁止性规定。

4. 会计监督。健全和完善与新形势要求相适应的三位一体的会计监督体系。三位一体的会计监督体系是指通过建立单位内部会计监督制度进行的单位内部监督、通过注册会计师进行的社会监督和以财政部门为主的国家监督。

5. 会计机构的设置和会计人员的配备。《会计法》规定了会计机构的设置、总会计师的设置、会计机构内部稽核制度和内部牵制制度、会计机构负责人的任职资格、会计人员业务培训、会计人员工作交接等内容。

6. 法律责任。《会计法》规定了单位领导人、会计人员违反《会计法》应负的法律责任。其特点是对各种违法行为作了明确具体的界定，便于在实际执行时认定违法行为，并对违法行为及时惩处；扩大了惩治对象的范围；加重了所规定的各种违法行为的责任，特别是加大了对伪造、变造会计凭证、会计账簿，编制虚假财务会计报告，以及隐匿、销毁应当保存的会计凭证、会计账簿、财务会计报告及其他会计资料等行为的打击力度；加重了单位负责人的法律责任。

（三）会计准则

1.《会计法》与会计准则。《会计法》作为基本法，概括性地规范了会计核算内容和要求、会计监督的原则等项内容。但根据《会计法》还难以具体规范会计人员的行为，必须依据《会计法》制定会计准则。

会计准则是会计人员从事会计工作的规则和指南，按其所起的作用，可分为基本准则和具体准则，基本准则应概括组织会计核算工作的基本前提和基本要求，说明会计核算工作的指导思想和基本依据、主要规则和一般程序。企业会计的账务处理程序、方法等都必须符合基本准则的要求。具体准则涉及会计核算的具体业务，它体现基本准则的要求，并保证各具体准则之间的协调性、严密性及科学性。

2.《企业会计准则——基本准则》。改革开放以来，我国从计划经济向社会主义市场经济转变，通过改革、开放逐步建立社会主义市场经济体制，但是企业会计工作一直采用按照分行业、分所有制的会计制度形式来进行规范，会计标准十分混乱，会计信息基本没有可比性，会计工作严重落后于整个国家的经济体制的转变。随着经济体制改革的深入，会计改革的迫切性终于提到社会经济体制转变的议事日程上来。从 1992 年颁布《企业会计准则》开始，我国会计工作进入一个崭新的阶段，将采用会计准则作为规范会计行为的标准替代了分行业、分所有制的会计制度。我国的企业会计准则分为基本准则和具体准则两个层次。1992 年颁布，1993 年 7 月 1 日实施，2006 年进行了重新修订，2007 年实施的《企业会计准则——基本准则》属于基本准则，仅对企业会计的一般要求和主要方面作出原则性的规定。《企业会计准则——基本准则》主要包括以下方面的内容：

（1）总则部分。说明了企业会计准则的性质、制定的依据、适用范围、会计工作的前提条件、记账基础以及会计核算基础工作的要求等等。如总则中规定了会计核算的基本前提是会计核算工作赖以存在的前提条件，是企业设计和选择会计方法的重要依据。这些基本前提尽管没有规定会计核算的具体方法，但在会计工作中起着重要作用。会计核算的基本前提是在长期的会计实践中，人们对其不断认识和总结的结晶。只有规定了这些会计核算的前提条件，会计核算才能正常顺利地进行。

（2）关于会计核算质量要求的规定。基本准则把对会计信息质量的要求筛选出八条，即可靠性、相关性、可理解性、可比性、实质重于形式、重要性、谨慎性和及时性等。这些原则是对会计核算的基本要求，是我国会计核算规范化建设的重要内容；不仅是衡量会计信息质量的基本要求，也是注册会计师审计会计报告公允性的一个参照标准。

（3）关于会计要素准则的规定。所谓会计要素准则，是指企业在会计核算中对各项会计要素进行确认、计量、记录和报告时应当遵循的基本要求。企业会计准则将会计要素划分为六项，即资产、负债、所有者权益、收入、费用和利润。

（4）关于会计计量的规定。企业在将符合确认条件的会计要素登记入账并列报于会计报表及其附注时，按照规定的会计计量属性进行计量，确定其金额。会计计量属性包括：历史成本、重置成本、可变现净值、现值、公允价值。

（5）关于会计报表体系的规定。《企业会计准则》要求会计报表除满足企业主管机关和财政、税务机关等国家政府部门的需要外，还应该满足企业各方面投资者、债权人，以及社会上投资者的需要，要能够向他们提供反映经营状况、产权关系、偿债能力和利益分配的各种会计信息。针对上述要求，会计准则对全国范围内的企业会计报表作了统一规定，规定企业必须编制和对外报送四种主要会计报表，即资产负债表、利润表、现金流量表和所有者权益变动表。

3．具体准则。从1997年正式颁布了《企业会计准则——关联方关系及其关联方交易的披露》开始，到2001年共颁布了16项具体准则。2006年2月正式发布了38项具体准则。具体会计准则是根据基本会计准则的要求就经济业务的会计处理及其程序作出具体规定，是企业进行会计核算的依据。新准则中的具体准则包括：《企业会计准则——存货》《企业会计准则——长期股权投资》《企业会计准则——长投资性房地产》《企业会计准则——固定资产》《企业会计准则——生物资产》《企业会计准则——无形资产》《企业会计准则——非货币性资产交换》《企业会计准则——资产减值》《企业会计准则——职工薪酬》《企业会计准则——企业年金基金》《企业会计准则——股份支付》《企业会计准则——债务重组》《企业会计准则——或有事项》《企业会计准则——收入》《企业会计准则——建造合同》《企业会计准则——政府补助》《企业会计准则——借款费用》《企业会计准则——所得税》《企业会计准则——外币折算》《企业会计准则——企业合并》《企业会计准则——租赁》《企业会计准则——金融工具确认和计量》《企业会计准则——金融资产转移》《企业会计准则——套期保值》《企业会计准则——原保险合同》《企业会计准则——再保险合同》《企业会计准则——石油天然气开采》《企业会计准则——会计政策、会计估计变更和差错更正》《企业会计准则——资产负债表日后事项》《企业会计准则——财务报表列报》《企业会计准则——现金流量表》《企业会计准则——中期财务报告》《企业会计准则——合并财务报表》《企业会计准则——每股收益》《企业会计准则——分部报告》《企业会计准则——关联方披露》《企业会计准则——金融工具列报》和《企业会计准则——首次采用企业会计准则》。

（四）政府会计法规体系

我国会计体系除了以企业为代表的营利性组织会计之外，还有以政府为代表的非营利组织会计。规范和管理政府和非营利组织的法规体系，在我国现阶段也已经很完善。主要包括政府会计相关的法律法规、政府会计准则和政府会计制度等。我国政府会计的基本法律规范是《会计法》《预算法》。我国的政府会计标准体系根据其适用范围，又可以进一步划分为政府会计基本准则、政府会计具体准则、政府会计应用指南和政府会计制度四个层次。

政府会计基本准则作为政府会计的“概念框架”和“顶层设计”，统驭政府会计具体准则和政府会计制度的制定，重点在于明确基本原则和方法，构建会计语言的框架体系。《基本准则》从政府会计主体、会计目标、核算体系、核算基础、会计信息质量、会计要素的确认、计量和报告等不同角度，明确了政府会计准则体系中需要解决的基本问题、基本原则和方法，构建起了统一、科学、规范的政府会计概念体系，为建立国家统一的政府会计准则体系奠定了基础。

政府会计具体准则依据基本准则制定，用于规范政府发生的经济业务或事项的会计处理，详细规定经济业务或事项引起的会计要素变动的确认、计量、记录和报告。包括一是会计要素类，如存货、投资、固定资产、无形资产、公共基础设施、政府储备物资、债务、收入、成本费用等；二是财务报告类如政府财务报表列报、合并财务报表、现金流量表等；三是特殊事项类，如或有事项、租赁、PPP、政府投资项目特殊业务等。政府会计应用指南是对具体准则的实际应用做出的操作性规定。

政府会计制度是进行会计工作所应遵循的规则、方法及程序的总称。它是会计规范体系中可操作性极强的规范。政府会计制度主要规定政府会计科目及其使用说明、会计报表格式及其编制说明等，便于会计人员进行日常核算。

党的十八届三中全会中明确提出了“建立权责发生制的政府综合财务报告制度”的重要战略部署，2014 年修正的《预算法》明确要求各级政府财政部门按年度编制以权责发生制为基础的政府综合财务报告。2014 年底，国务院批转财政部的《权责发生制政府综合财务报告制度改革方案》正式拉开了本轮政府会计改革的序幕。

2015 年以来，财政部相继出台了《政府会计准则——基本准则》和存货、投资、固定资产、无形资产、公共基础设施、政府储备物资、会计调整、财务报表编制和列报等政府会计具体准则，以及固定资产准则应用指南和政府会计制度——行政事业单位会计制度。其他的政府会计具体准则及应用指南和其他的政府会计制度也正在研拟修改之中。

通过构建统一、科学、规范的政府会计核算标准体系，有利于解决现行政府会计领域多项制度并存，体系繁杂、内容交叉、核算口径不一的问题；将财务会计和预算会计融合，可以较好地反映“双功能、双基础、双报告”的会计核算模式，为加强资产负债管理，防范政府风险等提供了支持，促进政府财务预算管理水平的提高。

中国特色社会主义进入了新时代，我国正在建立具有中国特色的政府会计准则体系和权责发生制政府综合财务报告制度。目前，政府会计正处于激剧改革阶段，我国政府与非营利组织会计理论研究与实务操作仍在改革探索和完善之中。未来政府会计制度改革主要从三个方向着手进行，一是从政府会计主体会计信息提供决策有用出发，政府会计分为财务会计与预算会计；二是从政府会计主体受托责任出发，政府会计分为政府财政会计即政府总会计和政府单位会计；三是从政府会计主体内部管理出发，政府会计将构建成本会计和管理会计。

二、会计档案

会计档案是指会计凭证、会计账簿和会计报表等会计核算专业资料，它是记录和反映经济业务的重要史料和证据。会计档案是国家档案的重要组成部分，也是各单位的重要档案之一。各单位必须加强对会计档案管理的领导，建立和健全会计档案的立卷、归档、保管、调阅和销毁等管理制度，切实把会计档案管好。

会计档案是会计事项的历史记录，是总结经验，进行决策所需利用的重要资料，也是进行会计财务检查、审计检查的重要资料。因此，各单位的会计部门必须认真做好会计档案的管理工作。

各单位的会计人员要按照国家和上级关于会计档案管理办法的规定和要求，对本单位的各种会计凭证、会计账簿、会计报表、财务计划、单位预算和重要的经济合同等会计资料定期收集、审查核对、整理立卷、编制目录、装订成册。具体的归档要求如下：

（一）定期整理归类

会计凭证是重要的经济资料和会计档案。任何单位在完成经济业务手续和记账之后，都必须按规定的立卷归档制度形成会计档案资料。

会计部门在根据会计凭证登记账簿之后，应定期（每天、每旬或每月）对各种会计凭证加以分类整理，将各种记账凭证按照编号顺序，连同所附的原始凭证折叠整齐，凡超过记账凭证宽度和长度的原始凭证，都应按记账凭证规格整齐折叠，加具封面、封底装订成册，并在装订线上加贴封签。每册的厚薄应保持基本一致，做到既美观大方，又便于翻阅。在凭证封面上，应写明单位名称、年度、月份、记账凭证的种类、起讫日期、起讫号数，以及记账凭证和原始凭证的张数，本月共几册，本册为第几册或本册凭证为几分之几册，并在封签外加盖会计主管的骑缝图章。如果采用单式记账凭证，在整理装订凭证时，必须保持会计分录的完整。为此，应按照凭证号顺序装订成册，不得按会计科目归类装订。会计凭证封面格式，见表10－1。

表10－1　会计凭证封面

		企 业 名 称		
年	年　月份	共　册	第　册	
月份	收款			
	付款	凭证第　号至第	号　共　张	
	转账			
第　册		附：原始凭证　张		
		会计主管：	保管：	装订人：

对各种重要的原始凭证以及各种需要随时查阅和退回的单据，应另编目录，单独登记保管，并在有关的记账凭证和原始凭证上相互注明日期和编号。某些记账凭证所附的原始凭证数量过多，也可以单独装订保管，但应在封面上注明所属记账凭证的日期、编号、种类，同时在有关的记账凭证上注明“附件另附”和原始凭证名称和编号，以便查考。

会计账簿同会计凭证以及会计报表，都是重要的会计档案。各单位的会计人员在年度终了，应将已更换的各种活页账簿、卡片账簿以及必要的备查账簿连同账簿使用登记表装订成册，加上封面，统一编号，由有关人员签章后，与订本账簿一起归档保管。

会计报表同会计凭证以及会计账簿一样，都是重要的会计档案。各单位的会计人员，在年度终了，应将全年编制的会计报表按时间先后顺序整理，装订成册，并加上封面，归档保管。

（二）造册归档

每年的会计凭证、账簿、报表都应由财会部门按照归档的要求，负责整理立卷或装订成册。当年的会计档案，在会计年度终了后，可暂由本单位财务会计部门保管一年，期满后，原则上应由财务会计部门编造清册移交本单位的档案部门保管。财务会计部门和经办人员，必须将应归档的会计档案全部移交档案部门，不得自行封包保存。档案部门必须按期点收。档案部门接收的会计档案，原则上要保持原卷册的封装，个别需要拆封重新整理的，应由财会部门和经办人员共同拆封整理，以明确责任。会计档案必须进行科学管理，做到妥善保管，存放有序，查找方便，严格执行安全和保密制度，不得随意堆放，严防毁损、丢失和泄密。

（三）制定使用及借阅手续

各单位对会计档案必须进行科学管理，做到妥善保管，存放有序，查找方便，并积极为本单位使用提供方便。但调阅会计档案，应有一定的手续。应设置“会计档案调阅登记簿”，详细登记调阅日期、调阅人、调阅理由、归还日期等。本单位人员调阅会计档案，需经会计主管人员同意。外单位人员调阅会计档案，要有正式介绍信，经单位领导批准。向外单位提供会计档案时，档案原件原则上不得借出。如有特殊需要，须报经上级主管单位批准，并应限期归还。调阅人员未经批准不得擅自摘录有关数字。遇特殊情况需要影印复制会计档案的，必须经过本单位领导批准，并在会计档案调阅登记簿上详细记录会计档案影印复制的情况。

（四）严格遵守保管期限

各种会计档案的保管期限，根据其特点，分为永久、定期两类。定期保管期限分为10年和30年两种。会计档案保存期限和销毁办法，由国务院财政部门会同有关部门制定。例如，目前规定企业会计档案保管期限见表10－2。

表10－2　企业会计档案保管期限表

序号	档案名称	保管期限	备　注
一	会计凭证类		
1	原始凭证	30年	
2	记账凭证	30年	
3	汇总凭证	30年	
4	涉及外事的会计凭证	永久	
二	会计账簿类		
1	总账	30年	
2	明细账	30年	
3	日记账	30年	
4	固定资产卡片		固定资产报废清理后保管5年
5	辅助账簿	30年	
6	涉及外事的会计账簿	永久	
三	财务报告类		包括各级主管部门汇总财务报告
1	月、季度财务报告	10年	包括文字分析
2	年度财务报告（决算）	永久	包括文字分析
四	其他类		
1	会计档案交清册	30年	
2	会计档案保管清册	永久	
3	会计档案销毁清册	永久	
4	银行存款余额调节	10年	
5	银行对账单	10年	

（五）会计档案的销毁

保管期满的会计档案可以按以下程序销毁：

1. 由本单位档案机构会同会计机构提出销毁意见，编制会计档案销毁清册，列名销毁会计档案的名称、卷号、册数、起至年度和档案编号、应保管期限、已保管期限、销毁时间等内容。

2. 单位负责人在会计档案销毁清册上签署意见。

3. 销毁会计档案时，应当由档案机构和会计机构共同派员监销。国家机关销毁会计档案时，应当由同级财政部门、审计部门派员参加监销；财政部门销毁会计档案时，应当由同级审计部门派员参加监销。

4. 监销人员在销毁会计档案前，应当按照会计档案销毁清册所列内容清点核对所要销毁的会计档案；销毁后，应当在会计档案销毁清册上签名盖章，并将监销情况报告本单位负责人。

《会计档案管理办法》第十一条规定：保管期满但未结清的债权债务原始凭证，不得销毁，应当单独抽出立卷，保管到未了事项完结时为止。单独抽出立卷的会计档案，应当在会计档案销毁清册和会计档案保管清册中列明。正在项目建设期间的建设单位，其保管期满的会计档案不得销毁。

第三节 会计机构

会计机构是直接从事和组织领导会计工作的职能部门。建立和健全会计机构，是加强会计工作、保证会计工作顺利进行的重要条件。

一、会计机构的设置

企业、事业、行政机关等单位都要设置从事会计工作的专职机构。在我国由于会计工作和财务工作都是综合性经济管理工作，它们之间的关系非常密切，因此通常把两者合并在一起，设置一个财务会计机构。例如，企业设置的财务会计科（处）或称财务科（处）等。所以，会计机构通常是指财务会计部门。

为了保证会计工作顺利进行和充分发挥其作用，各企业、事业和行政机关等单位一般都应单独设置会计机构。在一些规模小、会计业务简单的单位，如果不单独设置会计机构，就在有关机构中设置会计人员并指定会计主管人员，以保证会计工作的正常进行。在一些规模大、会计业务复杂且量大的单位，可以根据“统一领导，分级管理”的原则，在单位内部设置各级、各部门的会计组织。各单位可以根据会计业务量的多少，单独设置会计组织或会计人员。基层单位的会计机构，一般称为会计（财务）处、科、股、组等。各单位的会计机构，在行政领导的领导下开展会计工作。在设置总会计师的单位，其会计机构由总会计师直接领导，同时也接受上级财务会计部门的指导和监督。

各级主管部门一般设置会计（财务）司、局、处、科，这些会计机构要负责组织、领导和监督所属单位的会计工作，它们的主要任务是：根据国家统一会计法规、制度的要求，制定本系统适用的会计法规、制度的实施细则；审核并批复所属单位上报的会计报表，同时汇总编制本系统的汇总会计报表；检查和指导所属单位的会计工作，帮助其解决工作上的问题；总结并组织交流所属单位会计工作的先进经验；核算本单位与财政机关以及上下级之间有关款项缴拨的会计事项等。

会计机构是一个综合性经济管理部门，它和单位内部其他各职能部门、各生产经营业务单位的工作有着十分密切的联系，相互促进，相互制约。因此，会计机构要主动为各职能部门、各业务单位服务，并依靠各职能部门和业务单位共同做好会计工作，完成科技任务。

会计机构要接受上级管理机构，国家财政、税务和审计等部门的指导与监督，并按照规定向它们报送会计报表。

二、会计工作的组织形式

独立核算单位的会计工作的组织形式，一般分为集中核算和非集中核算两种。

集中核算就是把整个单位的会计工作主要集中在会计部门进行。单位内部的其他部门和下属单位只对其发生的经济业务填制原始凭证或原始凭证汇总表，送交会计部门。原始凭证或原始凭证汇总表由会计部门审核，然后据以填制记账凭证，登记有关账簿，编制会计报表。

非集中核算又称分散核算，就是将会计工作分散在各有关部门进行，各职能部门或下属单位在会计部门的指导下负责本单位范围内的会计工作，单位内部会计部门汇总核算单位整体的会计事务。

在一个单位内部，对各部门和下属单位所发生的经济业务可以分别采取集中核算和非集中核算。实行集中核算或非集中核算，主要取决于经营管理的需要。如果该单位内部要实行内部经济核算制，需要实行分级管理、分级核算时，应实行非集中核算，这有利于各部门及时利用核算资料进行日常考核和分析，因地制宜地解决生产、经营管理上的问题。如果该单位规模较小，经济业务不多，实行集中核算可以减少核算层次，精简机构，减少会计人员。

在实行内部经济核算制的单位，各部门和下属单位都有一定的经营管理权，负有完成各项任务的责任，并可按照工作成果取得一定的物质利益。这些部门为了反映和考核各自的经营成果，可以进行比较全面的核算，但不能单独与外单位签订购销合同，也不能在银行开设结算账户，同外单位发生的债权债务的结算，要通过会计部门负责办理。因此，实行内部经济核算制单位的各部门和下属单位并不是独立核算单位。所谓独立核算单位，是对本身生产经营活动或业务活动过程及其结果进行全面、系统、独立会计核算的单位。这些单位在银行独立开户，对外办理结算，独立编制计划，单独计算盈亏和编报会计报表，并具有完整的凭证、账户、账簿系统，完整、全面地进行记账、算账，定期编报并对外报送会计报表，且对其经济活动进行分析与检查。非独立核算单位，亦称“报账单位”，是向上级机构领取一定量物资和备用金从事业务活动，定期报送日常业务资料，由上级机构综合进行会计核算的单位。这些单位取得的一切收入全数上缴给上级机构，发生的各项开支则向上级机构报销，平时只进行原始凭证的填制、整理和汇总，以及现金账、实物明细账的登记工作，没有完整的会计核算，不独立计算盈亏，不单独编制会计报表。

会计机构对单位内部各个非独立核算单位的核算工作，都应加强指导和临督。

三、会计机构的岗位责任制

会计机构的岗位责任制，亦称会计人员岗位责任制，就是在会计机构内部按照会计工作的内容和会计人员的配备情况，将会计机构的工作划分为若干个岗位，并为每个岗位规定职责和要求的责任制度。各单位应本着有利于加强会计管理，改进工作作风，提高工作效率，以及有利于分清职责、严明纪律、考核干部的要求，建立健全会计机构岗位责任制。

实践证明，建立会计机构的岗位责任制，使每一项会计工作都有专人负责，每一个会计人员都有明确的职责，办事有要求，工作有检查。这样做，可以加强会计管理，提高工作效率，保证会计工作有序地进行，并且有利于考核会计人员的工作成绩。

各单位建立会计机构的岗位责任制，要同本单位的经济责任制相联系，实行以责定权、权责明确、严格考核、有奖有惩的原则。

各单位建立会计机构的岗位责任制，要从本单位会计业务量和会计人员配备的实际情况出发，按照效益和精简的原则划分工作岗位。会计人员的工作岗位一般可分为：会计主管、出纳、财产物资核算、工资核算、成本费用核算、收入利润核算、资金核算、往来结算、总账报表、稽核等。这些岗位可以一人一岗、一人多岗或一岗多人，各单位可以根据自身特点具体确定。为贯彻内部牵制原则，出纳人员不得兼管稽核、会计档案保管及收入、费用、债权债务账目的登记工作。在较大规模的单位中，会计业务量大，会计人员较多，会计机构内部可以按经济业务的类别划分岗位，设立若干职能组，分别负责各项业务工作。如设立综合财务组、工资组、资金组、成本组、会计组等，并按分管的业务明确职责要求。有些单位按经济业务和会计方法相结合的原则进行分工，设置资金核算组、成本核算组、综合报表组、审核分析组和计划决策组等，以便发挥会计的职能作用。

各个岗位上的会计人员在完成本职工作的同时，要与其他岗位上的会计人员密切配合，互相协作，共同做好本单位的会计工作。实行会计人员岗位责任制，并不要求会计人员长期固定在某一工作岗位上，会计人员之间的分工，应该有计划地进行轮换，以便会计人员能够比较全面地了解和熟悉各项会计工作，提高业务水平，便于相互协作，提高工作效率，把会计工作做得更好。

四、会计监督体系

健全和完善与新形势要求相适应的三位一体的会计监督体系。三位一体的会计监督体系是指通过建立单位内部会计监督制度进行的单位内部监督，通过注册会计师进行的社会监督和以财政部门为主的国家监督。

《会计法》规定，各单位应当建立、健全本单位内部会计监督制度。单位内部会计监督制度应当符合下列要求：有关人员的职责权限应当明确，并相互分离、相互制约，即会计事项相关人员的职责权限应当明确，将失误、舞弊等问题控制到最低限度。对会计资料定期进行内部审计的办法和程序应当明确。单位内部会计监督制度是一个单位为了保护其资产的安全完整，保证其经营活动符合国家法律、法规和内部规章要求，提高经营管理效率，防止舞弊控制风险等目的，而在单位内部采取的一系列相互联系、相互制约的制度和方法。单位内部会计监督制度的内容非常广泛，不同经济性质、经营规范、管理基础的单位对内部会计监督制度有不同的内容和要求，各单位应根据本单位管理的需要和实际情况，将会计法的规定加以具体化。

通过注册会计师进行社会监督。有关法律、行政法规规定，须经注册会计师进行审计的单位，应当向受委托的会计师事务所如实提供会计资料以及有关情况。任何单位或者个人不得以任何方式要求或者示意注册会计师及其所在的会计师事务所出具不实或者不当的审计报告。财政部门有权对会计师事务所出具审计报告的程序和内容进行监督。

财政部门对各单位的下列情况实施监督：①是否依法设置会计账簿；②会计凭证、会计账簿、财务会计报告和其他会计资料是否真实、完整；③会计核算是否符合《会计法》和会计准则的规定。在对企业所列事项实施监督，发现重大违法嫌疑时，国务院财政部门及其派出机构可以向与被监督单位有经济业务往来的单位和被监督单位开立账户的金融机构查询有关情况，有关单位和金融机构应当给予支持。财政、审计、税务、人民银行、证券监管、保险监管等部门应当依照有关法律、行政法规规定的职责，对有关单位的会计资料实施监督检查。监督检查部门对有关单位的会计资料依法实施监督检查后，应当出具检查结论。有关监督检查部门已经做出的检查结论能够满足其他监督检查部门履行本部门职责需要的，其他监督检查部门应当加以利用，避免重复查账。

依法对有关单位的会计资料实施监督检查的部门及其工作人员对在监督检查中知悉的国家秘密和商业秘密负有保密义务。

各单位必须依照有关法律、行政法规的规定，受有关监督检查部门依法实施的监督检查，如实提供会计凭证、会计账簿、财务会计报告和其他会计资料以及有关情况，不得拒绝、隐匿、谎报。

第四节

会　计　人　员

会计人员是从事会计工作、处理会计业务、完成会计任务的人员。企业、事业、行政机关等单位都应根据实际需要配备一定数量的会计人员，这是做好会计工作的决定性因素。

为了充分发挥会计人员的积极性，使全体会计人员更好地完成会计工作任务，在

《会计法》和有关会计人员管理的法规中，对会计人员的职责与权限、专业职务、任免和奖惩等都有明确的规定。

一、会计人员的职责与权限

（一）会计人员的职责

会计人员的职责，概括起来就是及时提供真实可靠的会计信息，认真贯彻执行和维护国家财经制度和财经纪律，积极参与经营管理，提高经济效益。根据《会计法》的规定，会计人员的主要职责有以下几方面：

1. 进行会计核算。会计人员要以实际发生的经济业务事项进行会计核算，填制会计凭证，登记会计账簿，编制财务会计报告。做到手续完备，内容真实，数字准确，账目清楚，日清月结，按期报账，如实反映财务状况、经营成果和财务状况的变动，满足国家宏观经济管理，企业加强内部经营管理和有关各方了解本单位财务状况、经营成果、财务收支情况的需要。进行会计核算，及时地提供真实可靠的、能满足有关各方需要的会计信息，是会计人员最基本的职责，也是做好会计工作最起码的要求。

2. 实行会计监督。各单位的会计机构、会计人员对本单位实行会计监督。监督的主要内容有：①会计机构、会计人员对原始凭证进行审核和监督，对不真实、不合法的原始凭证不予受理，对伪造、变造、故意毁灭会计账簿或账外设账行为应当制止和纠正。②会计机构、会计人员应当对实物、款项进行监督，督促建立并严格执行财产清查制度。发现账簿记录与实物、款项不符的时候，应当按照有关规定进行处理；无权自行处理的，应当立即向本单位领导报告，请求查明原因，做出处理。③会计机构、会计人员对指使、指令编造、篡改财务报告的行为，应当制止和纠正；制止和纠正无效的，应当向上级主管单位报告，请求处理。④会计机构、会计人员应当对财务收支进行监督。⑤会计机构、会计人员对违反单位内部会计管理制度的经济活动，应当制止和纠正；制止和纠正无效的，向单位领导人报告，请求处理。⑥会计机构、会计人员应当对单位制定的预算、财务计划、经济计划、业务计划的执行情况进行监督。

各单位必须接受审计机关、财政机关和税务机关依照国家法律和有关规定进行的监督，如实提供会计凭证、会计账簿、会计报表和其他会计资料以及有关情况，不得拒绝、隐匿、谎报。

3. 拟定本单位办理会计事务的具体办法。国家制定的统一的会计法规只是对会计工作管理和会计事务处理办法的一般规定。各单位要依据国家颁布的会计法规，结合本单位的特点和需要，建立、健全本单位内部使用的会计事项处理办法。例如，建立会计人员岗位责任制、内部牵制和稽核制度；制定分级核算、分级管理办法和费用开支报销手续办法，等等。

4. 办理其他会计事务。发展经济离不开会计，经济越发展，社会分工越细，生产力水平越高，人们对经济管理的要求也就越高，作为经济管理的重要组成部分的会计也就越重要，会计事务也日趋丰富。例如，实行责任会计、经营决策会计、电算化会计等。会计人员的职责是考核会计人员工作质量的重要标准。会计人员应守职尽责，努力做好会计核算、会计监督、会计分析、会计检查等各项工作。

（二）会计人员的工作权限

为了保障会计人员能够顺利地履行自己的职责，国家赋予了他们必要的工作权限，主要有以下几方面：

1. 有权要求本单位有关部门、人员认真执行批准的计划、预算，遵守国家法律及财经纪律和财务会计制度。如有违反法律、法规的情况，会计人员有权拒绝付款、拒绝报销或拒绝执行，并向本单位领导人报告。对于弄虚作假、营私舞弊、欺骗上级等违法乱纪行为，会计人员必须坚决拒绝执行，并向本单位领导或上级部门报告。

会计人员对于违反制度、法令的事项，不拒绝执行，又不向领导或上级机关、财政部门报告的，应同有关人员负连带责任。

2. 有权参与本单位编制计划，制定定额，签订经济合同，参加有关的生产、经营管理会议。领导人和有关部门对会计人员提出的财务开支和经济效益方面的问题和意见，要认真考虑，对合理的意见要加以采纳。

3. 有权监督、检查本单位有关部门的财务收支、资金使用和财产保管、收发、计量、检验等情况。有关部门要提供资料，如实反映情况。

为了保障会计人员行使工作权限，各级领导和有关人员要支持会计人员行使工作权限。本单位领导、上级机关和执法部门对会计人员反映的有关损害国家利益、违反财经纪律等问题，要认真及时地调查处理。如果反映的情况属实，不及时采取措施加以纠正，由领导人和上级机关负责。如果有人对会计人员坚持原则、反映情况进行刁难、阻挠或打击报复，上级机关要查明情况，严肃处理，情节严重的，要给予党纪国法制裁。确立上述法律责任，就能从法律上保护并鼓励会计人员为维护国家利益、维护财政制度和财务制度、保护社会主义公共财产、加强经济管理、提高经济效益而坚持原则，履行自己的职责。

二、会计人员应具备的素质

会计人员肩负着艰巨而光荣的任务，必须正确地履行职责和行使权限，做好会计工作，完成会计任务。

为了正确履行职责和行使权限，会计人员要不断提高自身素质，坚持原则、廉洁奉公；认真学习国家财经政策、法令，熟悉财经制度；积极钻研会计业务，精通专业知识，掌握会计技术方法。这是会计人员正确履行职责和行使权限的前提条件。

会计人员在履行职责、行使权限时，要严守法纪，坚持原则，执行有关的会计法规，维护国家利益，抵制一切违法乱纪、贪污盗窃的行为，要勇于负责，不怕得罪人，不怕打击报复。会计人员要忠于职守、廉洁奉公，严守职业道德，保持谦虚谨慎、艰苦朴素的工作作风。

三、会计人员职业道德

会计人员在会计工作中应当遵守职业道德，树立良好的职业品质、严谨的工作作风，严守工作纪律，努力提高工作效率和工作质量。具体的职业道德应包括：

1. 会计人员应当热爱本职工作，努力钻研业务，使自己的知识和技能适应所从事工作的要求。

2. 会计人员应当熟悉财经纪律、法规、规章和国家统一的会计制度，并结合会计工作进行广泛宣传。

3. 会计人员应当按照会计法律、法规和国家统一的会计制度规定的程序和要求进行会计工作，保证所提供的会计信息合法、真实、准确、及时、完整。

4. 会计人员办理会计事务应当实事求是、客观公正。

5. 会计人员应当熟悉本单位的生产经营和业务管理情况，运用掌握的会计信息和会计方法，为改善单位内部管理、提高经济效益服务。

6. 会计人员应当保守本单位的商业秘密。除法律规定和单位领导同意外，不能私自向外界提供或泄露单位的会计信息。

四、会计人员专业技术职务

为了合理使用会计人员，充分发挥会计人员的积极性和创造性，企业、事业和行政机关等单位的会计人员依据学历、从事财务会计工作的年限、业务水平和工作成绩，并通过专业职务资格考试后，可以确定专业技术职务。目前会计专业职务名称定为会计员、助理会计师、会计师、高级会计师。会计员和助理会计师为初级职务，会计师为中级职务，高级会计师为高级职务（分为正高级会计师和副高级会计师）。会计专业职务的任职条件和基本职责是有差别的。

（一）会计员的基本条件

初步掌握财务会计知识和技能，熟悉并能遵照执行有关会计法规和财务会计制度，能担负一个岗位的财务会计工作，大学专科或中等专业学校毕业，在财务会计工作岗位上见习 1 年期满。

会计员的基本职责为：负责具体审核和办理财务收支，编制记账凭证，登记会计账簿，编制会计报表和办理其他会计事务。

（二）助理会计师的基本条件

掌握一般的财务会计基础理论和专业知识，熟悉并能正确执行有关的财经方针、政策和财务会计法规、制度，能担负一个方面或某个重要岗位工作，取得硕士学位或取得第二学士学位，或研究生班结业证书，具备履行助理会计师职责的能力；或大学本科毕业，在财务会计工作岗位上见习 1 年期满；或大学专科毕业并担任会计员职务 2 年以上；或中等专业学校毕业并担任会计员职务 4 年以上，并通过助理会计师专业技术职称资格考试。

助理会计师的基本职责为：负责草拟一般的财务会计制度、规定、办法；解释、解答财务会计法规、制度中的一般规定；分析、检查某一方面或某些项目的财务收支和预算的执行情况。

（三）会计师的基本条件

较系统地掌握财务会计基础理论和专业知识，掌握并能正确贯彻执行有关的财经方针、政策和财务会计法规、制度，具有一定的财务会计工作经验，能担负一个单位或管理一个地区、一个部门、一个系统某个方面的财务会计工作，取得博士学位，并具有履行会计师职责的能力；取得硕士学位并担任助理会计师职务 2 年左右；取得第二学士学位或研究生班结业证书，并担任助理会计师职务 2—3 年；大学本科或大学专科毕业并担任助理会计师职务 4 年以上，掌握一门外语，并通过会计师专业技术职称资格考试。

会计师的基本职责为：负责草拟比较重要的财务会计制度、规定、办法；解释、解答财务会计法规、制度中的重要问题；分析、检查财务收支和预算的执行情况；培养初级会计人员。

（四）高级会计师的基本条件

较系统地掌握经济、财务会计理论和专业知识，具有较高的政策水平和丰富的财务会计工作经验，能担负一个地区、一个部门或一个系统的财务会计管理工作，取得博士学位，并担任会计师职务 2—3 年；取得硕士学位、第二学士学位或研究生班结业证书，或大学本科毕业并担任会计师职务 5 年以上，较熟练地掌握一门外语，并通过高级会计师专业资格考试。

高级会计师的基本职责为：负责草拟和解释、解答在一个地区、一个部门、一个系统或在全国施行的财务会计法规、制度、办法；组织和指导一个地区或一个部门、一个系统的经济核算和财务会计工作；培养中级以上会计人才。

确定专业职务对学历和从事财务会计工作年限都有相应的要求，但对确有真才实学、成绩显著、贡献突出、符合任职条件的，在确定其相应专业职务时，可以不受学历和工作年限的限制。

五、会计主管人员或会计机构的负责人

企业、事业、行政机关单位的会计主管人员或会计机构的负责人，是各单位会计工作的领导者和组织者。应按照国家统一的会计法规、制度，结合本单位的具体情况主持制定本单位的会计制度和实施办法，科学地组织会计工作，并领导、督促会计人员贯彻执行；参与经营决策，主持制定和考核财务计划或预算；经常研究工作，总结经验，不断改进和完善会计工作；组织会计人员学习，提高会计人员素质，考核会计人员的工作，合理调配会计人员。《会计法》规定，担任单位会计机构负责人的，除取得会计从业资格证书外，还应当具备会计师以上专业技术职称资格或者从事会计工作 3 年以上的经历。

为了从组织上保障会计人员依法行使职权，履行职责不受侵犯，能够正确处理本单位局部利益与国家整体利益的关系，国家对会计主管人员或会计机构负责人的任免，规定了特殊的程序。

六、总会计师

我国从 1961 年开始，在规模较大的国营企业中，逐步试行总会计师制度。1978 年，国务院颁发施行的《会计人员职权条例》中规定，企业要建立总会计师的经济责任制。大中型企业要设置总会计师，主管本单位的经济核算和财务会计工作；小型企业要指定一名副厂长行使总会计师的职权。1990 年年底，为了确定总会计师的职权和地位，发挥总会计师在加强经济管理、提高经济效益中的作用，国务院发布施行了《总

会计师条例》。条例明确规定，总会计师是单位行政领导成员，协助单位主要行政领导工作，直接对单位主要行政领导负责；总会计师组织领导本单位的财务管理、成本管理、预算管理、会计核算和会计监督等方面的工作，参与本单位重要经济问题的分析和决策，并具体组织本单位执行国家有关财经法律、法规、方针、政策和制度，保护国家财产。

总会计师是一个行政职位，而不是会计人员专业技术职务。但是，总会计师必须是取得会计师任职资格后，主管一个单位或者单位内一个重要方面的财务会计工作时间不少于 3 年的会计人员。

（一）总会计师的基本职责

1. 负责组织本单位的下列工作：编制和执行预算、财务收支计划、信贷计划；拟定资金的筹措和使用方案，开辟财源，有效地使用资金；进行成本费用预测、计划、控制、核算、分析和考核，督促本单位有关部门降低消耗，节约费用，提高经济效益；建立、健全经济核算制度，利用财务会计资料进行经济活动分析；承办单位主要行政领导交办的其他工作。

2. 负责对本单位财会机构的设置和会计人员的配备、会计专业技术职务的设置和聘任提出方案；组织会计人员的业务培训和考核；支持会计人员依法行使职权。

3. 协助单位主要行政领导对企业的生产经营、行政事业单位的业务发展以及基本建设投资等问题做出决策；参与新产品开发、技术改造、科技研究、商品（劳务）价格和工资奖金等方案的制定；参与重大经济合同和经济协议的研究、审查。

（二）总会计师的工作权限

1. 对违反国家财经法律、法规、方针、政策、制度和有可能在经济上造成损失、浪费的行为，有权制止或者纠正；制止或纠正无效时，提请单位主要行政领导处理。

2. 有权组织本单位各职能部门、直属基层组织的经济核算、财务会计成本管理方面的工作。

3. 主管审批财务收支工作。除一般的财务收支可以由总会计师授权的财会机构负责人或者其他指定人员审批外，重大的财务收支须经总会计师审批或者由总会计师报单位主要行政领导批准。

4. 预算与财务收支计划、成本和费用计划、信贷计划、财务专题报告、会计决算报表须经总会计师签署；涉及财务收支的重大业务计划、经济合同、经济协议等在单位内部须经总会计师会签。

5. 会计人员的任用、晋升、调动、奖惩应当事先征求总会计师的意见；财会机构负责人或者会计主管人员的人选，应当由总会计师进行业务考核，依有关规定审批。

企业的总会计师由本单位主要行政领导提名，政府主管部门任命或者聘任；免职或者解聘程序与任命或者聘任程序相同。

实践证明，不断完善总会计师制度，有利于协调企业内部的各项管理工作，改善经营管理，提高经济效益。

七、会计人员的法律责任

《会计法》规定，会计人员的法律责任主要包括以下内容。

（一）违反《会计法》的法律责任

会计人员违反《会计法》的行为主要有：

1. 不依法设置会计账簿的。

2. 私设会计账簿的。

3. 未按照规定填制、取得原始凭证或者填制、取得的原始凭证不符合规定的。

4. 以未经审核的会计凭证为依据登记会计账簿或者登记会计账簿不符合规定的。

5. 随意变更会计处理方法的。

6. 向不同的会计资料使用者提供的财务会计报告编制依据不一致的。

7. 未按照规定使用会计记录文字或者记账本位币的。

8. 未按照规定保管会计资料，致使会计资料毁损、灭失的。

9. 不按照规定建立并实施单位内部会计监督制度或者拒绝依法实施的监督或者不如实提供有关会计资料及有关情况的。

10. 任用会计人员不符合《会计法》规定的。

会计人员如果有上述行为之一的，由县级以上人民政府财政部门责令限期改正，可以对单位并处3 000元以上5万元以下的罚款；对其直接负责的主管人员和其他直接责任人员，可以处以2 000元以上2万元以下的罚款；属于国家工作人员的，还应当由其所在单位或者有关单位依法给予行政处分。

（二）违反《刑法》的法律责任

1. 伪造、变造会计凭证、会计账簿，编制虚假财务会计报告，构成犯罪的，依法追究刑事责任，不构成犯罪的，由县级以上人民政府财政部门予以通报，可以对单位并处5 000元以上10万元以下的罚款；对其直接负责的主管人员和其他直接责任人员，可以处以3 000元以上5万元以下的罚款；属于国家工作人员的，还应当由其所在单位或者有关单位依法给予撤职直至开除的行政处分；对其中的会计人员，并由县级人民政府财政部门吊销会计从业资格证书。

2. 隐匿或者故意销毁依法应当保存的会计凭证、会计账簿、财务会计报告，构成犯罪的，依法追究刑事责任。不构成犯罪的，由县级以上人民政府财政部门予以通报，可以对单位并处5 000元以上10万元以下的罚款；对其直接负责的主管人员和其他直接责任人员，可以处以3 000元以上5万元以下的罚款；属于国家工作人员的，还应当由其所在单位或者有关单位依法给予撤职直至开除的行政处分；对其中的会计人员，并由县级人民政府财政部门吊销会计从业资格证书。

3. 授意、指使、强令会计机构、会计人员及其他人员伪造、变造会计凭证、会计账簿，编制虚假财务会计报告或者隐匿、故意销毁依法应当保存的会计凭证、会计账簿、财务会计报告，构成犯罪的，依法追究刑事责任。不构成犯罪的，可以对单位处5 000元以上5万元以下的罚款；属于国家工作人员的，还应当由其所在单位或者有关单位依法给予降级、撤职、开除的行政处分。

思考与练习

一、名词解释

会计工作管理体制　　会计法规　　会计准则　　会计制度　　会计档案　　会计机构　　会计机构的岗位责任制　　独立核算　　集中核算　　非独立核算　　非集中核算　　会计人员职业道德

二、简答题

1. 什么是会计法规？我国的会计法规有哪几个层次？
2. 《中华人民共和国会计法》有哪些主要内容？
3. 简述会计准则的含义和构成内容。会计准则在会计法规体系中的地位如何？
4. 什么是会计档案？
5. 会计档案的保管和使用有什么要求？
6. 对会计主管人员或者会计机构负责人有什么特殊规定？
7. 如何理解总会计师的职责和权限？
8. 会计机构的设置有什么具体要求？
9. 怎样理解集中核算和非集中核算？
10. 什么是会计机构的岗位责任制？
11. 会计人员的专业技术职务名称有哪些？都需要什么条件？
12. 会计人员的职业道德包括哪些内容？
13. 会计人员的职责包括哪些内容？
14. 会计人员的工作权限包括哪些内容？
15. 会计人员应该具备哪些素质？

主要参考资料

1. 戴蓬军. 会计学原理［M］. 北京：中国农业出版社，2008.
2. 中国会计学会主办. 会计研究，2008－2011.
3. 朱小平，徐泓. 初级会计学［M］. 北京：中国人民大学出版社，2009.
4. 张捷. 基础会计［M］. 北京：中国人民大学出版社，2010.
5. 李宗民. 会计学原理［M］. 北京：中国电力出版社，2009.
6. 韩星. 会计学原理［M］. 北京：机械工业出版社，2010.
7. 张劲松. 基础会计学［M］. 北京：科学出版社，2008.
8. 财政部.《企业会计准则》，2006.